叙事准确性

新闻文本的批评与重建

肖郎平　著

ZHEJIANG UNIVERSITY PRESS
浙江大学出版社
·杭州·

图书在版编目(CIP)数据

叙事准确性：新闻文本的批评与重建 / 肖郎平著. —
杭州：浙江大学出版社,2024.4
ISBN 978-7-308-24785-6

Ⅰ.①叙… Ⅱ.①肖… Ⅲ.①新闻写作 Ⅳ.
①G212.2

中国国家版本馆 CIP 数据核字(2024)第 067889 号

叙事准确性：新闻文本的批评与重建
肖郎平　著

责任编辑	王　晴
责任校对	朱梦琳
封面设计	周　灵
出版发行	浙江大学出版社
	（杭州市天目山路 148 号　邮政编码 310007）
	（网址：http://www.zjupress.com）
排　　版	浙江大千时代文化传媒有限公司
印　　刷	杭州宏雅印刷有限公司
开　　本	710mm×1000mm　1/16
印　　张	24
字　　数	320 千
版 印 次	2024 年 4 月第 1 版　2024 年 4 月第 1 次印刷
书　　号	ISBN 978-7-308-24785-6
定　　价	88.00 元

谨以本书献给我的祖父——一位多才多艺而耿直严厉的乡村教师,并以此缅怀我无从追忆的祖母

目　录

上编(第一卷)文法规范

上编（第二卷）词语政治

下编(第一卷)事实规范

下编(第二卷)事实哲学

导　论

真实是新闻的生命线。

什么是真实呢？众说纷纭。尤为突出的是，在马克思主义新闻真实观和资本主义新闻真实观之间，两种截然不同的观点形成明显而强烈的对峙。毫无疑问，新闻真实观本质上和不同国家的政治制度、思想文化密不可分，自然歧义丛生。

无论新闻界对真实存在什么样的争论，都无法改变一条基本的共识——新闻必须准确。可以说，真实是新闻的生命线，准确是真实的生命线。准确的新闻，不一定符合马克思主义新闻观的本质真实。但是，无论对马克思主义新闻观还是对资本主义新闻观来说，真实的新闻，一定是也必须是准确的。

准确性是新闻常识中的常识。令人困惑的是，目前关于新闻准确性的研究讨论存在两个明显的缺陷。一方面，新闻界缺乏系统讨论准确性的专著，大多数论文也只是停留在文字运用或新闻失实等常见话题的浅层次讨论。另一方面，新闻实践和理论脱节是长期以来的弊端。如复旦大学教授张涛甫就曾公开批评，近年来，新闻传播专业脱实向虚的问题比较突出，务虚成了专业偏头疼。新闻准确性的讨论也不例外，要么过于质实缺乏理性层面的思考，要么过于空疏缺乏实践层面的支撑。

因此，一本系统讨论而且虚实结合的新闻准确性专著，是本书著者之愿景。

一

一切文本都是以词为基础的，词是事实叙述的最小细胞。词及语法的准确性，自然就成为本书上编讨论新闻文本准确性的起点。

或许，有人深感不屑或心生疑问，文法是写作的基本功，这么基础的事情还值得大费周章讨论吗？诚然，这不应该是一个问题。但是，正因为如今的新闻文本充满了文法不准确的情形，一个不应成为问题的问题，到了不得不关注的地步。对新闻文本的文法批评，并非笔者一时兴起或故作惊悚之语，而是建立在近十年来长期积累的笔记的基础之上。事实上，当笔者开始系统梳理之后才发现，问题之普遍、之广泛、之严重，令人咋舌。需要指出的是，新闻报道日常充斥的文法错误远比本书呈现的还多，由于分类归纳的需要，大量重复的文法错误案例不得不被舍弃。

本书开始就为读者展示了当下媒体文法素养大滑坡的代表性现象或极端个案。如，上海凶杀案奇文引出新怪相，针对一条仅215字却文理不通的微博，四位国家级媒体精英示范如何修改。令人不可思议的是，修改后的简讯，依然错误迭出。又如，一条地震的辟谣短消息，辟谣方表意不当，然而全国媒体几乎照样犯错。再如，一篇反腐败的人物报道，文法错误竟然多达70处以上。在白话文之外，新闻语言失范问题就更为明显，比如滥用方言土语、错用文言文词语、错误解读民族语言或中外互译失误等。标题作为文章的眼睛，一直备受重视，但是21世纪以来新闻报道口号化、形容词滥用、修辞不当等问题依然迭出不穷。更为严重的是，类似问题在众多国家级媒体或具有全国性影响力的传统媒体上也不能幸免，足以说明类似问题之普遍性。也就是说,从一般媒体到中央媒体,从普通记者到媒体精英,从规范语言文字到其他语体文字,新闻文法错误出现的频率非常普遍,分布的范围非常广泛,产生的后果也非常严重。

与此形成强烈对比的是,自新中国成立以来,中央对新闻报道词语准确性的问题非常重视,共和国新闻语言在规范化方面有一个认真严谨的良好开端。遗憾的是,这种严谨作风并未得到很好的坚持,甚至,在一定时期(如改革开放初期和最近十年的转型期)出现严重倒退。可见,新闻从业者及其管理者均未把文法当成重要问题。

为什么原本应当成为规范语言文字公共范本的新闻报道会衰落如斯呢?仅从语言学本身来看,我们是很难获得完整答案的。首先,关于文法的讨论可谓汗牛充栋,不存在资料不足或语言知识不够的困难,对当下普遍具备大学以上学历的新闻从业者而言也就不构成知识上的障碍。其次,任何时代大多数文本很难做到尽善尽美,文法问题始终存在。令人困惑的,不是新闻文本有无文法缺陷,而是文法缺陷如此明显并且不断反弹,这背后究竟有什么深层次原因?只有在排除上述基本存量因素之后,我们才可能把眼光投向长期忽略的视野之外去寻求新的解释。

说到底,新闻文本不是一个语言学的技术问题,而是对词语政治认识不足甚至缺乏认识的观念问题。尽管词语政治不是新的学术思想,然而,中国学术界对这一语言现象的关注还是很少,将其引入新闻语言研究的几乎没有。因此,着眼于词语政治考量新闻语言的规范化问题,不仅有现实意义,还有学术意义。

本书对其中的词语政治问题分析着眼于两个方面。一方面,有些新闻报道的词语使用不当,从语义学、语法学、语用学等角度来看是文法技术问题,实际并非如此简单。语言文字不仅仅是字面意义上的交流工具,也是承载政治和文化等信息的手段。另一方面,将新闻语言置于百年来语言国家化建构运动视野之下尤其是新中国成立以来语言文字规范化运动背景下加以审视,我们不得不痛苦地承认一个事实,即新闻语言逆规范化的问题实际上是对语言共同体这一政治成果的背叛。

词语之所以会成为政治问题,缘于措辞不慎可能引发对公权力的错误质疑。举例来说,至少在长达 20 多年的时间里,媒体并没有学会规范使用"强拆"一词,到底是合法的强制拆除还是违法的强行拆除？词语之所以会成为政治问题,也在于措辞背后可能传递不当立场或错误思潮等政治信息,特别是西方输入的概念或术语。例如,所谓塔西佗陷阱、中等收入陷阱、修昔底德陷阱等,它们究竟是学术话语还是政治话语？答案是显而易见的,有些西方概念是在学术名义之下兜售政治话语权。"对于一些集中反映和支撑着西方资本主义社会制度和政治制度的核心学术概念,就要格外慎重,千万不要误入人家的逻辑陷阱。"[1]词语之所以会成为政治问题,还在于它的政治寓意无处不在甚至渗透我们的日常语言之中,尽管你对此浑然不觉。比如,坑夫说法很可能折射了背后的大男子主义观念。又如,哈灵顿最早深入调查揭露美国贫困问题并推动了肯尼迪政府出台扶贫政策,他说,在真正了解贫困问题后不再用"懒虫"一词,因为"这个词属于对人的苦难无动于衷的用语"。

为什么同一个新闻事件,事实的基干大致相同,然而,在不同倾向媒体的报道中却可以大异其趣甚至迥然相异？原因就在于,叙事基调不同,而叙事基调往往在措辞之中就已悄然植入叙事立场和潜在信息。例如,白岩松在央视评论 2015 年河北肃宁枪击事件时,对殉职民警没有使用"牺牲"而是"死亡",对行凶村民没有使用"凶手"或"罪犯"等词汇反而声称"是什么原因,让这个 50 多岁的老汉端起了枪",一时舆论哗然。

我们必须意识到,语言泛政治化的做法当然是不可取的,然而,试图将语言去政治化的做法显然是幼稚的。美国语言学者罗宾·洛克夫的

---

① 李捷:《警惕学术概念背后的逻辑陷阱》,《求是》2006 年第 21 期,第 59 页。

《语言的战争》一书就是从新闻故事开始,在她看来,每讲述一个故事就是语言战争中的一次小小战斗。她明确指出,"谁有这个能力和权力为我们每一个人确定语言的含义。这种基于语言的争执实际上就是在问,哪一个集团在步入新的千年的时候,掌握着对社会和政治的控制权。谁对事情的理解才算数?谁为我们大家确定事物的含义?也就是谁去创造和定义我们的文化?毕竟,文化是对我们共同享有的意义的建构。这些故事讲述的无非就是我们对自身的定义以及谁来为我们下这些定义……有权力的人制造出语言,并按照这个当权的集团的意愿赋予语言以含义(尤以白人中上等男性最为典型)。长期以来,这种观念已经完全变成了一个透明的棱镜。我们透过这个棱镜去看待'现实'。对我们所有人来说,这个集团的观点显得如此的明白、正确、正常和自然。它们的观点常常就是惟一可以理喻的观点(如果你没有疯了的话)"①。尤为重要的是,正因为语言意义是被掌控的,也就能够达到掌控传播效果的目的。"由于词汇居于我们劝服活动的最前沿,控制了意义就能在连续不断的心灵与思想的战争中通过定义我们的文化'价值'和个人'身份'取得胜利——词汇本身就处在前线位置"②。

因此,当我们在使用不同文化国家或集团创造的词语时,实际上就等于默认了这套词语体系背后的价值观念。正因为如此,欧美民众以及欧美媒体都对新闻报道的政治正确非常敏感,而政治正确恰恰就首先体现在词语层面。正如中西方社会都了解的那样,在美国被定义为"社会主义者"是危险的。有人说民主党总统候选人桑德斯是"社会主义者",其实,这是误解,桑德斯自称为"民主社会主义者"。"当今美国措辞的主流里,'社会主义'一词没有什么语义学上的意义,只有语用学上的意义。在人

---

① ［美］罗宾·洛克夫:《语言的战争》,北京:新华出版社,2001,第4页。
② ［美］罗宾·洛克夫:《语言的战争》,北京:新华出版社,2001,第88页。

们的意念里，它不指代任何外在的东西（例如：某种具有特别信仰的政治制度）。它只是一个诽谤性的词，用以说一些我们憎恶的东西。"①

　　然而，中国新闻媒体对词语政治的认识恐怕还是一片空白，这就注定了新闻的词语准确性不完全是文法问题而在一定程度上体现为词语政治问题。"思想之墙是靠每一块砖——词语——垒建的……我们的教育和传媒每天都在为西方垄断中国人的思维参照物，而且随着时间推移，速度愈来愈快，这自缚手脚的悲剧，在这史无前例的征服战场上就像一声叹息悄无声息。"②一个非常有代表性的例子是，知名媒体人因不明白"建制派"涵义而自诩为"建制派"，被网民奚落。需要说明的是，我们应该警惕西方社会因政治正确造成族群撕裂难以弥合的极端现象，但是，也不能滑向对词语政治根本不加防范的另一个极端。

　　事实上，尽管中国文化没有对词语政治进行过系统性的阐释，但这并不意味着中国本土没有词语政治思想，名实观尤其名家学说就是其中的卓越代表。儒家强调"修其辞而立其诚"。孔子之所以强调"名不正，言不顺"的名实关系，目的是试图达到"《春秋》之义行，则天下乱臣贼子惧焉"的效果。孔子的这种思想和罗宾·洛克夫"语言是思想和行动之间的中间阶段，是具有可视性的思想"③其实是一致的。

　　新闻语言文法失范问题绝不只是词形错误、用词不当或搭配不当等无意中失误的情形，还有主动迎合"网八股"、主动论证方言新闻合法化等极为恶劣的现象。2015 年，人民网发布的《网络低俗语言调查报告》显示，中文报纸媒体在标题中使用最多的三个用词是"屌丝""逗比"和"叫兽"。类似现象，完全不是媒体失误的技术问题，而是媒体主动破坏规范

---

① ［美］罗宾·洛克夫：《语言的战争》，北京：新华出版社，2001，第 64 页。
② 边芹：《被颠覆的文明：我们怎么会落到这一步》，东方出版社，2013，第 224 页。
③ ［美］罗宾·洛克夫：《语言的战争》，北京：新华出版社，2001，第 110 页。

化的结果。为流量而狂欢,只求轰动,不求准确。过去,我们批判西方媒体为了自身利益而不惜堕落,谁能想得到如今中国媒体也这样自毁形象呢?

比新闻文本规范化和保持母语纯洁更重要的是,我们必须意识到,尊重语言文字规范化是关系国家观念的重大政治需要。今天的规范语言文字,是近百年来无数政治文化精英们辛苦奋斗的结果。近代以来,即中国本土大众报纸发源以来,一直就以统一语言文字从而塑造国家共同体意识为己任。然而,真正完成这种历史性任务的,是新中国。许嘉璐指出,"古代的通用语基本上是自然形成的,只有人民政权才能顺应语言的规律和时代的需要,运用行政的力量,科学地促进通用语尽快地在全国普及"①。对语言文字的高度政治自觉,原本是中国新闻的优良传统。今天的媒体,岂能背叛历史成果,违背国家共同体意识建设要求,逆流而动?

我们需要一场重塑当代新闻语言规范的运动。普通话和规范汉字不仅是官方工作语言文字,也是国家共同体和语言人民性的政治象征,媒体应当也必须自觉履行《国家通用语言文字法》规定的义务。

二

诚然,事实准确性是新闻准确性的关键。语言准确性是为事实准确性服务的,众多准确的原子事实构建起完整的事件真相。本书的下编分析了当前新闻报道中妨碍事实准确性的因素,并且从事实哲学层面作了更深入更广泛的探讨,期望从观念层面破除妨碍事实认定的不利因素或不良习气。

新闻事实的准确性是从新闻要素起步的。1889 年,美联社总编辑梅

---

① 许嘉璐:《继续为祖国语言的纯洁健康而斗争》,《求是》1995 年第 18 期,第 40 页。

尔维尔·E. 斯通首创要素说，本来就是为了保证新闻报道有基本的事实完整性。1913 年，上海广学会翻译出版美国休曼所著《实用新闻学》，"新闻五要素"说首次输入中国。

新闻要素说是最基本不过的要求，普利策的名言"准确，准确，再准确"也是因为记者经常搞错名字、地点等基本事实有感而发的。尽管如此，这并不代表新闻报道很容易满足要素清楚准确的要求。1945 年 12 月 13 日，针对要素不清的毛病，《解放日报》发表《从五个 W 说起》。1984 年，胡乔木致信新华社批评有的新闻一个要素也没有，"我们写新闻稿已经有几十年了，从延安时期算起也不止四十年了。我们的新闻不像新闻。这个问题年年讲，提出讨论、改进。老是改不了"①。遗憾的是，距胡乔木的批评又过去了四十年，还是年年讲却"老是改不了"。从中央媒体到地方媒体，事情不清、原因不明、结果不说、背景不给等问题依然层出不穷。笔者认为，回顾新闻要素理论的发展史，可以将时间、地点、人物划分为陈述性要素，必须绝对准确；事件、原因、结果划分为叙述性要素，应当相对准确。

一方面，应该交代的事实要素不全面乃至缺失；另一方面，对已经交代的新闻要素经常夸大其词、言过其实。这两种现象，从不同方向严重削弱了新闻报道的事实准确性。在很多成就性报道尤其是正面典型人物的报道中，词语夸饰、数字夸大、事实夸张的现象触目皆是。这种词语、数字乃至事实膨胀特别厉害的新闻，报道的不是事实，而是营造事实的幻象。笔者认为，这种空心化报道可以称之为"泡芙式新闻"，即外表饱满，其实里面空空如也。

这种浮夸风气的出现，缘于新闻界存在拔高正面报道是政治正确的认识误区。无疑，这种词语贿赂甚至拔高事实的歪风也是"低级红"的表

---

① 《胡乔木传》编写组编《胡乔木谈新闻出版》，人民出版社，2015，第 347 页。

现,新闻界应当自觉抵制。事实上,正面报道浮夸作风当然是不正确的,这违背了新闻职业道德,也违背了实事求是的作风。周恩来总理反对说过头话或使用绝对化的语言,他把这当成是文风问题。1971年,人民日报报道云南腾冲农村卫生事业的经验,周恩来总理在报纸上对"村村寨寨、家家户户"画上问号,指示新华社派出庞大队伍全面核实情况,要求"树立一个典型,宣传一个创造发明,都要认真核实,要可靠,不能有一点虚夸"。刘勰在《文心雕龙》中提出"夸而有节,饰而不诬"。《中国新闻工作者职业道德准则》规定,要"根据事实来描述事实,不夸大、不缩小、不歪曲事实"。

新闻失实是比要素不清、文风浮夸更致命的问题,而失实的一大原因往往是从信息源开始就错了,对信息源的甄别能力严重不足。比如说,新闻记者及媒体对权威信息源的认识存在致命的弱点,一方面很容易把权威等同于官方,另一方面很容易把某个领域的权威人物等同于一切言论都是权威结论。然而,权威是有严格的时空限制的,脱离了权威所在的领域就失去了权威资格,像鱼离开水就死亡一样。正因为媒体和新闻从业者在甄别信息源方面表现幼稚,我们不得不承认一个极其尴尬的事实,即媒体传播谬论的贡献不亚于传播真相的贡献。长期以来,大量伪专家的错误言论和荒诞不经的所谓排行榜,通过大众媒体被放大扩散,以致在公共舆论场产生专家信任危机和媒体信任危机。公众对"砖家""叫兽"的激烈抨击,实际上折射了新闻从业者自身报道的准确性困境,毕竟大众媒体才是谬种流传的媒介合作者。

在信息源方面,媒体至今没有摆脱依赖单一信息源的叙事弊端,往往面对失实或者所谓反转的问题。单一信息源必然面临"霍桑效应"的困境,借用学术经验来说即违背梁启超"孤证不为定说"的主张。当然,笔者认为,不存在所谓"真相反转"或"后真相时代",而是媒体未能及时履行核实义务导致真相缺席。从逻辑上来说,如果真的存在"后真相时代"就必然存在"前传言时代",要命的是,媒体的确以快的借口热衷传播未经核实的传言。某种程度上,"经过核实的新闻"被科瓦齐和罗森斯蒂尔列为新闻的十大基本原则之一,堪称对新闻界的反讽。1958 年"大跃进"时期,出现不少苹果栽在南瓜上、用狗肉汤喂瓜、猪吃牛粪长肉快等荒诞的报道。于光远感叹,他也有把浮夸报道当事实的汇报经历,堪称"于光远丢脸史"。说到底,"于光远丢脸史"是"媒体丢脸史",防范"于光远丢脸史"就是防范"媒体丢脸史"。

显而易见的是,要保证新闻的事实准确性,除了要素完整准确、行文不浮夸、信息源客观准确之外,还必须做到信息专业。毋庸讳言,新闻报道的专业性一直是媒体的一大困扰,当新闻从业者面对所知甚少的新事物时尤其如此。用户生成内容(user generated content,简称 UGC)模式之所以能够成为网络优质内容的竞争者,一方面固然是缘于该模式聚集了专业领域内的写作者,另一方面也是击中了传统媒体专业性不足的软肋。尝鼎一脔,全面论述报道专业性是非常困难的,从大数据、生态文明等热门新事物的报道中就可以获悉媒体专业性危机的程度。大量的报道,对大数据和生态文明概念缺乏基本认识,错误地把数据分析、电子商务、人工智能都当成大数据,错误地把生态文明和过去的环境治理、自然主义混为一谈,陷入"以其昏昏使人昭昭"的尴尬。马克·吐温在《我怎样编辑农业报》中,辛辣地讽刺了那种"还不如一条牛知道得多"的主观主义作风。比马克·吐温小说更为讽刺的是,俄国"十月革命"以前有一个"苏伏林派",这一派记者的座右铭是:"记者如果不能事事都懂,至少也应当装作全都知道的样子。"南振中警告记者,不要掩饰知识上的缺陷。① 当然,由于知识不断更新而且更新速度越来越快,新闻报道很难做到彻底摆脱专业性危机。更可能也更现实的是,新闻从业者需要不断更新知识以

---

① 南振中:《不要掩饰知识上的缺陷》,《新闻爱好者》1996 年第 4 期,第 15 页。

缓解专业性危机,一方面这是对读者负责的需要,另一方面也可以有效缓解来自 UGC 模式的外部挑战的压力。正如民国时期李公凡所指出的那样,和学者有专门的常识不同,记者一定要有普遍的丰富的高等常识。

当然,我们必须看到,要素完整准确、行文贴切而不浮夸、信息源客观准确、内容信息专业都只是保证事实准确性的要求。问题在于,我们是如何认定事实的呢?在各种庞杂的信息中,为什么我们能够确定何者为真何者为假?即使摆在面前的信息被界定为真实的,我们又如何认定它们之间存在某种逻辑联系?这就必须从事实哲学层面寻求答案。

所有比喻都是蹩脚的,但是人类又偏偏喜欢借助比喻对复杂事物进行简化处理。通常来说,新闻界把事实还原比喻为拼图游戏。然而,这种比喻其实是有害的,拼图思维往往会把记者带入还原事实的僵局。拼图是把一堆支离破碎的碎片重新组合成正确图案,看上去,这似乎和记者把一堆破碎的信息组合成正确报道是一回事。其实,这种想法是错误的。新闻信息并不是确定的,其与形状固定的拼图碎片是不同的;而且,新闻采访几乎不可能得到完整的信息,而拼图游戏提供的碎片是完整的;最重要的是,拼图可以通过碎片形状并不吻合来纠正错误,但新闻报道却没有这样的机会。相反,新闻报道的危险就在于,记者自以为掌握了所有的信息碎片也了解信息碎片的形状,大多数情况下他们把掌握的部分信息碎片强行捏合在一起。与其把新闻报道称之为拼图游戏,我们不如把这种还原新闻的困境称之为"拼图幻觉"。

拼图幻觉缘于人类的认知缺陷。从报道案例分析来看,这些认知缺陷至少包括缺乏动态意识、无法摆脱偏见、错误归因、对话-倾听能力不足等。在新闻事实构建的过程中,任何一种缺陷(遑论两种以上缺陷),都会产生严重偏差乃至失实的后果。例如,谈到贵州贫困的原因,很多人总是习惯性地认为喀斯特地貌这种恶劣自然环境限制了经济社会的发展。其实,这种报道既是错误的定势思维,也是错误归因。法国、意大利、俄罗斯等欧洲国家的喀斯特地貌地区，它们并不是所在国家的贫困区，甚至经济还比较发达！然而，如前所述，所谓权威专家长期散布喀斯特地貌造成贵州贫困的谬论，甚至编造所谓联合国专家断言其不适合人类居住的谣言，而大众媒体不加甄别就接受这种错误的叙事框架。更有甚者，在 2020 年初武汉暴发新冠疫情时，网络上充斥中国人吃野味惹祸的谣言，而中央级媒体竟然也不加分辨就报道这种抹黑中国人的错误声音！类似的新闻报道造成严重的负面舆论效应，误导公共决策乃至伤害国民集体！

当然，比认知缺陷更糟糕的是，有些新闻从业者的主观世界缺乏实事求是的精神。在这样的精神状况下，硬核事实就很难成为报道的优先原则，虚张声势的"空包弹新闻"反而成为被追逐的对象，记者及其所在媒体追求的是谁在舆论场抛掷的空包弹更响亮而不是比谁的硬核事实更多更有力。

值得一提的是，实事求是坚持客观原则和倾向性两者统一而不是彼此对立，否则就会对新闻价值产生误判。典型的例子是，对鲍某某性侵案《南风窗》和《财新》两家杂志的报道立场截然相反，《南风窗》爱憎分明的态度赢得网民强烈支持，而后者被迫道歉撤稿。支持《财新》的人则声称，《南风窗》价值判断代替事实判断，这种声音是欠妥的。包括西方在内，媒体对道德失序事件的报道必然是以捍卫公共价值观念为立场。如弗林特在《报纸的良知》中指出，反映惩罚必然性的报道越多，报纸在保证社会秩序方面起的作用就越大；反之，如果罪犯被惩罚的立场被忽略，就会让读者误认为犯罪是有利可图的事情。① 又如，"新闻从业者所守卫的，不仅仅是嵌入到恒久价值之中的道德秩序，更是一系列理念、习俗与道德观念……通过揭露并协助惩罚那些失范者，道德失序新闻强化并再合法化

---

① ［美］弗林特：《报纸的良知》，萧严译，中国人民大学出版社，2005 年，第 182 页。

了占据支配地位的国家与社会价值"①。在探寻本质真实的前提下,新闻应当也必然体现报道的倾向性,既要见"事"也要见"是"。从哲学上来讲,"是"或"应当"被称为休谟难题。其实,这是一个把事实判断和价值判断人为对立起来的伪命题。普特南在《事实与价值二分法的崩溃》中指出,事实和价值相互缠结而不是豆剖瓜分,没有价值的存在就无所谓事实。新闻学者杨保军将新闻倾向性分为客观倾向性与主观倾向性,这在一定程度上避免了客观与真实如何统一的纠缠问题。因此,我们完全可以理直气壮地主张,没有客观性的倾向性,是不可取的;没有倾向性的客观性,是不存在的。如果新闻报道做不到是其所是、非其所非,做不到是其应是、非其应非,就谈不上导向功能。

虽然马克思主义新闻观以本质真实为旨归,反对所谓单纯写实的自然主义,但是这并不代表我们赞成剪裁事实、放弃客观原则。笔者认为,从叙事学的角度来看,如果要实现实事求是的目标就必须坚持不偏不倚的写作态度。如何达到不偏不倚呢?山的阳坡是事实的一面,山的阴坡则是事实的另一面,要想总览山峰全貌就要站在山脊之上。因此,笔者将精准把握叙事尺度的写作方式命名为"山脊原理"。

"山脊原理"这一比喻是为了便于读者理解,本质上,它和传统史家的写作态度在精神上是一致的。首先,媒体坚持客观平衡的立场,以及司马迁"不虚美,不隐恶"的史家立场,可以说是千古不易的真理。其次,记者应当坚持毛泽东推荐的"勾推法",有利于扩大信息源。最后,当记者拥有了不同信息源提供的不同信息之后,仍然面对事实审查的难题。这就需要多层次求证,才能确保真实性。对顾炎武的治学态度,《四库全书总目提要》评价说:"每一事必详其始末,参以证佐,而后笔之于书。故引据浩

---

① ［美］赫伯特·甘斯:《什么在决定新闻》,石琳、李红涛译,北京大学出版社,2009,第374—375页。

繁,而抵牾者少。"笔者将顾氏这种严谨的历史书写态度称为"顾氏定理",即"详其始末,参以证佐",也就是发掘事物之间的逻辑联系。如果新闻从业者及媒体都能坚持司马迁的史家立场、信息勾推方法、顾氏考证态度,就不愁做不到实事求是。

尽管从理性角度来说,新闻从业者在认知和精神方面的缺陷并不难发现,那为什么我们还是无法摆脱"奥威尔问题"呢?奥威尔的记者经历并不愉快,甚至给他带来终生挥之不去的极端厌恶情绪,他发现战争双方都大肆编造谎言而不实事求是地报道。因此,奥威尔提出一个直抵人类内心世界的问题——"It is the question how do we know so little given that we have so much evidence(为什么证据如此之多而我们所知甚少)"。美国著名左翼知识分子乔姆斯基将其冠名为"奥威尔问题"。

是啊,为什么证据如此之多而我们所知甚少?这是一个认知科学的问题,又不止是一个认知科学的问题。从证据学的角度来说,我们面临不确定事项的四象限——已知的已知、已知的未知、未知的已知、未知的未知。让我们深感不安的是,已知的信息并不必然具有确定性,甚至比未知的信息更难确信。如何认定证据的有效性?盖然性法则是一种有限的事实认定方法,对新闻报道能够提供一定的借鉴意义。然而,所知甚少的根本因素,不在于证据之多少,而是有权采纳证据的人是否愿意面对证据或者说他们愿意采纳哪些证据又不愿意采纳哪些证据。比如,2002年,时任美国国防部长唐纳德·拉姆斯菲尔德为攻击伊拉克制造舆论声势,说了一句堪称经典的文字游戏,"世上有已知的已知,也就是我们知道自己已经知晓的东西;此外,还有已知的未知,就是我们知道自己并不了解的东西;然而,除了二者之外,还有未知的未知,亦即那些我们甚至不知道自己对其一无所知的东西"。实际上,拉姆斯菲尔德正是利用了美国民众对不确定性的恐惧心理,对美国民众乃至全世界进行了一场公开的信息讹诈。美国在全球各地作恶多端,而美国媒体却视而不见,乔姆斯基抨击美国社会和媒体陷入托克维尔预言的"舆论的暴政"。因此,事实认定的困境,说到底还是社会价值观这一深层次因素在起决定性作用。

三

既然妨碍我们事实认定的根本因素是价值,那为什么本书偏偏在"新闻的奥威尔问题"上戛然而止,只留下一个"未尽的悬念"呢？此处做一个简单的交代。

本书目前的框架分为文法规范和事实规范两大部分,其实,原计划还有第三部分价值规范。"新闻的奥威尔问题"这一章的作用原本是承前启后,既承接事实哲学又为后续价值讨论作铺垫。然而,考虑到全书设计体量太大,而且价值规范更偏重哲学讨论,和前两个部分的调性有所不同,第三部分只好以后再说。

尽管总体思路未能一次性呈现给读者,然而,这不影响本书的独立性和完整性。一方面,上下编各章是相对独立的专题。文法规范、词语政治、事实规范、事实哲学各成一卷,对实务界和学术界等不同领域的读者而言,可通览全书,也可径取所需。另一方面,上下编分别从新闻实践的规范问题进入价值哲学讨论。正如本书所揭示的那样,从微观层面来看,言辞也有价值导向,语用学的研究结果也充分说明了这一论点。当然,从中观层面来看,事实哲学的影响更明显,它既影响事实认定也会干预价值判断。而计划的第三部分,将从宏观层面专谈价值哲学。需要说明的是,本书所提到的价值对应于英语的 value 而非 worth。中文语境中的新闻价值,将英语的两种不同情形混用形成无谓的困扰,此处按下不表。

塔克曼在《做新闻:现实的社会建构》一书开宗明义,明确指出其主旨为"作为框架的新闻"。这种框架对新闻报道的形塑作用是不言而喻的,她说:"我的结论是,新闻生产指向一整套常规实践,新闻专业人士声称有权裁定知识、呈现真实的记录，正因为此，新闻将现状正当化。"①新闻将什么样的现状正当化呢？当然是指资本主义制度下的社会现状。"新闻混淆了社会现实，没能揭示其奥秘。它掩盖了国家与公司资本主义之间的亲密关系，遮蔽了前者对后者的支持，由此强化了国家的正当性。"②可以说，塔克曼一语惊醒梦中人。如果奥威尔还活着，或许也会感慨醍醐灌顶，而不再困惑于"为什么证据如此之多而我们所知甚少"。

国内学术界也有少数学者保持警惕。如，李彬反对把中国新闻传播当成学术殖民地的做法，直接抛出"再政治化"的命题。③

也就是说，一切新闻从业者个体在认知或精神上的缺陷，都只是技术性解释。真正决定新闻报道准确与否、真实与否的，是制度性因素。正如有的研究者所指出的那样，新闻语言的准确性不能停留在词语层面理解，而要把它当成一个复杂因素彼此影响的问题。"'准确性'是新闻语言的最高要求。没有这个'准确性'，其他都谈不上。虽然我们习惯于把'准确性'作为对新闻最基本的要求，但想要真正做到准确并非那么简单……要做到语言表达的准确，首先是对基本新闻事实的把握要准确。这是一个前提条件。而影响人们对基本事实准确把握的因素，除了认识上的原因，除了调查研究不够、深入了解不够之外，还有立场的原因、政治倾向的原因。有句话说：'偏见比无知距离真理更遥远。'"④

正因如此，笔者在本书结尾提出：在还原客观事实方面，资本主义媒体的困境不在于方法而在于政治制度所决定的意识形态。对于社会主义

---

① ［美］盖伊·塔克曼《做新闻：现实的社会建构》，李红涛译，中国人民大学出版社，2022，第 20 页。
② ［美］盖伊·塔克曼：《做新闻：现实的社会建构》，李红涛译，中国人民大学出版社，2022，第 228 页。
③ 李彬：《马克思主义新闻学创新体系刍议》，《新闻与写作》2007 年第 5 期，第 29 页。
④ 孔祥科：《新闻语言的最高要求是准确》，《新闻爱好者》2012 年第 22 期，第 52 页、第 54 页。

媒体,其挑战在于如何坚持实事求是的世界观和坚持以人民视角为叙事框架。然而,更详尽的论述,只能留待日后再说。

四

如前所述,笔者兴趣所在,重道而非重术。何况,新闻准确性不是一个新问题,所涉内容也多为常识,那为什么还值得笔者孜孜矻矻倾注心血呢?

柏拉图有一句名言,"惊讶,这尤其是哲学家的一种情绪"。新闻准确性之所以值得关注,是因为这个问题长期存在,有时还非常突出。1986年9月12日,纽约《北美日报》刊登赵汝恩的文章《新闻宜力求报道准确》。作者痛陈对大陆媒体的不良印象,数字不严谨,内容自相矛盾,缺乏实事求是的精神,对传闻捕风捉影,喜欢猎奇,等等。① 2005年8月,某中央媒体向社会公开承诺:"坚持真实、全面、客观、公正的报道原则,坚持深入细致的采访作风,认真核实消息来源,确保新闻事实准确,杜绝虚假不实报道。"新闻常识竟然需要公开承诺? 这多少有点令人难为情。相对来说,目前的新闻报道不像20世纪80年代新闻失实问题那么普遍突出,但在准确性和实事求是精神方面未必乐观。显而易见,新闻媒体仅解决真实性问题是不够的,解决准确性问题成为摆在我们面前的新挑战。

更令人惊讶的是,尽管问题长期存在甚至很突出,然而,新闻界对准确性方面存在的问题还是不够重视。这就必须重温新闻准确性的必要性。美国著名新闻学者杰克·海敦在《怎样当新闻记者》一书中说,"准确性高于一切"。有人称,"如果说真实是新闻的生命,准确,就应该是新闻

---

① 赵汝恩:《北美日报文章〈新闻宜力求报道准确〉》,《新闻业务》1986年第12期,第36—37页。

宣传的要求。事实不准确，标题不准确，用语不准确，便谈不上什么新闻宣传的效果"①。

回顾几十年来新闻界关于准确性的问题及其讨论，令人百感交集。一则感到悲哀，正因常识居多，长期以来新闻报道屡屡犯错，实在不应该；二则惋叹，正因常识居多，如何做好理论解释，反而不容易。

尽管如此，可为、应为不等于必为。毕竟，媒介批评向来是吃力不讨好的。那笔者又何苦来哉？王君超是国内媒介批评研究的重要开拓者，他指出，"针对我国媒介批评'少深广、少学术、少批判性思维'的现状，以及媒介批评实践层次不高、理论明显滞后的局面，一些学者疾呼：建立有中国特色的社会主义媒介批评学"。这是建设性而不是破坏性，是为建设而批评，而不是为批评而批评。② 或许，斯坦纳关于文学批评的一番话，更能说明笔者的心境："传统价值的共同体已经破裂，词语已经变得扭曲而廉价，经典形式的叙述和比喻被复杂而短暂的方式取代，阅读的艺术，真正拥有识文断字能力的艺术，必须修复。文学批评的任务，就是帮助我们作为健全的读者阅读，以精确、敬畏和快乐为榜样。相比于创造行为，这是次要的任务。但它从来没有这样重要过。没有批评，创造本身或许也会陷入沉默。"③这番批评，何尝不是今日中国新闻的写照？余生也愚，所幸者，不乏勉力为之的勇气。我所求者，我所忧者，在于尝试为新闻从业者修复识文断字能力的艺术，在于帮助大众以精确、敬畏和快乐为榜样而成为健全的读者。

"汝果欲学诗，工夫在诗外。"本书对新闻准确性的讨论，超越一般人对准确性的理解。有人认为，准确就是真实。这过于笼统，在同样真实的

---

① 鑫平：《准确：新闻宣传的要务》，《新闻导刊》2003 年第 1 期，第 44 页。

② 王君超：《媒介批评：起源·标准·方法》，北京广播学院出版社，2001，第 297 页。

③ ［美］斯坦纳：《语言与沉默——论语言、文学和非人道》，李小均译，上海人民出版社，2013，第 18 页。

情况下，不同报道之间的准确性水平悬殊。艾丰认为，真实性关乎是不是，准确性关乎像不像。新闻报道写得像不像，"往往是由于语言的问题造成的，词不达意就会'是而不像'。要做到准确，实际上是要在两方面下功夫。一方面自然是语言上的功夫；另一方面则是对实际事物深入了解的功夫"①。当然，从词语哲学的角度来看，词是否达意还不仅仅是用词准确与否的问题，而是和语境、文化等背景密切相关。如李普曼就曾经指出，"就算是文法大师，或许也无法用区区百字将几个月来发生在朝鲜的所有事情客观、公正地讲清楚。这是因为，语言作为意义的载体，是有着很多缺陷的。词语如同货币般反复流通，今天被用来唤起这样的图景，明天又被用来唤起另一种图景。同样的词语在报道者的脑海中唤起的内容并不一定和其在读者的脑海中唤起的内容相一致"②。

　　本书对新闻实践的笔记梳理，大概有一些资料性价值，权当是 21 世纪初新闻文本的解剖样本之一。对当前语言浮夸的"泡芙式新闻"和缺乏核心事实却虚张声势的"空包弹新闻"现象，不无批判之辞；为了防止片面乃至极端化的新闻叙事，提出"山脊原理"的主张，既要看山的阴坡也要看山的阳坡；对权威信息源，提出身份权威性和信息权威性双重审查的建议；在总结司马迁、顾炎武等传统史家经验的基础上，提出事实认定的公式。为什么要尝试提出原理和公式呢？这是因为在媒介批评中存在叙事和科学对立的声音，即认为叙事是由一系列成见、习俗、偏见和意识形态组成，而科学是可验证可重复的。叙事当然不可能和科学混为一谈，在人文关怀和价值观层面两者很少通约性，因为科学往往不存在价值判断。不能否认的是，叙事在事实判断方面无法达到科学那样的精确程度，但这

---

① 　艾丰：《新闻语言的具体特点（上）——谈谈在报道中如何使用"具体"和"准确"的语言》，《新闻与写作》2011 第 3 期，第 68 页。

② 　李普曼：《舆论》，常江等译，北京大学出版社，2018，第 53 页。

不能成为事实不准确的理由，准确性是可能实现的目标。笔者提出叙事尺度的"山脊原理"和事实认定的公式，就是对如何让事实接近准确达致真实的一种科学性尝试。

本书也没有简单地把准确性当成术的问题，而是把着重点放在道的层面来重新审视。如道德经所言，"以术载道"。当我们逆流而上，追溯准确性这一术背后的道究竟何在时，就会有新的收获。原来，新闻准确性的定义和外延非常广，远不是三两句能解释清楚。笔者将词语政治引入新闻语言研究，应当说对新闻语言研究是有所拓展的，目前的新闻语言研究本来就单薄而且停留在传统的语义学、语法学层面。另外，在讨论新闻事实时引入事实哲学，从抽象层面审视具体的新闻事实，以免"不识庐山真面目，只缘身在此山中"。也就是说，本书的重点是试图从方法论上入手，冀以帮助新闻界摆脱事实认定的困境。

当然，一本书给不同的人带来的收获不一样，收获的大小也不一样，甚至有人能够化腐朽为神奇从而创造性地浓缩出新意。从这个角度来说，书的全部生命力，一半由作者创造，另一半由读者创造。

总之，当我们超越常识层面，重新审视新闻准确性时，它的理论空间变得更加宽广。这是笔者在研究过程中得到的一点领会。然而，笔者深知，本书在理论上的横向拓展和纵向深化都存在不足，也期待未来有更多更优秀的新闻准确性研究成果出现。

赘语已多，略而不论。在新闻准确性的研究上，笔者像登山者一样试图开辟新的攀援路线并竭力抵达新的高度。至于本书所登峰顶海拔之高低，所见风景之美丑，交由诸君评鉴。

上编(第一卷)
文法规范

第一章　文法素养大滑坡的尴尬

1919 年,鲁迅发表小说《孔乙己》,创造了中国现代文学史上一个经典的小人物形象。秀才孔乙己有点迂腐,其表现之一是执迷于在酒馆里向孩子炫耀"回"字有几种写法。

1921 年 10 月 27 日,列宁在给加米涅夫的信中用极其生气的语调写道:

> 当我阅读为我的讲话所作的呆板、草率、文理不通的记述的时候,我简直是在又一次"受罪"。为此,我应当向您声明,原来我答应在星期六作的讲话,只有具备以下条件时我才能作:会议主席连同专门指定的有撰稿经验的人在星期六中午十二时以前应当向我提出书面保证,能做出条理清楚、文字通顺的记述。更明确一点说,就是要写出供发表用的关于讲话的报道。他们要对文字负责,而且我有权公布他们的姓名。

> 没有这个条件,我将拒绝讲话。

> 工作草率、文理不通的人给"整个"讲话做记录,他们做出来的不是什么记录,而是骇人听闻、胡言乱语、丢人,可耻的东西。这只有那

些极端不学无术的家伙才干得出来。

其实,应当做的不是讲话记录,而是条理清楚的简明的关于讲话的报道。

不保证做到这个条件,我不可能同意讲话。[1]

然而,当新闻界失落的秀才们连文字规范能力都还不如孔乙己时,却又令人别有一番滋味在心头。很难想象,如今让列宁生气的"文理不通的记述"等各种文法错误依然非常普遍,其中很多都是不应该出现的低级错误,发现这些错误并不需要高深的专业知识或文法素养。

匪夷所思的是,各大媒体并未表现出与其地位相应的文法水平,这充分说明全国媒体文法素养普遍大滑坡的尴尬现状。从个案来说,一篇经过写、编、校、审多道程序的报道错误之多依然达到令人咋舌的程度,或者几位精英人士一起修改一条语病丛生的短消息时仍存在大量错误,或者全国媒体集体转载一条百字官方辟谣信息时都未能修正其中的语法错误。另外,除了现代汉语语法素养滑坡之外,文言文的基本素养也表现堪忧。

或许,有人会提出,新闻语言不准确的现象不是存在于每个时代吗?的确如此,但不完全是这样。我们这个时代的尴尬在于,当国民素养大幅提升时,新闻报道的语言质量并未随之提升。相反,过去媒体秀才们在普通读者面前具备的文字优势已逆转,很多读者尤其是互联网内容生产者的文字素养,超越了新闻生产者。

当人们为传统媒体外部竞争喧哗不已的时候,令人忧虑的是传统媒体内部危机重重,文法错误折射的语文素养就是其首先面临的问题。

---

[1] 陈力丹编《马列主义新闻学经典论著》,人民日报出版社,1987,第340页。

大媒体的文法错误举例

一个令人困惑的现象在于,究竟是互联网粗糙化的写作影响了传统媒体,还是传统媒体自身素养下滑而导致互联网式写作的粗糙化?

问题在于,写作日益粗糙化的并不只是一般传统媒体以及迁移到互联网的大量市县媒体,还包括了有影响力的传统媒体乃至如澎湃网这样的新锐媒体。

例:10 月 17 日 17 时许,曾维龙驾驶车辆经过南屏钢便桥时,忽然看到一名男子(张某,23 岁)从南屏大桥翻越围栏跳桥入河轻生,曾维龙立即将车停放在路边后下车,此时张某身体从南屏大桥下的河水往南屏钢便桥方向漂来,他立即将身上的一部手机和一个钱包交给也前来准备救人的邹立彬,随即奋不顾身直接从桥中间护栏攀下去,跳入河中间,拼命游水去救张某。

当张某漂到钢便桥中间约 20 米,曾维龙抓住了落水者张某,奋力拉着张某向岸边游回中途时,因水情复杂,体力消耗巨大,曾维龙体力不支,但他用尽全身的气力向岸上的路人大叫:"快来救人! 快来人! 快来……"邹立彬接过曾维龙钱包与手机后,则积极寻找救护设备游泳圈,并迅速套上游泳圈从华发五期河边跳到河里,奋力朝曾维龙与落水者游去,以争取最快时间的救援,但邹立彬游到离曾维龙有 5 米左右的时候,邹立彬看到曾维龙突然沉到河里去了。邹立彬游过去在附近河域用脚探他们沉下去的地方,却始终没有碰到跳水的张某和救人的曾维龙的身体。曾维龙与落水者张某再也没有浮出水面了。(《儿子溺亡 16 年后爸爸跳河救人牺牲,珠海:属见义勇为,奖 110 万》,澎湃新闻 2023 年 11 月 01 日)

评:引文的第一段,是一个长达 160 字的句子。这个长句存在多重问题,表述不顺畅。首先,这个句子涉及三个人物,主语混乱;其次,地点涉及两座桥，表述不清晰，应该讲清楚上下游关系；最后，人物名字、"立即"重复出现，啰唆。

第二段的人物表述一样混乱。其中，"邹立彬接过曾维龙钱包与手机后"这一表述和上一段落重复。尤其不妥的是，这会导致读者困惑，曾维龙已经跳入河中还能给桥上的人递钱包？这一句话一共 108 个字，两个人物的名字分别出现多次，既重复又混乱。

2021 年 9 月 23 日，澎湃网关于袁仁国当日被判无期的报道，其中又有低级错误（https：//news. sina. com. cn/c/2021-09-23/doc-iktzqtyt7691802. shtml）。报道称：

> 在袁仁国被"双开"后，接替袁仁国职务的茅台集团党委书记、董事长李保芳曾谈到茅台集团内的反腐问题。在 2018 年贵州茅台年度股东大会上，李保芳表示："过去 20 年茅台的营销渠道，渠道单一，资源分配不公开、不工作、不透明，造成了以权谋私、利益输送、靠酒吃酒。"

"不公开、不工作、不透明"中的"不工作"是什么意思？澎湃网当天转载一条有关袁仁国的文字报道和两条视频，其中并不包含有错误的文章。通过澎湃网站内搜索发现，其错误源自 2020 年 1 月 13 日 16 时 55 分发布的《袁仁国谋私细节：仅妻子儿女违规经营茅台酒就获利 2.3 亿》一文（https：//www. thepaper. cn/newsDetail_forward_5505789）。也就是说，编辑只做了一个简单的搬运，文字差错就被再次传播，"不工作"的原话应当是"不公正"。应说明的是，2020 年 1 月 13 日发表的这条新闻标题不该漏了单位，完整表述是"违规经营茅台酒获利 2.3 亿元"。另外，原文直接引语处理不当。在无法核对现场讲话稿的情况下，我们不能武断地说记者直接引语错误，不过，原文语法错误太明显。第一，"过去 20 年茅台的营销渠道，渠道单一"，"渠道"一词重复了；第二，"造成了"后面缺少宾语,应当搭配"现象"一词。加上"不公正"被写成了"不工作",那就是一句话之中有三处差错。事实上,大多数媒体对有关讲话没有直接引用,而是间接引用。如果没有必然把握,对类似情形采用间接引语更为稳妥。毕竟,和一般文字差错不同,直接引语一旦出错,不仅对媒体品质和信誉造成伤害,还给当事人的外在形象和内在心理带来困扰。况且,中外新闻从业者都在实践中普遍得出共识,纠正直接引语中的语法错误并不损害真实性。

美国《芝加哥论坛报》原总编和发行人杰克·富勒对"引号的意指"有过精彩缜密的专门论述,他提醒我们注意直接引语可能存在语法不规范乃至意思断裂的情形。"人们说话时大多数情况下使用的是只言片语,而不是完整的句子。手势起到标点符号的作用,面部表情则填补缺失的词语说话人说话时往往又折回原处,重复、删减,让缄默来表达思想。"

而且,富勒也注意到了看起来表述太糟糕的直接引语会对受访者造成伤害。"首先,他可能在笔记中没有记下完整的引语但也许认为他可以根据记忆来补全它。他也可能会求助于某个别人的记忆,可能是在事后很长时间去让人回忆,而这样的回忆就可能带有偏见了。他也可能有一个完美的描述,录音质量极佳,既没有发音不清的词语,也没有盖过说话人的背景噪声。但是这些引语离题万里。还有可能说话人言谈中表现出无知或粗鲁,作家为保护他,使他不至于让人看上去很愚蠢(或者使他显得较可信,或者只是为了避免读者分散对文章要点的注意力),而对有的原话进行修饰。"

"记者只有在坚信他准确记录了别人的原话时才能使用引号。如果他改动引语或者有理由怀疑引语的可信性,他就应该让读者知道他做了什么。他可以在引语中用括号标明增添或改动的词语,用省略号表示省略。"①

类似的错误,几乎每一天都会在各大媒体上演。请注意,是各大媒体,而非不起眼的小媒体。比如,《高校落马"女老虎",把手伸向幼儿园》(《环球人物》2022年1月18日)究竟是什么意思?"女老虎"落马之后把手伸向幼儿园还是因把手伸向幼儿园而落马?准确地说,当事人是以合作办学名义借高校品牌为儿子办幼儿园招揽生源,并非把手伸向幼儿园。《我国风力发电正在"走向深海"》(《科技日报》2022年1月18日)的标题也表述不当,国际上对深海的定义是水深达200米以上的海域,风力发电始终是借助海面风力而不会走向水面之下的马里亚纳海沟。

一个反面印证媒体文法素养衰落的典型例子,是各大媒体都输给了中纪委的一篇评论。2021年1月,毕节市一名女子因在微信群中称社区支书为"草包"而被警方拘留。绝大多数媒体或网站的大标题使用了"辱骂"或"骂"这个词,显然欠妥,这表示报道已认定当事人的行为性质。当事人任女士本人认为,"我觉得这是我们普通公民对公职人员的适当批评"。反观中纪委网站署名韩思宁的评论,其大标题为《一句"草包"被行拘,权力不容滥用》,正文第一句话说,任女士因称社区支书"草包支书"而被毕节警方铐走并行拘。该评论没有将任女士的措辞界定为"骂",用的是无任何褒贬色彩的中性词"称"。文章批评警方将居民语言定义为"公然侮辱"欠缺妥善考量。总之,媒体在措辞和法律基本素养方面,在中纪委评论面前,几乎完败。

---

① [美]杰克·富勒:《信息时代的新闻价值观》,展江译,新华出版社,1999,第159—161页。

上海凶杀案奇文引出新怪相

尽管媒体的语法错误普遍存在而令人无奈,但是一则消息因表述混乱而引起全国网民的围观还是罕见的。2021年9月9日,上海某新媒体旗下微博账号发布"上海一男子出租屋住了两周在床底发现尸体"的消息,因人物多、关系繁杂加上语序混乱,令人费解,竟然登上微博热搜。某种程度上,这也成为媒体文法素养下滑的典型案例。

原文:奉贤本地人唐某带着3岁的女儿租住在本市一出租屋内,今年3月带女儿出门旅游,把房子交给朋友照看。两周后,朋友找东西时在床底发现一具男尸。由于唐某的宠物狗气味大,此前他未曾发觉。经调查,死者是49岁男子老余。老余的丈人是褚老伯,他是唐某的远房表叔。老伯的女儿和外孙女都去世,便想过继唐某的女儿。褚老伯把房子送给干女儿,原先说好女婿老余也有份,但唐某卖掉房产后,只付给了老余5万。当老余索要房款时,唐某便起了杀心。最终,唐某在湖南落网。

这段文字仅215个字,但是网友纷纷表示看不懂,甚至有好事者动手画出思维导图以便网民理解。中国经济传媒协会旗下的公众号"传媒茶话会"专门就此做了点评,并且请了四位来自不同传统媒体的精英做示范性修改,以下为修改后的四个范例。

A. 标题:奉贤本地人唐某住所发现男尸案告破

今年3月,唐某和3岁的女儿出门旅游,把住所和宠物狗交朋友照看。两周后,朋友到床下找东西时发现一具男尸。此前,因宠物狗气味大,未察觉异味。

唐某有个远房表叔褚老伯,女儿和外孙女都已去世,想过继唐某的女儿,并把房产送给唐某,同时答应女婿余某,房产他也有份。唐某将房卖掉后只给了老余 5 万元,老余还索要房款时,唐某便起了杀心。唐某屋里发现的男尸,便是 49 岁的老余。

唐某已在湖南落网。

B. 标题：上海一出租屋内惊现男尸

奉贤本地人唐某带着 3 岁的女儿租住在本市一出租屋内,今年 3 月他带女儿出门旅游,把房子交给朋友照看。两周后,朋友找东西时在床底下发现一具男尸。

经调查,死者是 49 岁男子老余。老余的丈人褚老伯,是唐某的远房表叔,女儿和外孙女都已去世,他便想过继唐某的女儿给自己,同时把房子送给她。

原先说好女婿老余也有份儿,但唐某卖掉房产后,只付给了老余五万。当老余索要剩余房款时,唐某便起了杀心并将其杀害。

最终,唐某在湖南落网。

C. 标题：出租屋床下发现男尸,嫌疑人湖南落网

近日,奉贤人唐某涉嫌杀人,在湖南落网。

今年 3 月,唐某就带着 3 岁女儿外出旅游,将出租屋交给朋友照看。两周后,朋友找东西时发现床下有具男尸。经调查,死者老余,49 岁。因为唐某家的狗气味很大,他此前未曾发觉屋里有异味。

老余的丈人是褚老伯,他也是唐某的远房表叔。褚老伯的女儿和外孙女都已去世,他想过继唐某的女儿,并将房子送给干女儿,同时说好,这房子他的女婿老余也有份。

唐某把褚老伯的房子卖了,只付给老余 5 万元。老余向唐某索要房款。唐某遂起杀意。

D. 标题：上海一男子出租屋住了两周在床底发现男尸

今年 3 月,在上海一出租屋内的床底下惊现一具尸体。经调查,死者姓余,男性,49 岁,他向唐某索要房款时,被杀害。

余某的丈人褚老伯,也是唐某的远房表叔。老伯的女儿和外孙女都去世后,他过继了唐某的女儿为干女儿,并赠送一套房子。起初,允诺房子也将分给余某一份儿。

但唐某卖掉房产后,只付给了余某 5 万。当老余索要房款时,唐某便起了杀心。

两周前,唐某带着 3 岁的女儿出门旅游,把出租屋交给朋友照看。朋友在找东西时,在床底发现一具男尸。由于唐某的宠物狗气味大,此前他未曾发觉。

最终,唐某在湖南落网。

和原文比较,修改范例当然表述更为清晰,为了避免人物关系缠夹不清,有人在写作上采取了简化处理的办法。某种程度上,个人比较赞成避免噪声信息的至简主义,因为其并不影响读者理解核心事实。

遗憾在于,这四个出自传媒精英之手的范例,仍然存在文法缺陷,一篇报道奇文引发出新闻界的新怪相。如逐一订正,未免过于繁冗,现简要总述如下。

1. 从法律专业性来说,未注意在唐某前加"犯罪嫌疑人"字样。

2. 从传统社会文化来说,未注意区分过继女儿和干女儿的区别,保留一种说法即可。笔者倾向于干女儿说法,同姓家族成员之间可过继,异姓为领养或结干亲。

这一措辞的差别,不仅影响字面的准确性与否,还影响事实的认定差异。领养是法律事实,干亲是社会事实。而过继更复杂,名义上的过继仅仅是家族内的社会事实,双方不涉及抚养或赡养义务和继承权利;事实上的过继则涉及相关法律义务和权利。根据法律规定,过继子女和子女一样属于第一顺序法定继承人,丧偶女婿在履行赡养义务的前提下也属于第一顺序法定继承人。

具体到上海这一凶杀案中,作为干亲,属于赠与情形。也就是说,名称的准确性,对界定法律事实有直接关系,也会影响读者对老余财产权主张合法性的道德判断。

3.从语法来说,存在主语不清的情况,原因是一句话内提及多人,关系混乱;有的主语缺失,另起一句时不注意交代主体。

4.未注意数量词搭配,提及金额时,存在无单位的情况。

5.从行文来说,人物出场顺序不够从容。原文不必提及褚老伯的女儿和外孙女去世情况,以免人物关系愈发复杂。对类似不影响事实的噪声信息应当过滤。如一定要提及,则可放置在最末尾作为褚老伯为什么要认干亲的背景介绍。

6.个别导语过于突兀,读者无法理解老余为什么要找唐某要房款。

7.从写作艺术来说,最大问题也是共性问题,都因害怕交代不清而过于平铺直叙,缺乏悬念。

这则短消息,无论原文还是修改的范例,都只有区区 200 多字。可是,即使是在有所准备的情况下做出的修改范例,四位传媒精英也存在至少四种硬伤以及其他写作缺陷。一方面,这说明写作从来不是一件很容易的事;另一方面,这也从侧面说明新闻写作质量滑坡是不容否认的事实。

在朋友邀请之下,笔者修改如下:

(引题)朋友受托照管房子　两周后发现床底尸体
(主题)一屋诺二人酿成惊魂命案

本报讯(记者×××)上海一名男子好心为朋友唐某照管房子,无意间发现床底下藏着一具男尸。日前,犯罪嫌疑人唐某已在湖南落网。

今年 3 月,奉贤本地人唐某带着 3 岁的女儿出门旅游,委托朋友代为照看宠物狗及租住的房子。由于该宠物狗本身很臭,朋友入住两周未察觉屋内异味源于尸臭，直到找东西时才发现命案。

经调查，死者为老余，今年 49 岁，死于房产纠纷。褚老伯是老余的老丈人，也是唐某的远房亲戚。褚老伯认唐某女儿为干女儿并赠送一套房子，此前，该房产部分权益已被许诺给老余。然而，唐某卖掉房产后只付给老余 5 万元，后者上门索要其余应得房款时被杀害。

褚老伯命运多舛，女儿和外孙女先后去世，本以为认干亲能再续人伦之乐。他未曾想到，因处置房产不慎引发命案，女婿为此送命，干女儿失去生父之爱。如此悲剧，令人唏嘘。

结构上采用典型的倒金字塔方式，分别讲述何事（what）、何因（why）、如何（how）。末尾一段，将原文中提及的褚老伯女儿和外孙女放置在最后。对该段落，如不保留，则体现客观主义理念置身事外的冷静作风；如保留，则兼有人情之心酸、醒世之警钟的双重意味。关于反社会行为的报道，应提及犯罪后果以达到警示目的，留待后面有关章节再说。

全国媒体写不好一条辟谣短消息

令人讶异的是，2021 年 10 月，又发生了全国绝大多数媒体写不好一条百余字地震辟谣信息的情况。

先看辟谣信息：

2021 年 10 月 05 日 22 时 29 分，四川省地震局发布了一条更正公告：经核实，"2021 年 10 月 05 日 21 时 09 分 22 秒在四川泸州市纳溪区上马镇附近（北纬 28.52 度、东经 105.30 度）发生 8.1 级地震，震源深度 5 公里。"此地震预警信息为自动处理系统技术故障误报，四川泸州未发生 3.0 级以上的地震，给您带来不便，深表歉意。

矛盾在于,人民网转述的是上述有引号的版本,央视网、澎湃新闻、北青网、九派新闻等大多数媒体转述的是无引号的版本,中青网等个别媒体两种版本都存在。难以确认的是,四川省地震局发布的微博是否有过修改,也就无法妄断哪些媒体犯了错。

问题在于,如果没有引号的话,意思就截然相反。没有引号的表述版本如下:

> 经核实,2021 年 10 月 05 日 21 时 09 分 22 秒在四川泸州市纳溪区上马镇附近(北纬 28.52 度、东经 105.30 度)发生 8.1 级地震,震源深度 5 公里。

什么意思呢?后面这句话是"经核实"的对象,也就是说,发生 8.1 级地震是被核实的正确结论。换言之,此前发布的预警信息是正确的。既然如此,那还发什么更正公告呢?

退一步讲,有引号就正确了吗?也不正确。原公告 127 个字,存在引号用法不对、表述不严谨、句号逗号不分、主语缺失等毛病。正确的表述应当修改为:

> 经核实,此前发布的"2021 年 10 月 05 日 21 时 09 分 22 秒在四川泸州市纳溪区上马镇附近(北纬 28.52 度、东经 105.30 度)发生 8.1 级地震,震源深度 5 公里"为不实信息。该误报信息为地震预警信息自动处理系统技术故障所致。四川泸州未发生 3.0 级以上的地震。我们为给您带来不便深表歉意。

总结起来,如果四川省地震局发布过没有引号的版本,这是四川省地震局官方微博工作人员的文法素养不过关。然而,各大媒体在转述时,不加分辨,应当负有把关责任,是"把关人理论"失效的表现。如果四川省地震局发布的是有引号的版本,媒体就彻头彻尾地错了,完全负有失察责任。

对于有重大歧义的引述,媒体不能拘泥于原文,必须本着对读者负责的态度用正确规范的方式表达。假如说地震局工作人员文法毛病引起重大误解不应该的话,新闻从业者作为专业文字工作者,直接照抄继续散布有重大误解的错误信息,那就更不应该了。

一篇报道 70 处错误

2020 年 9 月 4 日,封面新闻关于湖南官员举报自己"吃空饷"的报道,文章中随处可见的差错令人震惊。我花了 3 个小时订正后发现,全文 3550 字,至少 70 处错误(错误超 60 个,同 错误有时重复出现)。错误的类型包括:1. 用词不准、错别字、漏字多字;2. 标点错误;3. 语法错误,成分缺失、人称混乱等;4. 表述不清,自相矛盾甚至意思相反等。

当然,错误不能完全归结于记者,其中也有少数引用受访者口语不规范的问题。更重要的是,新闻的特殊性在于它始终是集体作品,包括编辑、值班主任乃至签发人都有责任。我们应当思考的是,在这样一个新媒体严重低俗化、粗鄙化却不可思议地挑战传统媒体的时代,传统媒体人不拯救自己,还能靠谁拯救?传统媒体永远不应当和粗鄙的网络写作同流合污。

湖南干部自首式举报拿超 20 万工资:我没上班吃空饷 13 年

(正:1. 单位错误,万元而非万;2. 数字错误,20 多而非 20;3. 标题语序不当,容易引起歧义,拿 20 多万元工资不是自首式举报原因,原因是吃空饷;4. 吃空饷当然没上班,重复,可去掉"没上班"。点评:标题应修改成——湖南干部举报自己吃空饷 13 年。)

在湖南省永州市零陵区政界中(正:界即方位词,中还是方位词,应去掉"中"),陈景云无疑是不受待见的刺头。

"我没上班吃空饷(正:重复,应去掉"没上班")13年了。"近日,59岁的陈景云再次实名举报自己。他曾担任零陵区七里店街道办纪委书记兼人大联络组组长、街道办事处党组成员。

"他好像来打了卡的。"9月3日,七里店街道办的相关工作人员给出这样的回复。

"陈景云一直在上班,没有离岗。前段时间他还给我们发了短信还说了些事情……"记者致电零陵区委组织部相关负责人,也得到了类似的答复。

在很多人眼里,陈景云是一个不折不扣的"异类"。他是体制内公务员(正:公务员无体制内外的区别,体制内三字多余),却执着于举报政府部门。他每月不上班领工资(正:语序不当,容易产生歧义,"每月不上班领工资"可以理解为每月不拿工资,应修正为"他不上班却每月照领工资"),却年复一年自曝自己(正:自曝,自己,重复)"吃空饷",想要吸引更多关注(正:用词不当,仿佛说主角自我炒作)。从2007年至今,13年的时间里(正:啰嗦,应简化成,从2007年至今13年中),他死磕一件事:举报自己和当地部分干部一起"吃空饷"。

早在2014年,陈景云就被媒体密集关注,掀起社会对"吃空饷"问题的热议。如今沉寂6年后,陈景云又翻"旧账"(正:引号多余),再次高调举报(正:又翻旧账,再次高调举报,语意重复),原因为何(正:表述不当,要么用"原因何在",要么用"又是为何")?

9月2日(正:和下一段落日期重复,此处可略去不讲),59岁的(正:年龄重复)陈景云接受封面新闻的采访,聊了他"豁出去"的人生,他的举报之路,以及他对未来的担忧。

陈景云到底有没有上班?这似乎是一个谜。

"我今年一次上班卡都没有打,可调查。"9月2日,陈景云对封面新闻记者坚称,他没有上班,一直在吃政府财政(正:政府财政搭配不当,应去掉政府)的"空饷"。

9月3日上午,记者致电陈景云的工作单位——永州市零陵区七里店街道办事处(正:重复,工作单位前面已交代,此处可略去),询问陈景云(正:此处应用代词,如他或其)的在岗(正:用词不准确,在人事管理中,在岗意思就是在职,既然吃空饷一定是在在岗名单之列的,此处应用"考勤")情况。"他好像来打了卡的。"接电话的工作人员告诉(正:告诉,意思指很郑重的内幕或重大事实,此处应用信息未经确定的"称")记者,陈景云在"六大战役三大品牌组",应该是上了班的。同时,该工作人员也证实,上班每天早上需指纹打卡。如果他来上班,肯定有打卡记录。(正:这两句应合并为一句:该工作人员说,上下班需指纹打卡,如果他来上班就应当有打卡记录。原文不当之处有4点:1.证实一词没有实际意义,后半截并未证实某个确定的信息;2."上班每天早上"不妥,难道下班就不打卡? 每天也不妥,仅工作日才需要打卡;3.两句之间的句号错误,因为工作人员的陈述并未结束,应用逗号;4.关联词不完整,"如果……就"。)

"我再核实一下,他给你们说了这个事情,没给我们反映这个问题啊,(正:标点错误,此处逗号应用句号)他说自己现在还是吃空饷,没有这个情况。"零陵区委组织部相关负责人表示,其再核实一下情况再(正:再,再,重复,此处应用"后")给记者回复。但截至记者发稿时,并没有收到相关的回复。

当事人向媒体"自首式"爆料,与用人单位各执一词。陈景云到底有没有去上班? "他们会强调我一直上班。如调查出我没打卡(记录)后,他们也许会说,我住院了,我生病要在家里休息,或说我要照顾儿子等……"对于用人单位的回应,陈景云似乎一点也不意外。

"街道办事处纪委书记要我从明天开始去打卡。"9月3日下午,陈景云被街道办约谈后,他告诉记者,他9月4日将去街道办打上班卡(正:陈景云,他,他,一个句子三个主语,啰唆,只需保持最前面的一个即可)。这

（正：事情还没发生，此处应加一个"将"字）是他今年第一次打卡。

按照陈景云的说法，他不上班，工资照领。

"2007 年到 2014 年期间，我没有上班，但拿了 20 多万元工资。"陈景云说，现在他工资高一点了，每个月能拿 5 千多元。他愿意把自己（正：漏了"从"字）45 岁到现在吃的空饷钱（正：饷即钱，重复）都退给政府。

为何是 45 岁？这一切还得源自陈景云 45 岁时与当地组织部部长的一次谈话。（正：1. 45 岁重复太多；2. 当地并不准确，当地是本单位的组织部，还是区委组织部，抑或市委组织部？3. 职务前应加上"时任"二字；4. 表述不当，这一切还得从……说起，或者，这一期源自……）

至今他依然能回忆起谈话内容："你的表现非常优秀，工作成绩非常突出，大家对你反映也非常好……"（正：1. 直接引语的方式不当，毕竟，事情已过去十多年，如果用原话那就应该有录音证明；2. 标点错误，不应用冒号，应用逗号）这次谈话后，他的身份成为一名"改非"干部，正式加入到当地"吃空饷"的大军中。

什么是"改非"？"改非"即领导职务改为非领导职务。1993 年公布的《国家公务员暂行条例》，根据公务员是否承担领导职责的标准，将公务员分为领导职务与非领导职务。2006 年 1 月 1 日施行的《中华人民共和国公务员法》，继续沿用了这个规定。

根据新修订（正：此处缺"的"字）公务员法，过去的"非领导职务"表述成为历史，取而代之的是"职务"与"职级"并行的运行模式，将非领导职务改造为职级，明确综合管理类公务员职级序列由高至低依次为：一级巡视员、二级巡视员、一级调研员、二级调研员、三级调研员、四级调研员、一级主任科员、二级主任科员、三级主任科员、四级主任科员、一级科员、二级科员，改革成果被法律巩固下来。（正：全句太长，最重要的是，语法错误，缺失主语成分）

"我现在是四级调研员。"陈景云告诉封面新闻记者，根据相关政策，

"他(正:语法错误,人称混乱,应该用'我')正科满 15 年,解决了副处、四级调研员(正:重复,混用不当,既然强调职级改革,只保留四级调研员即可)待遇。"

陈景云的"自首"行为并非首次。

早在 2014 年,陈景云就"火"了一把。当年,他自爆(正:错别字,自曝,而非自爆)自己(正:自曝,自己,重复)"吃了 7 年空饷,诈骗(正:用词不当,媒体应予以过滤)国家 20 多万元(点评:数字自相矛盾,大标题称 13 年吃空饷 20 万元,现在称 7 年吃空饷 20 多万元)",将矛头直指永州市零陵区的部分基层官员吃空饷问题,引发全国媒体关注。陈景云接受了各大媒体采访。

如今在网络上搜索,依然能找到陈景云的各种实名举报信。在天涯社区中,陈景云于 2014 年 6 月 9 日上午 8 点 31 分注册了账号,当天就发表了 5 篇帖子,可见他对"举报"一事准备充分。他前后一共发表了 10 篇帖子。(正:标点错误,此处应用逗号而非句号)其中被媒体广泛提及的有两篇:《一个来自基层干部的自我忏悔》(正:标点错误,书名号之间不用顿号,或者改为"和"字)、《只要能把贪官送进监狱,我愿意首先进监狱》。

实际上,早在 2013 年 3 月 9 日,陈景云就在网络上发帖,列举了 17 条零陵区存在的腐败问题。他称(正:标点错误,此处应插入逗号)"近几年来,实名举报零陵区的腐败问题后,不仅腐败分子没有被查处,反而却(正:反而,却,重复,都是转折词)遭受了(正:了字多余)疯狂的报复……"

2014 年 6 月,他网络公开实名举报永州市零陵区创建国家卫生城市"变了味",是"政绩化妆品"。2015 年,他再次在网络实名公开举报,其单位两名一般干部"吃空饷"且对自己打击报复(正:表述不当,语意含糊不清,是单位吃空饷的干部实施打击报复行为,还是单位实施打击报复行为?)。2019 年,他又举报零陵区朝阳办事处部分公职人员"吃空饷"……

陈景云用了十几年的时间,死磕"吃空饷"这件事,仿佛把自己的人生豁出去了,成了举报专业户(正:表述不当,句子太长,主语可以后置,即——用了十几年的时间,死磕"吃空饷"这件事,仿佛把自己的人生豁出去了,陈景云成了举报专业户)。

这背后的原因为何? 陈景云在微信上回复封面新闻记者,"一是我向组织和媒体反映的吃空饷问题,零陵区不用事实来回答问题;二是我举报后一次在大街上被人殴打,一次家里被砸,报案后至今案子未破,我担心哪天我和家人是否会出更大的问题……六是我现在重病,随时都有死亡的危险,如果我反映的问题没有一个说法,我死后,别人对我举报的动机会众说纷纭,甚至有人会污蔑诽谤我……"

"我很伤心! 我到底错了什么! 领导和一些吃空饷的人员为什么要这样对待我? 我想不通!"陈景云说,"从 2014 年来,由于问题没有解决,打击报复没有处理,他(正:语法错误,再次出现人称混乱的情况)总是担惊受怕地过日子,时时刻刻担心会飞来横祸,因此,病也多了,人也老了,晚上常常泪流满面,不知道现在和将来怎么办。"

儿子,是陈景云最为担心的人,也或许是他"沉寂"6 年,再次选择高调举报的原因之一。(正:语法错误,主语不当,儿子不是后半句的主体。)

陈景云曾发过一篇帖子《永州的领导啊 我和儿子已无法活下去了》(正:表述不当,应当是一篇名为《××》的帖子),提到重度精神病儿子陈顺斌。儿子是陈景云与第一任妻子所生。离婚后,他与再婚(正:表述不当,漏了妻子二字)育有一女。根据《北京青年报》的报道,陈景云的再婚日子过得相对平静,他也暂时放弃了对"吃空饷"的举报。不过由于长子的问题,住在妻子(正:表述不当,哪个妻子?)家的陈景云最终被赶出了家门。无奈之下,陈景云搬进一套由办事处为他寻找的保障性廉租房临时安身。在这,陈景云又开始专注于上访举报有关当地干部"吃空饷"的问题。

很多人不理解陈景云。(正:标点错误,句号应该改为逗号)有人说他是"神经病",是"千年不遇的奇葩",说他"可怜之人必有可恨之处",更有人质疑他"靠上访发财"（正：语法成分缺失，全句应该改成排比句，每个分句均有"有人"作为主语）。

有质疑，也有声援。"陈先生的上述言论，我想绝非空穴来风……"这些网友们的回复，至今依然可以查看到。

"我们也不喜欢他这样打破砂锅问到底。"陈景云的弟弟陈景芝说，哥哥对这件事很较劲，但作为家人，他们也不希望哥哥总是"搞这件事"，多多少少会对家人的生活造成影响。对于哥哥是一个怎样的人，陈景芝说，"这个我也不好说。"

或许是疲了倦了，2014年9月，陈景云也曾发声：（正：不必用冒号）"再也不想举报了"。当时，他面对《新闻晨报》的采访时，他说"觉得有些累了。我尽到了我该做的（正：前后不能搭配，尽到了义务或职责，或者，我做到了我该做的），关于政府工作人员吃空饷的事总有一天会得到处理。"（正：1.不是面对采访，而是接受采访；2.时字后的逗号应去掉；3.逗号后的他重复，应去掉）

如今，时间再次改变陈景云的想法。

"您想要一个什么样的处理结果，您才觉得满意？"记者问他。他说，（正：标点错误，此处逗号应该用冒号）"希望我反映的问题能得到处理和答复，我被殴打、家里被砸的案子能破。不再发生报复事件。"

（以下对话部分近600字及勘误情况省略）

一则请假条背后的古文修养

2018年8月，贵州一名基层干部的文言文请假条蹿红网络。然而，仔细回味下来，相关报道暴露了媒体古典文化缺陷以及跟风的盲从性。

请假条原文如下：

余驻村之时日甚久矣,多承各级领导之关怀照顾,在此深表感涕。近日舍妹将要出嫁,忆童年趣事,余常捧腹开怀,已然二十春秋,不言青梅,常言手足情深,作其兄长,理应到场祝福,也表兄妹之情,并安抚嫁女之痛于二老,二三日足矣,奈何脱贫攻坚并无闲暇,未能早日到场团聚,对此,父母家人怨言颇多,余心亦深感不孝。故欲借此机会,归至家中,与家人团聚一番,尽子孙之孝道。合假三日,还望各领导予以体谅,成全之。待送舍妹出嫁,必快马加鞭返回。批准为盼!

先说请假条存在的问题。总体来说,用词不符合文言文习惯,如“合假三日”应为“告假三日”,“出嫁”应为“于归”或“出阁”,“深表感涕”搭配不当等;语句多有不通顺和断句不当的地方。比较明显的错误有以下几类。第一类为硬伤,青梅竹马是表示从小暗生情愫的意思,兄妹之间不可用;此外,手足是兄弟之谓,不能用于兄妹之间。第二类是文理缺陷,特别是主语交错不明,导致人物关系之间的表述凌乱错误。如“父母家人怨言颇多,余心亦深感不孝”,对父母能自责不孝,对家人就不能乱用不孝;又如“与家人团聚一番,尽子孙之孝道”,如祖父辈健在,说尽子孙之孝道固然是可以的,但家人包括自己的配偶子女,那就不能这样说。

媒体盯着请假条形式而不是脱贫攻坚期间干部请假难,这多少有点舍本逐末。请假条用白话文还是文言文,原本不是焦点所在。脱贫攻坚期间,很多干部超负荷工作是事实,什么情况下能请假?另外,请假程序不易,请假条上面盖了村、镇、县委组织部三个大红公章。过分关注请假条的文体,既没有起到突出干部辛苦的目的,也没有正确引导公众关心干部身心健康问题。

当然,着眼于请假条本身也不是不可以,但媒体起到了错误传播的作用,而不是引导人们正确学习文言文。妥当的处理办法是,对请假条当中的错误予以规避，部分摘录即可，这样既不影响报道价值又避免传播错误。

更糟糕的是，有的媒体在传播中连抄写请假条都会出错。有的大标题赫然称"领导七言绝句批复"，问题在于，无论村还是县委组织部的签批意见，都不是绝句，只能说是七言四句或七言六句的古体诗。古诗分古体诗和近体诗两大类，近体诗分绝句和律诗。古风形式较为自由，字数长短、句子数量、平仄对仗等都无绝对限制；绝句和律诗不同，字数、句数、平仄、对仗都很严格，也不允许换韵。

当然，这则报道只是媒体在古典文化素养方面的一个缩影，类似的情况时有发生。如何科学引导读者热爱乃至复兴文化传统，首先媒体自己要具备基本的相关素养并做出正确示范。

第二章 再敲词语准确性的警钟

　　"准确、准确、再准确",19世纪末的报业大亨普利策给《世界报》拟定了这一座右铭。

　　新闻的准确性包括报道准确性、细节准确性和文法准确性等方面,当普利策提出上述座右铭的时候指的是一些小事情,如姓名、年龄、地址。他为什么如此强调小事情的准确性呢? 假如小事情不准确,读者就不会相信大事情是准确的。

　　"准确是新闻语言的基本要求和最突出的特点,语言不够准确成为新闻失实的原因之一。新闻必须完全真实这个基本原则和本质特征,决定了新闻语言对新闻事实的反映必须完全符合实际情况,符合新闻事实的本来面目,既不能夸大、缩小,也不能含糊、抽象,更不能歪曲、走样。语言应该象高尔基所要求的那样,成为'一切事实和思想的外衣'。"①

　　语言准确性首要地体现在语言客观意义,也就是词典中记载的约定俗成的解释。但是,从新闻和普通写作的区别而言,尤其需要关注准确性政治与政治性准确两种特殊情形。通常情况下,政治性准确比较容易引

---

① 巩衍杞等:《新闻修辞》,长征出版社,1992,第388页。

起新闻界的警惕,相关的规范也比较明确;而准确性政治是因措辞存在意思不明或导向错误而产生政治风险,这种情况则往往因比较隐蔽而不容易引起重视。

共和国新闻语言的良好开端

毛泽东在《对晋绥日报编辑人员的谈话》中指出:"报上常有错字,就是因为没有把消灭错字认真地当做一件事情来办。如果采取群众路线的方法,报上有了错字,就把全报社的人员集合起来,不讲别的,专讲这件事,讲清楚错误的情况、发生错误的原因、消灭错误的办法,要大家认真注意,这样讲上三次五次,一定能使错误得到纠正。"①

周恩来总理几乎是勤勉工作的代名词,今天的我们依然无法想象,一位日理万机的总理经常为一个词较真。在共和国的新闻史上,这是一个对新闻词语准确性近乎有洁癖的良好开端。

20 世纪 60 年代初,北京一家报纸刊登了一条标题为《北京市工业品质量普遍提高》的新闻。周恩来把报社的同志找去,指出"普遍"就是毫无例外的意思,你们北京市工业品的质量是不是毫无例外地提高了呢? 当然不是这样。1972 年 2 月 19 日,周总理在对新华社的讲话中提到,"你们新闻报道中说尼克松政府在越南陷于'无法解脱的苦恼',我改为'难于解脱的苦恼'"。毛主席反对用绝对化的词。1972 年 5 月 10 日,周总理对《人民日报》一篇关于越南问题的评论提出批评,"你们的评论说美国表示要从越南撤军是骗人的鬼话。这样讲没有留有余地,不能这样讲,这是极左的话。现在看,它是要撤一点的。这是文风问题,不是说理方式,你

---

① 中央文献研究室、新华通讯社编《毛泽东新闻工作文选》,新华出版社,1983,第 150—151 页。

们的文风问题又发展了。站不住脚的过头话,以后这类东西要少一点"①。

胡乔木是新中国成立后长期管理意识形态工作的高级领导,被誉为"党内第一支笔"。从选题到立论,从标题到全篇,从理论到政策,从观点到材料,从布局谋篇到层次结构,从引语数字到标点符号,他都细心掂量和推敲,举凡有什么毛病、偏差和欠缺,都难逃过他的眼睛。他对文稿的每一个概念、判断和推理,每一个表述和提法,都力求准确、恰当、贴切、得体,合乎实际,合乎逻辑,合乎分寸,合乎政策意图。正因如此,周恩来说重要的文件只有经过胡乔木把关他才放心。

据在胡乔木身边工作过的同志回忆,反复修改是他写文章的一大特点。他的文章不管转载多少次,每次都有新改动。由他主持起草的中央重要文稿反复修改几十遍甚至上百遍,一点也不奇怪。在散步途中,为了改动其中一个词折回是常有的事,有时一个小时内连续返回几次。甚至,当文章已经在排印过程中,胡乔木还打电话修改某些句子和提法,直到正式付印为止。

根据中共中央文献研究室整理,胡乔木负责《中国大百科全书》人物条目撰写工作时专门提出,不用颂扬性评价语言,除可减少争议、减轻中央领导人负担外,还有利于避免对已故者、现任者、未来者评价悬殊所引起的不良影响。比如,不用带评论语气的"就"字。"如原稿中说,'他在建国初期,就明确指出人民解放军已经进到建军的高级阶段',这个'就'字带有评论语气,故略去。"②这个写作例子提醒我们,看似一个平常的副词在具体语境下也可能产生某种评判倾向。

---

① 钟巨治:《周恩来论新闻工作者的作风与文风》,《中国广播电视学刊》1998 年第 1 期,第 16 页。

② 《胡乔木传》编写组:《胡乔木谈新闻出版》,人民出版社,2015,第 534 页、540 页。

邓拓很注重标题,曾经开玩笑说:"谁要是给我想出一个好标题,我给他磕三个响头。"邓拓非常不喜欢标题中使用"等"字,他说,这是懒惰的表现。很多重要的大型场合,毛、刘、周、朱还有民主党派领导人同时出席,人名很多,不可能一一上题,当时报纸的通常做法就是在标题中用"等"字来处理。邓拓很不满意,先改为"毛主席和中央领导人",但又觉得不妥,因为未突出"毛主席为首",而且逻辑概念不清楚,因为毛主席也是中央领导人之一。经过再三思考,他把标题定为:"毛主席偕同中央其他领导人。"可见,他为改掉一个"等"字,真是煞费一番苦心。①

事实上,马克思主义经典作家对词语严谨准确的要求都有近乎洁癖的习惯。李卜克内西在《回忆马克思》里写道,马克思是个严肃的修辞家,对于语言的简洁和正确是一丝不苟的,有时到了咬文嚼字的程度。电影《难忘的一九一九》有一艘英国军舰狼狈逃走的场景,有人报告斯大林说"英国船撤退了",斯大林微笑着说:"应该说是逃跑了。"作为对比,在朝鲜长津湖战役中,当美国记者问指挥官史密斯为何撤退时,史密斯回答:"我们没撤退,只是换了个方向前进。"

重拾咬文嚼字精神

范敬宜在其《总编辑手记》中不厌其烦地提到不少如何用词的问题。如,用"栩栩如生""生动逼真"等词评价艺术作品其实是贬义,因为有些高水平的艺术作品如毕加索画作一点也不逼真。又如,缅怀邓小平活动的报道用"长歌当哭"当标题不妥。再如,带有某种不良含义的词语,不应该用,如经常见诸报端的"一枝红杏出墙来""梅开二度""梅开三度"等。

遗憾的是,字斟句酌的良好风气,在日益快餐化的报道中成为难以企

---

① 冯红燕:《名人笔下的新闻标题》,《新闻通讯》1998 年第 7 期,第 24 页。

及的目标。因一字之差而谬以千里的情况，在新闻报道中并不鲜见。

2021 年底，河南高院一篇《不能仅以"出轨"为理由，请求离婚》的普法文章引起巨大争议，《中国妇女报》就此发表评论称，普法需严谨，小心成误读。评论明确指出，"不能请求离婚"和"没有判决离婚"完全不是一个概念。然而，众多媒体在转载时为了吸引眼球却加上"不能以'出轨'为由起诉离婚？"的标题，和原文相比少了一个"仅"字，这种做法实际上是曲解原意。准确地说，河南高院原文的法律解释无误，即出轨只是离婚的必要条件之一，但不是充分条件。而《中国妇女报》的批评，指出普法文章措辞不严谨产生了误解，已婚公民有请求离婚的权利，至于法院是否支持则另当别论。

2022 年 5 月 3 日，杭州发布"马某"涉嫌利用网络危害国家安全被抓的警情通报引发全网"吃瓜"。争议的起因在于，有人第一时间猜测是不是杭州某著名互联网企业家马某，也有的文章用的是"马某某"。于是，有人争论到底该用马某还马某某，甚至讨论媒体怎么表述才规范。

其实，要深究词义的话，某才是准确的用法，某某恰恰是错误的。如，"内事曰孝王某，外事曰嗣王某"（《礼记·曲礼》）；又如，"云长曰：关某素知文远忠义之士……"（《三国演义》）；再如，其婢素玉忽云，"夫人来语某曰'生时闻佛经说地狱，今身当之，苦不可言……'"（《太平广记》卷 115）难道这里面的王某和关某一定是单名吗？不一定。同理，马某本来就是指姓马的某个人而已，和单名或双名毫无关系。

杨伯峻、向熹等专家都认为"某"字是"虚指代词"，说话人有时不能、不愿、或不必说出具体的人或事物，就用"某"来代替它。有人考察了代词"某"在先秦两汉时期的用法演变后提出，"某"的用法分为"自称""他称""物称"三类，同时，随着时间的推移，"某"字的"自称"用法日趋减少，"他称"逐渐占据绝对优势，而"物称"用法的发展一直是很平稳的。到了明清小说里面，"某"字的用法似乎变得更为常见了，意思也较汉魏有较大变化,主要表现在两个方面:其一,自称"某"时主要适用于下级对上级,有自谦和表敬的意思;其二,"某"字可以与姓连用,"某"与姓连用表示自称时内在的含义不是自谦而是自大。在现代汉语中,"某"字的用法较古代有所减少,主要用来表示不确定的人或事物。与姓连用表示他称时,意味着不知其名、不愿提及其名或不屑提及其名;表示自称时,其义仍是自大,如"我李某人也不是好惹的"。

那如果一个案子有几个姓马的,有单名和双名,能不能用马某和马某某或者马×和马××分开呢? 也不妥。理由很简单,涉及家族性的违法犯罪案件多如牛毛,一堆涉事人员都一个姓还是无法区分。即使要区分,也只能用某甲某乙某丙某丁等方式。

司法部门对敏感案件或者隐私案件一般用姓加某的方式通报。"某"字在过去有史讳和自讳的情况,我们不妨将敏感案件的通报视为史讳的情况,而隐私案件可以视为他讳的情况。

以下为笔者近年来值夜班中的几则札记:

新闻札记:"到"字有无,意思大不同(2017 年 9 月 24 日)

写完稿子,有些数据还在脑海盘旋,其意义需要分析细化回落到百分之二十左右。检查之后,为"万山力挽狂澜,产业结构实现回调,农业增加值比重回落到百分之二十左右"这句话补了一个"到"字。回落和回落到,意思完全不同。比例最高时百分之五六十,回落 20 个百分点,还有百分之三四十。所以,检查非常重要。

新闻札记:会见稿该不该有"等"字(2017 年 9 月 16 日)

领导会见稿往往涉及一串人名,很多时候记者没有在最后一个人名后加上"等"字。我要求记者和编辑必须加上,原因在于,见报名字是讲政治规格的,但名字没资格见报的随行人员也是人,用个"等"字既符合事实也尊重幕后人员。查《人民日报》会见稿,也是有"等"字的;或者只有两国领导人名字，其他干脆一律不提。

新闻札记："等"字有无大有讲究（2017 年 9 月 26 日）

上次说到领导会见稿该不该有"等"字，今天再谈其中的微妙之处。

新华社 9 月 25 日报道，中共中央总书记、国家主席、中央军委主席习近平 25 日前往北京展览馆，参观"砥砺奋进的五年"大型成就展。第三段介绍，"中共中央政治局常委李克强、张德江、俞正声、刘云山、王岐山、张高丽参观展览"。注意，此处没有"等"字。因为该段落有职务限制，政治局常委只有上述几位。相反，如果加"等"字反而错误，读者要反问难道还有别的常委？

最后一段，"在京中共中央政治局委员、中央书记处书记，全国人大常委会副委员长，国务委员，最高人民检察院检察长，全国政协副主席以及中央军委委员等参观了展览"。注意，此处有"等"字，就是表示，还有其他未点名的随行人员。

新闻札记：为什么要去掉这个"国"字（2016 年 9 月 11 日）

去年，克罗地亚前副总理司马安在酒博会惊喜地发现了克罗地亚版的茅台酒，他说，这说明克罗地亚和中国伙伴之间有非常深厚的友谊，"我在遥远的中国能够邂逅写着祖国名字的国酒，确实不易"。

我去掉了"国酒"的"国"。司马安的原意，这是指中国的国酒茅台。可是他的身份是克罗地亚人，克罗地亚版的茅台酒写的是他的所在国，所以只能说是"写着祖国名字的酒"，而不能说"写着祖国名字的国酒"。否则，读者就会糊涂，到底是克罗地亚的国酒还是中国的国酒？

新闻札记：关键字不能掉（2020 年 7 月 19 日）

查资料，某州日报报道，某县"要求驻村扶贫工作组每月驻村帮扶时间少于 20 天"。如果是少于 20 天那很好办，一天两天都是少于 20 天。

很显然,原文掉了"不"这个关键字,意思就完全不同了。虽然纸质版改不了,但是电子版应该改。

错误的文学想象

新闻并不排斥文学性,罗森塔尔的名篇《奥斯威辛没有什么新闻》就是杰出代表。然而,新闻界向来对文学腔调的利弊存在不同看法,一个基本的共识是应当以不能妨碍真实性和准确性为写作底线。

新闻有文学性,但不等于文学化;新闻有散文美学,但不等于散文化。如果你不能确定自己驾驭文字的真实能力,那就不要冒险尝试并不确定的词汇或表达风格。那种试图以想象中新颖时尚的词汇来凸显文采的心理,尤其错误,应当彻底摒弃。

我无意于在此对这个争论已多的话题做深入的拓展性研究,这里,只是根据长期采编实践经验讨论其中的一个问题——用词不当的文学想象。

例 1."穿越时空,贵州的茶马古道上,仿佛响起了驼铃声声。"

在一篇关于贵州和东盟交流的报道中,这句话令人哭笑不得。第一,明清时期贵州马帮是有的,但不能等同于茶马古道。茶马贸易有两条路线,一是川茶北上路线,和西藏乃至西北换马;二是广西入滇路线,以茶(其实盐才是大宗商品)和大理国换马。第二,顾名思义,茶马古道就是以茶换马,哪来驼铃声声呢?铃铛是死物,挂在不同动物身上有不同说法,驼铃、马铃、牛铃,等等。如果说驼铃声声是西北丝绸之路的隐喻,那骆驼也无法在西南山区行走,如此行文确实有"穿越时空"的诡异感。第三,对西南来说,和东盟的联系主要还是海上丝绸之路。因此,就算要从茶马古道联想到丝绸之路,也应该是云帆片片而不是驼铃声声。麻烦在于,这云帆片片如何翻山越岭呢?

　　这种文学想象的错误表达,很像新手驾驶失控的汽车,左摇右摆,险象环生。有时候,一篇文章前面说群山绵亘后面说乘风破浪,不知作者如何赶着马车过海峡?在不懂相关历史背景而且驾驭文字能力还非常薄弱的情况下,老老实实写文章就好了,不必展开不切实际的联想。

　　反之,2021 年 11 月 9 日美国《国家地理》网站上《中国西南地区是最后的生物多样性宝库之一》的导语做出了很好的示范。报道称,"在云南省距中缅边境不远的丝绸之路重镇腾冲附近,青色大山像巨轮船头那样划破天空。高黎贡山绵延数百公里、海拔 4000 多米,是个生命方舟"。人们起初会困惑为什么要将大山比喻成巨轮船头。第二句"生命方舟"立刻给出答案,写作者采用暗喻时处理得非常精巧,既在字面意思的承接上平滑自然,又唤醒读者关于诺亚方舟的传说记忆而产生情感共鸣。

例 2. 山海携手

　　媒体报道中国—东盟教育交流周时,标题经常用"山海携手"的比喻手法。其实,这样的标题过于空虚,究竟如何携手有何成效呢?最重要的是,既没有事实的准确性,也不具备政治上的稳妥性。

　　显而易见,不能说"山"代表中国,也不能说"海"就代表东盟。贵州确实是山区,但是贵州是代表中国承办与东盟教育的国际交流任务,不能局限于贵州视野。而东盟国家呢,并非只有岛国,即使是号称"千岛之国"的印尼也有连绵起伏的大型山脉;中南半岛五个国家的领土主要是山地,柬埔寨和老挝还是彻头彻尾的内陆国家。退一步讲,如果因为东盟国家与会人士相聚贵州就以山代表贵州、以海代表东盟,那就会引出双方政治地位不对等的新问题。毕竟,中国—东盟教育交流周不是贵州—东盟教育交流周。这个错误的隐喻套路该改一改了。

　　类似地,"山海携手"还常见于东西部协作和国际陆海贸易新通道(原"中新南向通道")两大题材的报道中,同样有失妥当。

对东西部协作来说,首先,用"海"来代表沿海省份表面上看是对的,但和沿海对应的词汇是内陆,体现的是地理区位的相对性;用"山"来代表内陆省份,是以地貌作为典型特征。不仅词汇属性不对应,而且也不符合事实。沿海省份当中以高山大川为典型地貌的也不少,比如浙江、福建和贵州都是"八山一水一分田"。其次,"山"与"海"的简化表达有一种对立性,容易诱导读者对经济社会发展形成思维定势,误以为沿海省份发展是靠沿海区位优势。然而,事实上,这个问题没那么容易回答。同样是山区众多的沿海省份,浙江山区和海滨城市差距不大,而广东山区和海滨城市有天壤之别,山东内部东西差距也较大但好于广东。也就是说,词汇的抉择背后,体现了观念的潜意识,但这种潜意识可能是错误的。

对国际陆海贸易新通道的报道,同样不能简单地用"山海携手"来概括,看似形象化的比喻实际上意思非常混沌。对中国内部来说,中新南向通道途经甘肃、重庆、贵州、广西,外加周边西南西北合作省份共 10 个,广西算是沿海省份,可见不能简单地用"山"来代表这 10 个省份。此外,对沿途国家来说,国际陆海贸易新通道也存在如何打通内部陆海联结的问题。

例 3. 蝶变

2017 年 9 月,我在铜仁市万山采访,对这个过去曾为共和国立下汗马功劳的汞矿工业区如何实现完美转型做深入调研。如何提炼这座城市新生的意义呢? 蝶变、涅槃,这两个媒体非常宠爱的词语曾在脑海中反复盘旋,我却犹疑不决。

昆虫学常识告诉我,蜕变,虫还是那条虫,不过是幼虫的不完全变态而已;蝶变,是幼虫到成虫的完全变态,但它还是同一个物种;涅槃,佛教本义解释为圆满寂静的状态,没有生命中的种种烦恼、痛苦、苦行和轮回;另一种解释为,死亡,圆寂。

很显然,无论怎么说,这两个词汇并不适合用来描述我们所报道的对象。无论人物还是地点,发生的变化再大,也很难称之为"蝶变"或不宜称之为"涅槃"。因此,那次采写经历让我做出一个决定,原则上放弃这两个词。

有意思的是,2020 年 7 月 1 日,原先的"蝶变"这个词再度唤醒了我对将它打入冷宫的判决记忆。那一天,我刚从深度贫困村飞蛾村回来,该村党支部在全省脱贫攻坚大会中获得表彰。

此前,至少有两家媒体的标题,围绕飞蛾村的名字,以破茧成蝶做文章。看似心巧,实则违背常识。

虽然飞蛾和蝴蝶都是鳞翅目昆虫,都是从幼虫化蛹后破茧而来的,但是,蛾就是蛾,蝶就是蝶,它们是两个种属。"飞蛾"如何成蝶? 这样的表述,在昆虫知识方面犯了常识错误。

语言准确性的警钟

奥威尔在《政治与英语》中反对不知所云的文字,如"浪漫主义""可塑的""价值""人性""死的""伤感的""自然的""活力"这类根本不具任何意义的文字。它们既非指代任何实体,文章的读者也很难指望这些词能代表什么。他主张,关键在于依意选词,而非因词生意。在进行抽象思维的时候,我们的头脑中常常会立即闪现出大量现成的词语,但代价便是使我们的意思变得含混模糊,甚至会改变我们的原意。"尽可能对用词多加斟酌,先通过想象和感受使自己的意思更为明晰,也许是个比较好的办法;然后才挑选,而不是接受那些最能表达我们本意的词语;之后再转而看看你的用词可能给别人何种印象。"①

大多数情况下,准确识别词义的难度并不大,错误往往缘于随意性的

---

① [英]乔治·奥威尔:《政治与英语》,郭妍俪译,江苏教育出版社,2006,第 25 页。

写作态度,这也说明写作者对词语驾驭能力尚未达到条件反射一般的水平。

有的报道对关键词语的歧义理解不到位,造成严重的误解。2022年4月22日,合肥发布通报称,两家核酸检测实验室出具假阳性报告被警告并暂停合作。这一表述引起舆论哗然,如此恶劣的行为为何只被警告而不追究刑事责任?那么,实际情况是什么呢?记者追踪报道表明,这里的"假阳性报告"不是网友理解的编造假报告,而是出现了错误。"假"有造假、假冒、假性等多种意思,报道表述不清,导致读者对事实性质的理解截然不同。

有的是词语褒贬色彩颠倒。比如,一篇环保官员谈贵州治水模式的报道称,河长制和生态补偿机制双管齐下,形成双刃剑。双刃剑用来形容事情既有利也有弊的双重特征。在这种情况下,说治水模式是双刃剑,无异于自己否定自己。又如,贵阳市一家上市公司负责人对媒体说,"能取得这样的成绩,不仅是因为我们有勇立潮头敢为先,乘风破浪正当时的气魄,还因为我们站在贵州发展大数据的'风口浪尖'之上!"该负责人错误地宣称自己站在"风口浪尖"也就算了,还错误地说贵州大数据处在风口浪尖。再如,"邂逅"一词是指不期而遇,但在情感上带有浪漫愉悦的色彩。2019年11月10日,澎湃新闻在报道长沙男童死于精神病凶手时使用这一词语被网民怒骂,"你们能不能长点心,这样一起严肃而伤感的事件,你们的新闻报道取个标题叫《长沙9岁男童上学路上的致命邂逅》,'邂逅'你个×××啊,你考虑过人家家属的感受吗?"另外,有报道说某庞大商业帝国的缔造者有"大佬背后的大佬"之称,却在晚年迎来人生中的至暗时刻。只有好人(至少不坏)遇到极大的艰难才能说是至暗时刻。如果对方是个坏人,那就意味着,这是揭开黑幕的时刻。正如陈新平所指出的那样,新闻语言中存在"媚上贬下"模式及尊贬无度等问题,对领导使用亲自等词语,对底层使用下嫁、高升、倒追等词语;"老谋子""朔爷""肥姐"

"牛哥""施大爷"等昵称,不仅有拍马讨好之嫌,而且流露出一种痞气;有的当事人仅因某方面过错,就被戴上吝啬鬼、守财奴、伪君子、瘾君子、泼妇、贪官、歹徒、恶魔、败类等大帽子,备受贬损。[①]

褒贬的微妙之处还在于,有时候,一个平淡无奇的词汇里面要看使用者是否夹杂某种心机在内。比如,2015 年《中国新闻周刊》采访郭敬明的例子:

《中国新闻周刊》:假如有人说你是小城青年,你觉得这个词是贬义的吗?

郭敬明:我觉得这是客观的存在。

《中国新闻周刊》:那凤凰男呢?

郭敬明:凤凰男是什么意思?

《中国新闻周刊》:在小城长大,通过自己的努力成功在大城市里立足,但仍然有着小城青年的自卑和劣根性的这样一种人。这是贬义词吗?

郭敬明:自卑在我身上越来越少了,几乎不会有明显的存在。但周围有朋友说我骨子里还是像乡下的小孩,喜欢热热闹闹的,吃饭、出去玩要带一大帮人,有天生的热情张罗感。而从小在纽约、东京生长的小孩,那种冷漠和隔阂是很难改变的,可能就是自己享受红酒、美食。我觉得我这样也挺好的,不是坏事,我性格里就是喜欢分享。

……

《中国新闻周刊》:大家可能觉得作协代表体制。

郭敬明:我的政治观念很薄,你说"体制",我都不一定听得懂,我是真的听不懂。

《中国新闻周刊》:作协里的被认为是官方作家,比如会部分承担

---

① 陈新平:《新闻用语的六类偏误》,《修辞学习》2004 年第 1 期,第 57 页。

宣传任务。

　　郭敬明：从来没有接到这样的要求。说实话，如果说得再直白一点，如果今天要让我联系作协，我都不知道该联系谁。我都不知道作协在哪儿。

　　显而易见，采访者试图为郭敬明设下话语陷阱，郭敬明肯定或否定某个词汇的褒贬意义都会成为话题。尤其值得回味的在于，如果说采访者提到"小城青年""凤凰男"时还明确褒贬意图的话，那么，在提到"体制""官方""宣传"时就隐藏着贬低意味在内。郭敬明的明智之处在于，他避开了话语陷阱，而是用看似超然的态度表达自己的看法。

　　有时，报道完全不理解词语的正确意思胡乱套用。比如，"据 ABC 新闻等 6 日报道，在连续几天咬伤至少 6 人，并引发美国国会山大搜捕后，始作俑者终于被警方抓获！作案的是一只狐狸……"（《一只狐狸引发美国国会山大搜捕》，上游新闻 2022 年 4 月 7 日）"始作俑者"说的是某种坏现象的开创者，此处应该用"肇事者"。再如，"2019 年 11 月 16 日，放弃美国国籍参选斯里兰卡总统的拉贾帕克萨率领斯里兰卡人民阵线党势如破竹地以 52.25％对 51.99％击败时任总统普雷马达萨"（《26 名部长集体辞职，这个南亚岛国发生了什么？》，《新京报》2022 年 4 月 6 日）。从原文来看，前者仅以微弱优势胜出，谈不上"势如破竹"。

　　有时，词语意思接近但不准确。2020 年，贵州大方县拖欠教师"工资"引起全国关注。实事求是地说，媒体措辞普遍是不准确的。基本事实是这样的："国办督查室派员赴贵州省毕节市大方县进行了明察暗访，发现大方县自 2015 年起即拖欠教师工资补贴，截至 2020 年 8 月 20 日，共计拖欠教师绩效工资、生活补贴、五险一金等费用 47961 万元，挪用上级拨付的教育专项经费 34194 万元。"请注意，"拖欠教师绩效工资、生活补贴、五险一金等费用"和大众媒体笼统说拖欠近 5 亿元工资不是一回事。

《关于工资总额组成的规定》第十一条指出,"下列不列入工资总额的范围:有关劳动保险和职工福利方面的各项费用"。从行政和法律来讲,拖欠工资和拖欠费用的性质区别很大。工资应按时发放,在金融危机或疫情等特定情形下,政府允许用人单位在一定弹性时间范围内拖欠社保费用。

生造词现象长期存在并且在不同机构中广泛存在。贵州酱香酒企业喜欢自称"酱酒"。实际上,酱香是一种白酒香型,香是这个偏正词组的中心词。浓香型白酒简称为浓香酒,清香型白酒简称为清香酒,但绝不能简称为浓酒和清酒。然而,酱香酒企业是媒体广告大户,媒体迁就企业而不是引领企业。地方政府机构也经常带头违背文字规范化的法定义务。比如,某一级政府创造"溪心办"的词汇,谐音为"悉心办理",然而读来令人费解。有的县提出"稻+耳",乍看之下,"耳"为何物?原来是木耳,完全可以更正为"稻+菌"。再如,当你读到"未检"时会想到什么?某样物品没有接受检查?答案是"未成年人检察",显而易见,这是生造的缩略词。

有的是词语误用和生造词两种情形杂糅在一起。2019年8月1日,湖南长沙一消防员在图书馆还书时,暂放在出口的行李箱被一名年轻女子偷走。众多媒体报道或转载某官方微博称,"隔空喊话涉事姑娘:你还年轻,希望'浪女回头',请不要在错误的道路上越走越远!"很显然,这存在不规范和语义不当双重错误。一方面,这是对"浪子回头"的仿造词;另一方面,"浪女"是说轻浮浪荡的女性,有人格羞辱或歧视的意思,用在这里就不对。

还有的是地名简称不规范。"积极探索建立长江流域赤水河云贵川、乌江渝黔横向生态保护补偿以及西江云贵广粤跨地区生态保护补偿机制。"首先是省份的简称混乱,贵州省出现贵、黔两种用法,最好是川渝滇黔粤桂并列;其次是简称错误,广西简称为桂,不能用广粤来指代广西广东。

当然,还有的更加复杂,在语义不准确中还夹杂语法等问题。2022

年 3 月 30 日,澎湃新闻《中青年科学家由于过劳接连离世,学者撰文呼吁关注科学家"早夭现象"》把"早夭"用在四五十岁的亡者身上不准确。"白晓卉于因突发疾病抢救无效去世","于因"显然错误,要么"由于",要么"因"。"十天内多位正处壮年的中青年科学家传出不幸消息","正处壮年"和"中青年"既重复又自相矛盾(壮年包括了中年,但没包括青年)。更荒谬的是,这些中青年科学家既然死亡就不能成为"传出不幸消息"的主语,可以修改为"十天内,科学界传来多位中青年科学家不幸早逝的消息"。

再看澎湃新闻的另一个例子:

> 福建经济"三驾马车"福州、泉州、厦门 2021 年 GDP 数据均已出炉。澎湃新闻注意到,2021 年,福州市 GDP 总量(11324.48 亿元)超过了泉州市(11304.17 亿元)。

> 此前 2021 年 3 月,微信公号"泉州发布"曾刊文称,……经济总量连续 22 年保持全省第一。

> 这也意味着,2021 年是福州市 22 年来 GDP 总量首次超过泉州市。(《福建经济三驾马车"微妙"变动:福州 GDP22 年来首超泉州》,澎湃新闻 2022 年 1 月 28 日)

通常来说,经济"三驾马车"是指投资、出口、消费而不是三个地方,此处可以说福建经济三大重镇而不应说三驾马车。既然第二段说截至 2020 年泉州市经济连续 22 年保持全省第一,那么第三段说到 2021 年排名变动就应当是"23 年来"而不是"22 年来"。另外,第三个段落是病句,2021 年也不应该是从句的主语,应修正为"23 年来福州市 GDP 首次超过泉州市"。

中国新闻奖获奖作品被视为新闻界最高水平的代表,我们可以从候选作品文字差错状况推断,新闻文法素养让人多么沮丧。2014 年,参评作品 742 件,其中存在各种明显瑕疵的作品有 338 件,占总数的 45.6%;

其中存在原则性、事实性差错及有两处以上文字、标点、语法、逻辑错误的 149 件作品被撤销参评资格，占总数的 20%。2015 年，差错作品率占总数的 37.7%；最终被撤销参评资格的作品共 168 件，仍接近 20%。[①] 2017 年，各地报送作品 853 件，被撤销退回 248 件。

值得注意的是，语言准确性的警钟，从来不只是为署名者敲响，而是为媒体乃至其他参与机构共同敲响；语言准确性的警钟，也不只是为文字素养而敲响，而是为新闻的真实性而敲响。其原因在于，新闻报道是一个集体作品，从来不是记者独自完成的，甚至还覆盖了提供信息的官方机构。被采访对象或机构的口误及书面错误，已经暴露了人们在使用语言时存在的不准确性。然而，记者、编辑、校对以及审读人员等诸多写作的参与者，却未能肩负起维护语言严谨准确性的任务。

职业化记者的标准之一，应当是自觉写作，驾驭词语的能力非常纯熟，明确知道自己所写的每个词语代表什么含义。终其一生，只有少数人能进入这样自觉的职业化状态。大多数人还是被词语所驱遣而非驾驭词语，这缘于新闻界普遍缺乏真正的职业训练，也与个体的努力程度有关，唯有不断加强内外部训练才能接近自觉写作状态。福楼拜对莫泊桑谈写作经验时说："我们所要表出的什么，这里只有唯一的字可以表出他。说明他的动作的只有唯一的动词，限制他的性质的只有唯一的形容词。我们不能不搜求这唯一的名词、动词及形容词，直到发现为止。"

鲜为人知的是，赫赫有名的政治学家霍布斯也是语言批评高手。他认为，一只鹦鹉可能在不了解语词的指称对象的情况下使用语词，人类同样也可能如此。"一个人仅仅用他的嘴皮子进行推理"是可能的，在这种情形中，"心智只是给出了第一个语词，而之后的语词只是依据习惯，而不

---

① 马兴宇：《新闻论文不可忽视写作与编校质量——第二十五届中国新闻奖新闻论文审核情况的实证分析与思考》，《中国记者》2015 年第 12 期，第 53—54 页。

依据心智"，说话者在"回答他们说出的语词时，在心智中并没有符合这些语词的相应的形象或概念"。① 这就给了我们一个提示：遣词造句，要依据心智，而不是依据习惯。

而今，咬文嚼字也许被人们视为老古板。然而，老古板确实成为当下最缺的较真意识。"吟安一个字，捻断数茎须"不是一种遥远而迂腐的历史想象，应当是绵延不断的传统书写精神。这盏文字的灯火，曾映射数千年的华夏故纸堆或闪烁于田野残存的惜字塔。如今，是魂断互联网时代还是重归写作家园？

---

① ［爱尔兰］佩迪特：《语词的创造——霍布斯论语言、心智与政治》，于明译，北京大学出版社，2010，第 66 页。

第三章　缺乏事实和趣味的标题

"题好一半文。"

尽管中外新闻界标题风格有所差异,甚至有人提出中国新闻标题有中国气质,然而共同点是普天之下没有不重视标题制作的媒体。换言之,标题可以说体现了新闻界最高的文字水平。有一些广为传颂的经典标题确实令媒体引以为傲,不过,大多数情况下平庸之作居多,不合格的产品也屡见不鲜。

恩格斯主张标题要简单,今天的标题似乎越来越冗长,即便足够冗长也未必精彩甚至不知所云。毛泽东强调标题要有吸引力,"标题要醒目些,使读者爱看";但是,在如今日产数以万计的稿件中,真能达到这个要求的,比例上还是很低。

对于那些突出"星、性、腥"等令人惊悚乃至不适的标题,人们诟病已久,此处略而不论。相比之下,更多语法或事实不准确的标题,以及因可读性太差而丧失传播力的问题,却长期未能引起人们足够的重视。

当然,与标题语言的准确性规范性相比,新闻标题还有更大的问题——不能体现新闻本意。大量的标题既没有"新"可言,也没有"事"可言。

语法修辞不当的情形

第一种不准确的情形，是标题语法问题非常严重，几乎每天都能找到类似的案例。

《趵突泉继续涨，喷口美如泉水墨玉，游客纷至沓来》（《齐鲁晚报》2021 年 10 月 10 日）读来令人感到奇怪，喷口如何美妙如泉水墨玉呢？文章是要写趵突泉喷口的形色吗？细读之下，原来正确的意思是，喷口泉水美如墨玉。喷口的泉水是主语，美是谓语，如墨玉一样是补语。就因"泉水"一词被错误地后移，导致语句不通顺。

例：张艺谋首部执导的谍战电影《悬崖之上》

语序不当带来歧义，"首部"的位置不当，仿佛张艺谋是才出道第一次执导影片的新导演。正确表述应该是，"张艺谋执导的首部谍战电影《悬崖之上》将于 4 月 30 日上映"。

例：国办：既有高铁能力利用率不足 80%，原则上不得新建平行线路

初看之下，吓了一跳，以为全国既有高铁能力利用率不足 80%。细读原文，"严格控制建设既有高铁的平行线路，既有高铁能力利用率不足 80% 的，原则上不得新建平行线路。"

对照之下，标题掉了一个"的"字。一个"的"字的有无，意思截然不同。而这样错误处理的网站比比皆是，如中国青年网、同花顺财经、中国经济网、中国新闻网、手机光明网、观察者网等。

最好根据普通读者的阅读习惯加以改造，"利用率不足 80% 的既有高铁原则上不得新建平行线路"或"如既有高铁能力利用率不足八成原则上不得新建平行线路"。

句读是古代读书人的基本功，然而，现代读者只能依赖正确使用标点符号及词语前后搭配等方式。一旦标题没处理好,句读方面就可能存在歧义。

句读不当的典型问题,主要体现在标题换行方面:不能把固定的词组拆开分成上下行或前后句;不能把语意连贯的地方强行切断,造成读者阅读时产生语义突然中断的困扰。现代汉语引进标点符号后,读书为文容易了很多,但这不代表采编人员都运用自如。如何练习句读,学习现代汉语当然是基本功。采编人员应当学习演讲写作技巧,何处停顿,何处大停顿,何处小停顿,大有讲究。

2019 年 8 月 24 日,当一条反腐新闻的标题《河南副省长徐光正接受调查》跃入眼帘时,对不熟悉河南省领导的读者来说未免深感困惑,这个副省长究竟叫"徐光"还是"徐光正"? 正确的断句是"河南副省长/徐光/正接受调查",编辑完全可以去掉标题中多余的"正"字。《印尼拟"罪名化"婚前性行为 引发争议总统喊停》(海外网 2019 年 9 月 21 日)后半句容易让人产生误解,以为"引发/争议总统/喊停",好像总统本人是一个有争议的人物。正确的处理,应当是,婚前性行为拟"罪名化"/引发争议/印尼总统喊停。

一般来说,所谓新媒体的文法素养是最糟糕的,说严重点,不堪入目。传统媒体的公信力在一定程度上建立在严格的把关流程上。然而,令人唏嘘的是,传统媒体的衰落很大程度上是咎由自取,采编能力严重下滑。很多标题,令人不可思议,它们能顺利通过采编流程就暴露了媒体自身的问题。令人不解的是,包括一些传统媒体在内,转载时也不加分辨,导致错误继续在二次传播中扩散。须知,外部竞争是打不垮传统媒体的,只有传统媒体自己能打垮自己,不能不小心。

第二种不准确的情形,是修辞手法不当。

比喻修辞手法是不是就一定好呢? 不一定。列宁曾说过,"比喻总是跛足的"。《人民日报》原副总编辑梁衡曾经谈过,比喻的前提是要准确,然后才谈得上鲜明、生动。"文学是形象艺术,属积极修辞,新闻是消极修辞,要求准确、鲜明、快捷。在这个基础上如有可能再求一点文学效应。"他举例说,一个大标题《28 个"婆婆"逼良为娼》,是讲煤矿安全的。婆婆怎么会逼自己的儿媳为娼呢? 不合常理。作者只顾到管理者与煤矿的"婆媳"关系,没有顾及婆婆与儿媳的伦理关系。这种弄巧成拙现象的发生,原因在于,作者的兴奋点没有集中在对信息本质的挖掘上,而是集中在弄巧、出彩上。作者想到了一个好的比喻后心中窃喜,不忍舍去,哪怕削足适履,宁肯脚疼一点也要穿上这双漂亮鞋。①

像《蹄疾步稳踏浪行》这样的借喻存在前后搭配错位的问题,蹄疾步稳应该是在陆地,和踏浪搭配就匪夷所思;如果是踏浪而行,那么就应该是风正帆悬。这种情况属于两个词语或词组的意义不能相互选择造成的语句偏误,"两个词之间,如果它们的意义要素相互排斥,那么这两个词在语义上就不能组合。从另一个角度讲,一个词代表一个概念,有自己的语义框架。如果两个词的语义框架相互排斥,那么这两个词在语义上也不能组合。如果此时硬要将这两个词拼在一起,就会造成用词不当,导致偏误"②。

此外,滥用对比方式,试图以鲜明强烈的对比来达到突出某件事情的效果。然而,文学化的对比手法是建立在读者默认其文学特征而不会误认为现实如此的阅读心理基础之上。新闻的特殊性在于,一切以事实为准绳,一旦对比手法违背了事实本身就不值得提倡。

2013 年 6 月,笔者为了杜绝自己带领的经济报道团队滥用大小对比的手法,曾经特意搜索过有关标题并发在微博上。

小蓝莓,大产业;小葡萄,大产业;小蚯蚓,大产业;小石头,大产

---

① 　梁衡:《总编手记:版面背后的故事》,中国人民大学出版社,2018,第 150—151 页。
② 　杨霞林等:《语言应用偏误分析》,西南交通大学出版社,2013,第 96 页。

业；小蜜蜂，大产业；小麻鸭，大产业……小葛根，大产业；小土豆，大产业；小刺梨，大产业；小鸡蛋，大产业；小米粒，大产业；小香猪，大产业；小鸟笼，大产业；小辣椒，大产业；小杨梅，大产业；小兔子，大产业……

第一次知道贵州有这么多大产业，以后谁说贵州穷跟谁急。贵州媒体编辑们，你们就想不到别的标题了？这么多大产业，贵州还会穷？大家都在不约而同地讲笑话！而且是这么认真地讲笑话！

2016 年 4 月 25 日，我还在新闻笔记中对同事要求，"小核桃大产业"类似的话永远不要出现，只有思维苍白的人才会这样用。可是，这样的标题还是不断出现在媒体之中。我们还在和读者认真地讲经济笑话。况且，核桃树很大，核桃树要占用的土地就更加宽广。再说了，这么多所谓小的东西，相比之下到底谁是小的？联系媒体走下坡路的严峻现实，我们应该反思自身出了什么问题。

有人辩解说，对当地老百姓来说，产值规模确实不小。这话应该如何理解呢？如果这份报纸是县级或乡村工作简报，这话确实没说错。然而，媒体从业者应当对自己报纸的定位有清晰的认识，是面对全国还是全省？还应当对种植规模或产值大小有基本概念，即便不从全国或全球范围内来比较，也要站在全省角度来看，至少有百亿元产值才称得上大产业。否则，拿着放大镜说芝麻大，恐怕西瓜就要笑了。

第三种不准确的情形，是最不应该又最常见的问题，即事实不准确或者以偏概全等。

一个表达不清楚的标题令人疑窦丛生。《疟疾消除后，我国抗疟疾产品走向非洲》（第一财经网 2021 年 9 月 27 日）本来是一条好新闻，世界卫生组织正式宣布中国消除疟疾是一件喜事，而中国可以集中力量帮助非洲抗疟体现了国际道义的担当精神。可是，标题给人一种奇幻感，既然疟疾消除了,中国抗疟疾产品为什么还会走向非洲? 在中国消除疟疾之前,相关产品就没有走向非洲吗? 因此,原标题的问题在于,主语位置不当,时间概念不清,正确的表达应当是:中国消除疟疾后相关产品加速或全面走向非洲。

有时候,标题以偏概全。比如:

《世卫组织总干事谭德塞:新冠病毒将继续进化,但致病严重性可能将逐渐降低》

谭德塞表示,现有研究表明,最有可能出现的情况是新冠病毒将继续进化,但随着人体免疫力因疫苗接种或感染病毒而增强,新冠病毒导致疾病的严重性会随着时间推移而降低。但如果人的免疫力减弱,病例数量和死亡人数可能会出现周期性高峰,这种情况下弱势群体需要定期接种新冠疫苗加强针。

谭德塞指出,最好的情况是出现不太严重的变异株,从而不需要接种加强针或调整疫苗成分。而最坏的情况是出现一种致病性更强且具有高度传染性的变异株,在这种情况下,此前接种疫苗或感染病毒所带来的保护力将迅速减弱。(央视新闻 2022 年 3 月 31 日)

这条消息被很多媒体转载。然而,仔细阅读原文不难发现,谭德塞既说了最好的情况也说了最坏的情况,而央视新闻客户端只把最好的情况当成新闻标题,这就很容易误导读者。央视固然有责任,而其他媒体原封不动转载的做法也暴露了审核缺位的问题。

更令人震惊的是,有时候标题和真实意思截然相反。如《津巴布韦副总统:错误言论和虚假信息不会破坏中津友谊》(央视新闻 2021 年 9 月 27日)这样的标题一看就不成立,难道津巴布韦副总统奇温加鼓励错误言论和造谣? 原文说,奇温加指出,最近有一些"不请自来"的声音在妄加评论中国和津巴布韦之间的友谊,无论发出这些声音的人如何搞阴谋诡计,他们的错误言论和虚假信息都不会破坏中津关系。也就是说，奇温加本意是即使阴谋者发表错误言论也达不到破坏中津关系目的，可是，标题给人的意思却相反。

口号式顽疾

1951年3月4日，胡乔木对《人民日报》编辑部提出：注意标题——这是我对于《人民日报》的一个要求。准确地说，胡乔木在这次批示中生气了。当天，《人民日报》转载一篇介绍珠穆朗玛峰的文章，并加了一段按语："耸立在我国西南边疆上的喜马拉雅山的主峰，过去被称为'额非尔士峰'，这是错误的名称。它应该叫做'珠穆朗玛峰'……"

原文标题为《我们伟大祖国有世界最高的山峰》。胡乔木批评说，这个题目是报纸上许多不好的标题之一。从这个题目人们绝不能得到关于这段文章内容的任何暗示，而且也不能引起任何兴味，因为标题里的话是谁都知道的。这段文章正确的标法应当是：《额非尔士峰的名字应当通令纠正》《额非尔士峰应当恢复祖国的原名》《用外国人名称呼我国最高峰是一个错误》《纠正我国地理名称上的一个重要错误》《世界第一高峰是谁发现的》《发现世界最高峰的是中国人，不是外国人》，等等。

"我所以详细指出这个例子，是因为《人民日报》上这类毛病太多了，简直是每一天每一版都有这种题不对文、不着边际、毫无生气的题目。我要求编辑部切实改正这种现象。"

此外，当天《人民日报》的《抗美援朝专刊》刊发了一组文章，包括《全国人民热烈开展反对美国武装日本的运动》《制止侵略战争，保卫世界和平》《世界保卫和平运动半月》《西南区的抗美援朝运动》《河北省农村的抗美援朝运动》《福建各城市的爱国运动正在发展》等。胡乔木批评，"都是沉闷的，都应当反对。评论的沉闷当然首先是因为评论的内容空泛，使人不知道究竟作者在打算叫人干什么,提倡什么和反对什么。"

有的标题没抓住新闻事实的特点,用一般化的句子代替标题。如在一张报上,出现过这样两个标题:《抓职工技协工作见效》《狠抓班组建设成效显著》。现在一提到做了哪些工作就是"抓",如"抓政治思想工作""抓党的建设""抓文明建设"等,就是没有各自"抓"的特点;一说到工作成绩,就是"见效""成效显著""成果显著"等,就是没有这些成绩的具体表现和现实意义。①

刘保全既是新闻研究者也曾经担任中国新闻奖的评委,他在谈到新闻标题模式化的毛病时说,如报道成就就标上"取得了新成绩""做出了新贡献""获得了明显的效益"或"令人鼓舞""形势喜人""成绩斐然"等,如报道新人新事就标上"受到了群众欢迎""得到了群众的赞扬""赢得了一致好评"等。这些模式化的标题,令读者一看就打瞌睡或避而不看。②

需要说明的是,乱用形容词成为套话的现象绝非中国独有,这是需要声明的。奥威尔在《政治与英语》中也批判西方写作中存在的套话现象,一种是装腔作势的用词,用"现象""因素""个体""客观""绝对的""有效""实质""基本""初步""促进""构成""表现""利用""消除""摧毁"这类词来修饰简单的句子,并以此为个体偏见加上了科学公正的虚饰;另一种是不知所云的文字。某一类文章里,特别是在艺术评论或文学评论类文章中,通常会碰到大段几乎没有任何实际意义的文字。像"浪漫主义""可塑的""价值""人性""死的""伤感的""自然的""活力"这类词,在用于艺术评论类文章中时,严格地说根本不具任何意义。它们既非指代任何实体,文章的读者也很难指望这些词能代表什么。"最糟的当代写作不是为了表达意思而选词,不是为了使意思鲜明而创造形象;而只是把别人早就安排好

---

① 　冯金声:《浅析新闻标题之失误》,《新闻界》1989 年月第 4 期,第 43 页。

② 　刘保全:《新闻标题制作中常见的毛病》,《新闻实践》2007 年第 6 期,第 55 页。

的长串字眼儿拼凑到一起,用一些空洞的废话来将结论表述出来。这种写法的诱人之处就在于它的简单易行。"①

中国和西方的区别之一在于,文风是一种政治自觉的追求而不是西方那样完全靠写作者个人自律。党风建设的工作内容之一就是文风建设,长期以来和各种沉渣泛起的不良文风做斗争,减低并控制不良文风的危害性。

有人认为,照搬领导讲话是讲政治的表现。这完全是错误的。邓小平在批评"随风倒"的现象时说,"思想一僵化,随风倒的现象就多起来了。不讲党性,不讲原则,说话做事看来头、看风向,满以为这样不会犯错误。其实随风倒本身就是一个违反共产党员党性的大错误"②。习近平也曾明确指出,"有的干部认为只有照讲文件上的话、报刊上的话,才是同上级和中央在思想上政治上'保持一致'。这完全是一种误解"③。

有关形容词和美感的反思

1936 年,陈铭德在其所著《新闻标题之研究》中指出,欧美新闻纸的标题有的远离事实,迹近欺诈,但是,"在事实与趣味的核心之下,而无力恰如其分的广告新闻内容于读者,将新闻价值埋没于不良的标题之中,亦是同样的罪过"。"标题在广告新闻内容的作用上,须尽量发辉(笔者注:"辉"为"挥"之误)引人入胜的艺术,须用全力表现其新闻价值于标题中,

---

① [英]乔治·奥威尔:《政治与英语》,郭妍俪译,江苏教育出版社,2006,第 17 页。
② 邓小平:《邓小平文选》第二卷,人民出版社,1994,第 142 页。
③ 中共中央文献研究室:《十七大以来重要文献选编(中)》,中央文献出版社,2011,第 674 页。

更须赋枯涩沉闷的材料以生动的趣味,赋严重静态的新闻以活跃的雄姿"①。

请注意,陈铭德指出了标题核心原则的两个关键词,即"事实与趣味"。在做到恰如其分的同时,发挥引人入胜的艺术,让枯燥的材料变得生动,让静态的新闻变得活跃。问题在于,新闻界长期陷入一种思维的泥沼之中,错误地把形容词和唯美词语当成"生动的趣味"和"活跃的雄姿"。

新闻札记:形容词有毒(2016 年 7 月 23 日)

新中国成立 60 多年了,我们的官方报道的风格,以慷慨激昂的形容词为主。丢掉这些形容词,文章就黯然失色。尤其是编辑,没有这些形容词,似乎就不会起标题了。

原因在于,没有过硬的新闻事实,只好用虚头巴脑的形容词来敷衍。如何讲故事,高明地把意识形态隐藏在不动声色的叙述中,新闻界还没有真正做好。

讲好中国故事,其中一项重要工作是,必须转换表达的话语体系,和粗暴灌输、说教的风格告别。建设好话语体系,不仅包括价值观念的话语体系,也包括叙事风格的话语体系。

60 多年了,我们在这方面的学习依然缓慢落后。讲好中国故事,传播中国好声音,不光是旋律好不好的问题。再好的旋律,让乌鸦去唱也是白瞎,得换成夜莺的嗓子。

附录:

民营经济大潮气势不凡

民营经济 追云赶月立潮头

处处都是创新的脉动

----

① 陈铭德:《新闻标题之研究》,转引自章霁《新闻标题论述(辑录)》,《新闻研究资料》1982 年第 2 期,第 89 页。

感知"起飞"的律动 民营经济蕴藏无限可能

铺天盖地＋顶天立地！民营企业转出新天地！

……

事实上,今天再回过头来看,真的气势不凡吗?真的铺天盖地吗?真的顶天立地吗?党报很难避免喊口号,加油鼓劲值得提倡,但不能言过其实。而且,在技术上,应当把口号变成被报道对象的直接引语,不要当成标题来处理。这也是媒体的自我保护机制,一旦目标落空,能将媒体信用受损的程度尽量降到最低。

新闻札记:标题少用形容词(2018 年 12 月 27 日)

最近,有的同事问我,《酸雨治理成效显著》稿件不是你写的吧?我哭笑不得说,正是我执笔的。他大为吃惊,可是看上去不是你的风格。

没错,这样的标题我本人是永远不会用的。如此措辞不但没有突出成绩,反而是弱化了。明明是贵州消灭酸雨了,已经是"零酸雨"了,为什么要改成语焉不详的"成效显著"?

报社有位老总一起值班时也说过他很不赞成用"成效显著"。确实,何为显著,如何量化?什么样的成效,总不能年年成效都是一样的吧?说具体点,说明白点,而不是用虚无缥缈的形容词遮蔽。

完全颠覆党报标题惯性很难。我倾向于虚实结合的标题,实是虚的解释,实为虚服务。

党报标题大半个世纪的僵硬风气,如果不能有效扭转,就很难赢得读者的认可,只能继续在狭小的需要宣传的干部群体中艰难生存。即使是这些干部读者,他们更注重的是宣传自己的业绩,而不是从读者视角认可党报的传播力。

那些看起来激情澎湃的形容词,以及看上去充满力度的工作语言,实际上损害了新闻语言的准确性和神韵。

早在 1946 年，萨空了就在其《科学的新闻学概论》一书中指出，标题宣传功能要遵循内在的规律。"在作标题时，想同时作宣传，遂必须非常当心。常见有些情急的机关报，为了想对出钱的人出力以为报答，对出钱的人有关的新闻，离开新闻文本，夸大渲染，结果除了告诉他是谁的机关报之外，毫无其他收获。是以如果一种报纸想收到政治上宣传的效果，应注意于新闻报道本文的整理，纠正不正当的看法，加入正确的指示，而不要时时想求之于标题，因为宣传需要的是浸透功夫，是潜移默化，没有急功速效之可能，口号式的标题，在报纸上只有引起反感，也决不生动。做编辑的人必须具有这一常识！"①

新闻标题和口号区别在哪？我们不妨透过范敬宜修改标题的一则例子来思考其差异性何在。1997 年 2 月 4 日，《人民日报》第 3 版头条新闻标题为《真抓实干增效益——探访青年文明号系列报道之二》。范敬宜看大样觉得标题太一般化，属于任何报道都可以用的"万能标题"。他根据内容重拟主题为"小卡片掀起大波澜"，使"万能标题"变成了个性化非常鲜明的标题，突出了实行服务卡的新闻核心事实。

徐铸成说，过去《大公报》有一个制度，主要标题一定要留给总编辑亲自标写。之后《文汇报》也这样做，主要标题政治倾向性最强，带有的评议成分最多，和社论一样，代表报纸的立场、态度。因此，要起好主要标题就很吃力，常常为一字而绕室彷徨搜索枯肠。新闻标题既然是题目，"总应该起到目的作用，一目了然，最好能炯炯有神，这样才能更好地发挥报纸的作用。如果版面眉目不清，标题含含糊糊，或者像记账一样，那就难怪读者看了打瞌睡了"②。

---

① 萨空了：《科学的新闻学概论》，转引自章霁《新闻标题论述（辑录）》，《新闻研究资料》1982 年第 2 期，第 105 页。

② 徐铸成：《下笔应有神——谈谈新闻标题》，《新闻战线》1980 年第 1 期，第 34 页。

向唐朝诗人学习标题

那么,什么样的标题是好的?

新闻札记:向唐代诗人学习怎么起新闻标题(2019 年 1 月 19 日)

眼看大样快出来,又突然要等新华社重要稿件,长夜漫漫,再续笔记。我是学唐宋文学出身的,所以,和大家说说如何向唐代诗人学习标题制作。唐代诗人怎么做标题呢?

先看文学评论。

1.题者,诗家之主也;目者,名目也,如人之眼目。眼目俱明,则全其人中之相,足以坐窥万象。(贾岛《二南密旨》)

2.诗有题,所以标明本意,使读者知其为此事而作也。古人立一题于此,因意标题,以词达意,后人读之,虽世代悬隔,以意逆志、皆可知其所感,诗依题行故也。(庞垲《诗义固说》卷上)

3.作诗非难,命题为难。题高则诗高,题矮则诗矮,不可不慎也。(郑燮《郑板桥集·范县署中寄舍弟墨第五书》)

4.读诗之法,当先看其题目。唐人作诗,于题目不轻下一字,亦不轻漏一字,而杜诗尤严。(顾亭鉴《诗法指南》卷上引吴齐贤语)

也就是说,唐代诗人做标题最大的特点是:第一,主题集中,文题相符,绝不会文不对题;第二,套用新闻术语,叫要素突出,一看标题就明白新闻点在哪里。

怎样主题集中要素突出呢?

杜甫有"诗史"之称,他的诗歌标题也往往被后人视为典范。诸如《早秋苦热,堆案相仍》《楠树为风雨所拔叹》《茅屋为秋风所破歌》《遭田父泥饮美严中丞》等,可谓一目了然。

郑板桥举例说:"少陵诗高绝千古,自不必言,即其命题,已早据百尺楼上矣。通体不能悉举,且就一二言之:《哀江头》《哀王孙》,伤亡国也;《新婚别》《无家别》《垂老别》《前后出塞》诸篇,悲戍役也;《兵车行》《丽人行》,乱之始也;《达行在所》三首,庆中兴也;《北征》《洗兵马》,喜复国望太平也。只一开卷,阅其题次,一种忧国忧民忽悲忽喜之情,以及宗庙丘墟、关山劳戍之苦,宛然在目。其题如此,其诗有不痛心入骨者乎!"

一般来说,诗论者举例最多的是李白《黄鹤楼送孟浩然之广陵》:"故人西辞黄鹤楼,烟花三月下扬州。孤帆远影碧空尽,唯见长江天际流。"第一句围绕题目中的"黄鹤楼"和"孟浩然",说人物和分手地点;第二句围绕题目中的"之广陵",说时间和目的地;第三、四两句围绕题目中的"送",写目送所见的场景。

言归正传,现在的新闻标题存在什么样的问题,需要向唐代诗人学习什么呢?记者稿件标题的共性是,题目往往空虚,不能反映新闻亮点。有的稿件,夜班值班人员一起动脑筋,颇费思量,但仍找不到下手的新闻点。真正的问题在于,记者根本就不会抓新闻亮点,只是拼凑字数;稿子写完了,又来凑标题。

话说回来,连主题都没搞清楚,那么,匆匆忙忙写什么呢?结果可想而知,必定是心中无数,瞎写一气。而不会提炼主题的人,行文也一定是主次不分,逻辑混乱。

"题高则诗高,题矮则诗矮",郑板桥的这个警示,应该说很适合新闻记者。为什么这么说呢?新闻标题立意的高低,本身就决定了文章的谋篇布局和行文方式。立意太低,胸中无格局,则报道自然无格局。

新闻札记:党报通讯标题的美感去哪了(2020 年 9 月 9 日)

都说题好一半文。昨夜值班,谈到党报通讯标题,我感慨还是缺点美感。过去,有些标题让我们心荡神摇,如今太难见到了。

经典是有生命力的。说到经典通讯标题,无论新闻界的从业者还是普通读者,都很容易想起魏巍《谁是最可爱的人》、郭梅尼《一个普通的灵魂能走多远》,以及《为了 61 个阶级兄弟》和《醒来,铜陵》,等等。还有一个脍炙人口的例子是,1987 年《中国青年报》关于大兴安岭火灾"三色报道"——《红色的警告》《黑色的咏叹》和《绿色的悲哀》。

但是,今天绝大多数标题存在直白粗暴、沉闷僵硬或似曾相识等毛病。一说到东西部协作就是山海携手,一说到脱贫产业就是金呀银呀聚宝盆呀之类的,令人厌倦乏味。

可能有人会说,站着说话不腰疼,你改几个来看看。那就勉为其难,试一试吧。

比如说这几天人物杂志引起网络关注的《外卖骑手,困在系统里》,报道非常好,标题还有改进空间。原标题语气不连贯,措辞不够犀利深刻。如改成《被系统"奴役"的骑手》,被动句更能凸显人的命运有多么无奈,而且能暗示读者思考人类被异化的哲学命题。

比如说东西部协作,能不能有类似《苗岭深处的浙水情》(黔浙)、《湘江流日夜,黄浦未了情》(黔沪)、《来自珠江源头的思念》(黔粤)的表达?

比如说陈立群校长退休后去黔东南支教的故事,他谈到支教动机时说,"人类道德的基点是爱心与责任感"。用扶贫、爱、责任作为标题的关键词当然是准确的,但是不够生动且缺乏感染力。能不能换成《啊,如此滚烫的余热》《一个退休校长能产生多大的震荡波》或者《一个人对"人类道德基点"的诠释》?

总结起来,我想,通讯标题应该围绕一个观点或价值、一种情感、一个动作来做文章,或者有悬念,或者耐人回味,或者有动感刺激。

新闻札记:出人意料的新闻标题(2017 年 5 月 23 日)

我们经常说好的新闻标题成功了一半,但要做到却很难。今天读到两条外媒关注中国农业的新闻，标题都值得称道。一条是《耕种全世界——中国避免食品危机的史诗般赛跑》，出人意料的深刻锐利，而且有动感、紧迫性，标题主副兼用、因果关系；另一条是《中国为何正在数小鸡》，说的是中国农业普查，出人意料的戏剧性，富有悬念，特别是普查背景、普查重点的交代非常清晰，和国内媒体只发一个工作动态相比强太多。

中国有一则古老的寓言：

> 猫头鹰在路上遇见斑鸠，斑鸠问它要去哪里。猫头鹰回答："我想迁居到东方去。"
>
> 斑鸠问为什么。猫头鹰说："因为我住在西方，西方的人都恨我，说我叫的声音很难听。所以我想迁居到东方去。"
>
> 斑鸠说："你不改变你的声音，到了东方，东方的人不也是一样的会恨你吗？你迁居到东方去，又有什么用呢？你不如把你的声音改善些吧！"

对于新闻从业者尤其是党报从业者来说，这则古老的寓言所寄寓的道理非常朴实，如果不能改变自己的声音，就无法赢得读者的欢迎。在当前新闻转型之际，这个沉重的老问题越发凸显，若无新闻，何来转型？

第四章　白话文之外的词语失当问题

　　语言文字是我们交流的工具,而新闻记者接触群体的范围又极其广泛,有饱学之士,也有文化不多的农民;有操普通话的本国人士,也有说外语的异国对象;大部分情况下是规范的现代汉语,也有接触到古代语言文字的情况。因此,对新闻采编人员来说,语言文字能力的要求就比较复杂多样。

　　就上述采访情形而言,它们对记者及编辑等从业人员提出了相应的语言素养要求。除了规范汉字外,还要具备一些涉及方言、土语、古文、少数民族语言乃至外语等语言文字方面的基本常识。

　　采编人员要具备上述语文复合素养,无疑是不容易的。它们原本或官或民,或古或今,或中或外,有各自的文化轨道,采集者稍不注意就会出现表述不准确甚至失实的情况。

方言词语失误现象

　　例 1:1953 年,《新黔日报》一篇文章写道:

夜来了,她拿着"重光"(松枝燃火照亮叫重光),不知道多少次地来到牛圈里。

"重光"是什么?我读来倍感亲切,因为老家赣南方言也是这样说的,但写法显然是错误的。我们的方言中把松树叫枞树,不是"重",而且"重"是多音字,读者会无所适从。在方言中,枞的读音为 chong。另外,它不是一般的松枝,而是饱含松脂劈成块的树干。怎么说才对,有待于语言学者找出真正对应的词。

例 2:21 世纪初,尚立富的《行走西部》一书提到,贵州西江苗寨一位苗民在受访中讲述打工的苦楚:

那真不是人干的活,一天工作最少要 19 个小时,还得你自己买菜做饭,自己找地方睡觉,这哪里是把我们当人?

一天工作最少 19 个小时,这可能吗?就算买菜做饭用去 1 个小时,加起来就 20 个小时了。那一天只能睡 4 个小时?机器一天也不能只休息 4 个小时。

当然,20 世纪末,沿海工厂一天工作十几个小时确实很普遍。在贵州方言中,十几个小时和十九个小时听起来相似,应该是身为西北人的作者听错了。

例 3:对方言字面意思的错误理解,可能造成重大失实的后果。2010年,轰动一时的宜黄拆迁事件就是典型例子。

《南方都市报》报道:

在事发后 3 日,媒体记者拿到烧伤者钟如琴的手机,中间还夹杂着拆迁执行人员的喊话:"你们今天不拆,明天怎么死的都不知道。"

腾讯网转载时将标题修改为《燃烧的真相:今天不拆,明天怎么死都不知道》。这句话在互联网被无限放大,炒得沸沸扬扬,极大地加剧公众对政府的愤怒和对被拆迁家庭的同情。

然而，法律学者陈柏峰实地走访调查后发现：原话是"今天不拆，明天你死得了么"，在宜黄话里，"死得了么"就是"躲得了吗"的意思。它从"人死了就不用躲了"引申而来，"死不了"就意味着"躲不了"。政府工作人员喊话原意是"你们今天不拆，明天就躲得了吗"，记者却将之翻译为"你们今天不拆，明天怎么死的都不知道"，两者意思完全不同。虽然记者可能是出于误解，但《南方都市报》出现这种关键性错误还是很不应该，也不排除记者故意歪曲政府工作人员的话以达到误导公众的目的。[1]

在电视新闻报道中，字幕也容易出现方言词语错误的情况。"采访对象使用方言，字音辨析度低，也是造成录入出现误差的主要原因之一。如乌泱乌泱的（形容人多且杂乱无章）、上街（gai）（去闹市）、发小儿（儿时的玩伴）、洋火（火柴）、虎啦吧唧（愣）、洋字码儿（阿拉伯数字）等。"[2]

土味语言用词不当现象

当笔者读到一篇讲农民收入增加的报道称好比从土里挖出"金娃娃"时，实在难以想象，这样的文字如何穿越大半个世纪还在影响今天的记者。有些地方种点烟叶被称为金叶子，有些地方种点刺梨被称为金果果，有些地方种点茶被捧为"一捧绿叶子，片片生黄金"的程度……

某县在全省人均生产总值排名中长期倒数第一，但是，每次看到当地农业报道都令人怀疑农民到底是穷是富。种点蔬菜，叫"蔬"中自有黄金屋；种点党参，叫高原红土出"黄金"；种点万寿菊，叫万亩"软黄金"喜获丰收。诸如此类，不一而足。

---

① 陈柏峰：《传媒监督的法治》，法律出版社，2017，第 10 页。

② 赵妍：《电视新闻语言的规范性错误》，《记者摇篮》2012 年第 12 期，第 21 页。

或许有人问,用土味语言不好吗?不是能体现党报接地气的作风吗?此言差矣。

基层群众自己说是挖出"金娃娃",那叫自然的土味,是真实的记录。现在的问题是,记者自己假装了解土味语言,实际上是人为营造群众收入可观的假象。这是语言的造假,也是事实的造假。

另外,从实际情况来看,几十年前的农民没有文化,不擅长表达,土味重,这是事实。然而,几十年过去,农民文化素养已有很大提高,这种文盲气息的土语近乎绝迹。

那么,民间语言的真实面貌究竟是什么样的呢?通俗,但不等于土,甚至充满幽默的智慧。《人民日报》原总编辑范敬宜在《安于当个"老头儿"》一文中讲过一次亲身经历:

> 不久前,我打的回家,司机把车停在我家的院门口。那个院子住的都是部级以上干部,还有卫兵站岗。他看看院子,再看看我,有点不大相信,然后恍然大悟:"哦!我明白了!你过去是个头儿!现在是个老头儿!"哎呀,我觉得太深刻、太生动了!一句话,加了一个"老"字,就完全不一样了。①

再举一个例子:

> 42 岁的赵述强经营着 20 余亩水蜜桃园,他的爱人在附近一家服装厂上班,两人年收入加一起接近 20 万元。"住着上下两层 180 多平方米的乡村别墅,开着十几万元的小汽车,说生活像水蜜桃一样甜不夸张吧!"赵述强家的生活,在江苏沛县栖山镇胡楼社区是一个缩影。(《生活像水蜜桃一样甜》,人民网—江苏频道 2022 年 3 月 30 日)

该报道中农民的比喻很自然真实,并没有带给读者以文学手法、艺术

---

① 范敬宜:《敬宜笔记》,清华大学出版社,2011,第 230 页。

真实的错觉，原因有两个：一方面，这源自他本身种植水蜜桃的生活真实；另一方面，以他的家庭生活水平来说，小日子的确很甜蜜，这句话反映了报道的总体真实。反之，大多数报道动辄将金啊银之类的土味语言强加给读者，而被报道对象的实际收入和生活条件并不高，既不是生活真实也不是艺术真实。

很显然，好的土味语言一看就能让人明白，它确实来自民间，但绝不是记者自以为是的土味。前者像清香从花朵中自然散发，是带着泥土气息的土；后者是城里人将化了妆的语言贴在农民嘴唇边上，是土得掉渣的土。

民族语言词语错解现象

按照外语的严格定义，民族语言对非本民族的人来说就是外语。为避免误解，本文将少数民族语言和外国语言分列论述。

广西是我国的典型山区省份之一，提到广西多山，就有人想到十万大山、九万大山等，感慨这果然是多山的地方。其实，这是望文生义，纯属误解。

那它们的真实意思是什么？学者指出，十万大山、九万大山、六万大山中的"十万""九万""六万"，实际上不是数量词，而是壮语山名的汉字记音。"十万"系南壮方言"适伐"的汉字记音，"适伐大山"的意思是"顶天大山"；"九万"系壮语"九怀"的汉字记音，九万大山的实际意思是"水牛头山"；而六万大山的"六"是壮语 lueg（意指山谷）的近音，"万"在壮语中的意思是"甜"，合起来就是"甜水谷大山"。①

毕节市赫章县的海雀村，是全国闻名的一个脱贫典型。然而，关于海雀村的名字由来，新闻报道大多数是不准确的。下面摘引三家媒体的相关表述：

---

① 韦炯隆：《广西山名解读》，《广西民族研究》2000 年第 4 期，第 57—58 页。

1. 躺在沙地里的文朝荣想:"海雀"这个名字多么好啊! 这是根据我们家的彝语"候确"谐音的。"候确"就是"湖水灌注"的意思。这个"候",就是山塘水、湖水、海水。"确"指添加、舀、灌入等。

2. 海雀,并不像它的名字一样,有自由飞翔的意思。

3. 海雀不是一只鸟,而是彝语"源泉"的音译,贵州西部乌蒙山深处一个村落的名字。

那么,海雀是什么意思呢?

在 1958 年的一份社会调查资料中,它被称为海确村。报告记载:海确一词,原为彝语名,经访问,它是根据彝语的"猴且",即"掺水塘"音译得来的。苗族搬来此处后,就称"摩确"。"摩"是阿摩的意思,苗族的自称。"摩确"即为苗族的海确。这便是海确名称的原意。[①] 可见,海雀村的名字由来及其演变涉及汉、彝、苗三种语言的转音和意思转化。

相当多媒体望文生义,演绎出各种"飞出大山的海雀""海雀飞出幸福路""海雀飞出贫困洼地"等各种文学化的表述。采编人员自以为,此举有双关兼比喻之妙,其实是违背地名科学乱用浪漫想象行文的毛病。

当然了,对民族地区的新闻工作人员来说,还存在如何将汉语准确翻译成少数民族语言的问题。这超出笔者研究范围,此处略而不论。

中外互译词语失误现象

在全球化时代,即使是只做国内报道的记者,也难免有和外国语言文字打交道的情况。特别是国际大型论坛,记者不得不依赖现场速记,但速记中往往存在很多错误。稍不注意,就会被其中存在的翻译错误所误导,

---

① 陆思明等:《赫章县海确苗族社会历史调查资料》,载贵州省编辑组:《苗族社会历史调查(三)》,民族出版社,2009,第 2—3 页。

造成不准确乃至失实的麻烦。

2018 年 7 月初，笔者在参加生态文明国际论坛时，就发现了中英互译中存在的知识陷阱。一份速记写道："鲧对自然并没有持有敬畏之心，困出于愚蠢，偷取了皇帝神奇的摩尼（音），这个摩尼可以去建筑大坝。"

"困"是听错或写错了，这里依然是鲧而非困。"摩尼"是什么？当然，速记员也很困惑，备注了是谐音而不明白究竟所指何物。

鲧偷了什么？熟悉这个神话故事的人都知道，是息壤。当然，说鲧偷取息壤是出于愚蠢的评价也不对，这和希腊神话普罗米修斯窃取神火一样伟大勇敢。在这段速记中，存在翻译、速记员自身的文化底蕴缺陷。当然，如果记者自身的文化素养比较好，是很容识别出来的，否则就会照抄而犯错。

不懂英语文化背景，会造成语义丢失的情形。2011 年 11 月，百事可乐和康师傅联盟协议公布后，国内某知名财经大报引述一名员工的感慨称，"这是百事可乐中国史上最蓝的一天"。在英语中，蓝色（Blue）有"忧郁的""忧愁的"意思，这位外企员工是一语双关，但是，报道的记者和编辑并未弄懂其真实涵义。①

中英互译的新闻语言还要注意文化差异，否则就会导致对方看不懂。典型例子如"雨后春笋"，英美本土没有竹子，如果直译对方就不容易明白，英语用 like mushrooms（像蘑菇一般）形容事物迅速发展。即使英语地区有同样的事物，也存在文化语境的微妙区别，比如汉语用鸽子象征和平，英语用橄榄枝象征和平。

在文化传输方面，如何将中文字面背后的真实意思传递出去也很重要，典型例子是黄山的翻译问题。有研究者总结，黄山常见译名有三种：

---

① 方胜：《编辑记者要重视外文知识——从"百事可乐中国史上最蓝的一天"说起》，《新闻与写作》2012 年第 3 期，第 93 页。

Mount Huangshan；the Huangshan Mountain；the Yellow Mountain。前面两种翻译对外国游客来说只能知道它是一座山，其他的信息一无所知。第三种翻译更加不妥，会使人误以为这座山的颜色是黄色，黄山看上去其实是黑色的。这就要考证黄山名称的由来。黄山古称黟山，"黟"就是黑，传说轩辕黄帝曾在此炼丹羽化升天。天宝六年，唐明皇根据这一传说改名为黄山。所以，黄山的"黄"是为纪念黄帝而得名，翻译成"the Yellow Mountain"是错误的。

此外，字面意思存在名实不一致的陷阱，从中文翻译成英文则容易闹笑话。比如，贵阳的小吃"丝娃娃"按字面意思翻译就变成了 Guiyang silk baby，那就变成了贵阳的丝绸娃娃，那还怎么吃呢？准确的译法是"Guiyang spring roll"（贵阳的春卷）。① 也有翻译不规范的问题。比如，奥斯卡获奖影片 *Titanic* 通常被译作《泰坦尼克号》，有的报道写成港台译法《铁达尼号》，这就容易让不知情的读者感到困惑。

比一般误解更严重的是，翻译不当会带来政治上的困扰。1951 年 3 月 4 日，《人民日报》第 3 版发表一篇介绍珠穆朗玛峰的文章《我们伟大祖国有世界最高的山峰》，文章指出，"耸立在我国西南边疆上的喜马拉雅山的主峰，过去被称为'额非尔上峰'，这是错误的名称。它应该叫做'珠穆朗玛峰'"。"额非尔士"或者"埃佛勒斯"都是从英文 Everest 翻译过来的。这原是一个英国人的名字，他在 19 世纪中叶担任印度测量局的局长。1852 年，他偷偷地测量了喜马拉雅山，发现了这一座世界上最高的高峰，就把自己的名字放上去了。从此，人们公认这一座世界的最高峰是英国人额非尔士发现的。我们中国的学者们似乎太客气了，也就默认了这个名字，地理教科书、地图上也就出现了"额非尔士峰"或者"埃佛勒斯

---

① 孔倩茹：《从目的论视角看贵州特色小吃的英译》，《赤峰学院学报（汉文哲学社会科学版）》2012 年第 2 期，第 177 页。

峰"的名字。其实,早在 1717 年,清朝皇帝派许多人测绘全国地图的时候就已经发现了这座高峰,并填上了"珠穆朗玛"的名字。名字是当地藏族人取的,意思是"圣母之水"。我们有句老话,叫做"名从主人"。因此,我们应该把这一世界第一高峰的名字纠正过来。

卢小军在其博士论文中指出,党代会报告是国际社会了解中国大政方针、了解中国社会状况的权威性文件,其英译本一直备受国际社会瞩目。党的十七大报告英译稿将"小康社会"一词的翻译由"a well-off society"更改为"a moderately prosperous society"或"a relatively comfortable life",准确反映了我国经济、社会等的现状。《牛津高阶英文词典》对"well-off"的解释为"having a lot of money"及"in a good situation"。显然,"小康社会"翻译为"a well-off society",误用了不准确的语言表达方式,产生了语用语言失误,不符合我国的实际情况。不仅如此,该译法还严重误导了国际民众,致使他们认为中国已经步入了富足的生活阶段;并授人以口舌,一些别有用心的外国政客极有可能据此大肆鼓吹中国是发达国家的言论,致使国家蒙受不应有的误解和损失。"小康社会"的误译,难辞其咎。[1]

在涉及国家主权时,无论本国领土还是外国领土都要谨慎。在这种情况下,政治正确大于词语准确。类似的例子,如日本声索的竹岛,韩国称为独岛;日本声索的北方四岛,俄罗斯称为南千岛群岛。对它们的翻译就要谨慎,不能卷入当事国家的外交冲突。涉及我国海峡两岸暨香港关系的英文翻译也是大有讲究,比如张立蓉等指出,《反分裂国家法》正确的翻译应该是 Anti-Secession Law 而不是 Anti-Separation Law。2005 年 9 月 22 日,网络查询显示,有 180 万个结果将"中国大陆"翻译成 Mainland

---

① 卢小军:《国家形象与外宣翻译策略研究》,博士学位论文,上海外国语大学英语语言文学,2013,第 34—35 页。

China,包括国内最权威的英文报 *China Daily* 在内。"Mainland China 的意义前提便是台湾所定义的两岸现状,即'事实上的政治分离状态',从本质上讲也就是'两个中国'。因此,Mainland China 的含义就是'大陆中国'并暗指存在'台湾中国'。可是,国际上某些报纸甚至有些影响甚大的主流报刊都不顾事实或出于自己的特定目的大肆使用 Mainland China,台湾某些媒体更是大肆宣传,而个别译者不加辨别,便奉为圭臬,认其为'正宗',这实在要不得。Mainland of China 与 China's Mainland 以及 The Chinese Mainland 等对主权问题的表达十分清晰干脆。"①

文言文词语错用现象

有一次,值班时看到一篇文章标题称"致家翁××",我问编辑作者是被报道对象的儿女吗?编辑核实后,回复说是孙辈。

翁作为人物角色,有几种意思。1. 老头儿,"塞翁失马,焉知非福";2. 父亲,"家祭无忘告乃翁";3. 丈夫的父亲,如家翁;4. 妻子的父亲,如翁婿。作为父亲的意思,家翁典故出自《晋书·山简传》:"简曰:'家翁乘鹤业三载。'"

文章涉及的对象曾经担任大学领导,有点名望。作为孙辈的作者,可能想用"家翁"衬托出文化世家的气息,一不小心却闹笑话了。纠正这种错误,不仅是文字工作者的职责,还能帮助对方挽回面子。

对文言文的使用问题,国内新闻研究者也多有讨论。

例 1:世无英雄,庶子成名,民主党内 7 个竞逐者经过几个月争斗,终于有了结果……

---

① 张立蓉、孟祥春:《对外宣传翻译:译"名"更要译"实"——政治性误译举隅与应对策略》,《苏州科技学院学报(社会科学版)》2007 年第 3 期,第 133—134 页。

例 2：我国足球队在迭遭失败后，连克五关，挂冠而归。

例 1 中的"庶子"用错了，封建时代妾所生的儿子叫"庶子"，等于说民主党的 7 个竞逐者都是妾生的儿子。这岂不成了天大的笑话？显然不合作者本意。"庶子"应改为"竖子"（古代对人的蔑称，与现在蔑称别人"小子"的意思差不多）。例 2 中的"挂冠"被误解成夺冠。其实"挂冠"是自己摘下乌纱帽，表示弃官不做的意思。①

也有人指出，要慎用半文不白的句式，必须对它们的结构形式和表意效果有较全面的把握。否则，就会事与愿违。请看下列例句：

例 3：这两句诗也把我引回到四十四年前我们参观郭老研究的甲骨文，郭老津然向我们乐道怎样着手研究甲骨文……（《光明日报》1981 年 8 月 16 日）

例 4：队里丰收了，为了感谢莎红，社员们私下决定请她到每家吃一顿饭。莎红发现这一秘密，谢绝而别了。（《光明日报》1981 年 7 月 3 日）

例 3 中"津然乐道"是成语"津津乐道"的变形，但成语具有结构的凝固性和意义的整体性的特点，不能拆开使用。例 4 中的"谢绝而别"，套用了文言"VP＋而＋VP"的格式，但没有"婉言谢绝然后告别而去"的表达效果好。这两例都是因对文言的语法格式和表达效果没有很好地把握而导致的误用。②

文言文是中国传统文化的代表，也是古代文人的看家本领。作为职业文字工作者，现代记者虽然没有良好的文言文驾驭能力，但是，也应当有基本的常识规避其中错误或欠妥的表述方式。作家余秋雨曾因其散文中存在文史常识错误但拒绝接受批评而引起轩然大波，比如把本意为退休的"致仕"当成去做官等。但是，在媒体新闻报道中，也有几十年尚未改

---

① 巩衍杞等：《新闻修辞》，长征出版社，1992，第 97—98 页。
② 段业辉：《新闻语言学》，江苏教育出版社，1999，第 270—271 页。

正的顽疾，比如误把"三甲"当前三名、滥用"高考状元"和错用代词"其"等现象。

　　"弑"是媒体经常错用而且错用得非常离谱的一个文言文词汇。"弑"因为动作方向明确，也就是说，"弑"的施事者一定是"臣""子"之类，受事者一定是"君""父"之类。可见，弑和杀不同，它包括以下凌上、丧失人伦、杀害行为三重涵义。古代封建社会以孝治天下，弑君和弑父母在伦理上性质等同。说到底，弑的核心意义在于大逆不道，此道为孝道而不是一般纲常伦理之道。

　　如今媒体已将弑简单等同于杀，滥用而且错用。第一种错误情况是不存在伦理关系，如哈尔滨"呼兰弑警案"、东莞男子弑警案一审死刑、哈医大弑医案一审宣判等；第二种错误情况是上对下，伦理关系倒置，如河北保定生父弑儿案、震惊世人的重庆弑子案、河北省清苑区破获"杀嫂弑侄"案、周喜军盗车弑婴案等；第三种错误情况是凶手和被害人属于平行关系，如上海崇明风流女子弑夫案、杭州弑妻案细节曝光等；第四种错误情况是表述不规范，如弑亲案绝不是天降意外、"弑亲骗保"案犯沈学勇伏法等、揭秘 2009 年中山弑亲案等。前三种情况都只能用杀或戮，当然也可以用残害等词汇，但用"弑"是不恰当的；至于"弑亲"，则表述不清晰，到底是什么样的亲人关系呢？杀害双亲是约定俗成的用法，但是，弑亲的搭配就很奇怪。

　　新闻报道中偶尔有滥用文言文写诗词歌赋的现象，那就更加不可取。须知，新闻语言的特点之一就是通俗的群众语言，不能开历史倒车妨害大众传播效果，更何况所谓文言文大多文理不通。试想，连一个基本的文言文词汇都经常用不好，又如何写好一长篇文言文呢？

语文素养的基本原则

1996 年，著名语言学家裘锡圭在《语文建设》上刊发文章，呼吁积极慎重地进行现代汉语规范化建设。他说，在词语的使用上，混乱情况触目惊心。有的作者为了增加作品的文采，喜欢"转文"，喜欢用书面成语，可是又没有真正掌握这些"文"，不是写错了字，就是用错了意思。有些作者在完全没有必要的情况下，在文章里夹用外文（包括外文缩写）。有些作者滥用翻译得很草率的外来术语甚至自己生造的术语，来掩盖文章内容的空虚和无理。这些都是应该受到批评的不良文风。很多语文工作者认为不必过于紧张，"可是，如果由于不恰当地接受方言和外语的影响，使汉语的表达能力受到损害，语文工作者就有责任去管。"

方言学者詹伯慧曾经为香港《文汇报》做过语文素养的专题讲座，对如何把握白话文中夹杂文言和方言等成分的现象提出一些指导性意见。总体上，应当坚持以白话文为主体的原则，对文言和方言不一概否定。

"问题在于，我们的记者、编辑，脑子里要对古今汉语的界限，对于哪些是纯正的现代汉语，是白话文，哪些是文、白夹杂，不文不白的文体等有明确的认识，有足够的判断力。有了判断力，甚么时间，甚么场合该用甚么样的语言文字形式来报道、来描述，也就心中有数了……其中偶尔夹有一点文言词语，当然也没有甚么不可，怕的是夹杂进来以后变得不伦不类拗口难懂，显得矫揉做作甚至出现辞不达意的现象，那就不妙了。"

如何对待方言词语呢？詹伯慧认为，像香港《文汇报》这种在粤语地区出版的报纸，从地方性、通俗性的角度出发，适当使用一些是无可非议的。但是，"不能不注意分寸，注意场合。如果滥用方言词语，可能还会影响语言表达的效果。比如说在一些比较庄重的报道文字中，随便用上诸如'搞掂''输晒'之类的粤语语词，就不大合适了。在地方新闻版和一些娱乐性、趣味性的副刊稿件中,用点儿方言词是完全可以的……报纸的报道文字有庄重的一面,也有轻松的一面,亦庄亦谐,关键在于善于在不同的内容、不同的版面中运用得当。我想,总不能因为要迎合读者的趣味而把一些严肃的报道也'趣味化'"①。

在方言滥用方面,新闻界有过失败的尝试或教训。20 世纪初期,多地电视台和报纸开辟方言新闻栏目。比如:

> 王某和周某来到朋友程先生租住的房里,说家里来了客人,借着住一晚夕。然后乘机给程先生喝了　杯放有安眠药的茶,把程先生做着睡熟了,就把程家彩电手机以及其他价值 7000 大的物品全部卷着走了。

> 9 月 17 日 9 点多,程先生向记者反映头一晚夕,那租住的房里来了两个朋友王某和周某。那们拿来了一包茶叶,说让程先生尝一下好茶叶呢。程先生喝了那们泡下的茶后,感到乏得很,一寐会儿就睡着了。

这则新闻的文字,让人一头雾水。它出自 2002 年 9 月 22 日兰州的《科技鑫报》方言专版"兰州话说新闻"。这种现象在当时不是孤例,"《华西都市报》的四川方言的运用以及《楚天都市报》中湖北方言的运用等,在媒体上使用方言比较多的地方还有广州,拿出一份当地的报纸,很容易找到新闻语言中使用方言的例子"②。这就不光涉及词语准确性的问题,还严重违背媒体应使用规范汉字的法律规定。这种现象,主观上不应视为敢于开拓创新的做法而加以肯定,客观上也无法适应当前网络传播

---

① 詹伯慧:《谈谈新闻从业人员的语文修养——在香港文汇报的讲话》,《暨南学报(哲学社会科学)》1988 年第 2 期,第 82 页。

② 程粉艳、郭怀亮:《都市报方言专版的语言现象分析》,《新闻界》2003 年第 2 期,第 57 页。

的需要,昙花一现是必然宿命。另外,我们还要考虑到,真正有价值的新闻是超时空的。国外读者也好,未来的人们查找今天的新闻资料也好,所谓的方言新闻都会让他们面临无谓的阅读困境。

1958 年,老舍批评洋八股,其中第八股就是好用不必要的土话。他说:"真有表现力的土话可以用,而且慢慢地可以提升到普通话里去。可是,不加选择,偏爱土话,就不利于普通话的推广。我们是语言运用者,我们有责任尽力于普通话的发展与推行。"①老舍对土话作出了必要和不必要的界定。必要的标准有两条:一是"真有表现力",二是"可以提升到普通话里"。20 世纪初,新闻媒体的方言新闻栏目之所以失败就在于,一方面对外埠读者来说不但没有表现力反而是莫名其妙,另一方面这些古怪的词汇无法和规范汉语言体系兼容。

目前,汉语言学研究中出现了一种"大汉字"观的新观点,认为要在通用汉字的基础上,建立包含必要的方言字和域外汉字等文字形式的汉语书写系统。但是,在这种规范化建立之前,媒体应当遵循《国家通用语言文字法》的规定。

1.坚持规范汉字的主体地位

文言文、方言、土语其实都在中国传统语言文字的范畴之内,文言文和白话文之间是文体区别,方言土语和普通话之间是语体区别。只要使用规范简化汉字,原则上并没有说不许使用文言或方言。但是,从普通话规范以及推广的精神来说,言文一致的现代白话文是媒体的工作语言。

在语言文字的发展史上,起初语言和文字本来就存在言文不一致的问题,方言就更是如此。普通话和规范汉字基本实现了言文一致的目标,但对方俗字的规范还存在缺失,媒体最好使用规范汉字中的同义词来代替。在没有把握的情况下,采编人员一定要多请教,弄清楚,更不能臆测

---

① 《打倒洋八股——舒舍予代表的发言》,《人民日报》1958 年 2 月 11 日第 5 版。

生造，这是可以也应当做到的。

2.适当提高外语修养

涉及民族地区有关地名、人名、物名，写文章时切忌根据音译望文生义乱加演绎，这既是新闻准确性的要求，也能防止先入为主以讹传讹的尴尬。对中外互译等专业性较强的语言文字，如果没有这样的能力或底气，要么就回避或模糊处理，要么就虚心请教弄懂弄准确。

有大学外语教师感慨，连央视都经常出现英语错误，其他媒体更是可想而知。因此，高校新闻教育机构除了要加强普修的大学外语课程学习之外，还要设置专门的新闻专业外语课；同时，新闻事业机构要定期开展外语培训，并将外语水平与推优评先结合起来等。① 不过，纵观全球，除了欧洲地区部分居民通晓多种语言之外，要培养具备多语言能力的新闻人才是非常困难的。只能说，新闻采编团队应适当提高外语修养，更重要的还是要有核实意识并借助外力实现把关目的。

值得反思的是，一方面，张家界跟风《阿凡达》电影炒作要把乾坤柱改叫哈利路亚山，联想电脑的标识不论在国内国外都用"Lenovo"也不标注中文；另一方面，像麦当劳、肯德基、必胜客、微软等这样的国外大品牌公司在进入中国以后，都会起一个比较响亮的符合中国百姓口味的中文名来推广自己。为什么我们面向国民的消费文化反而舍弃母语？正如有的评论者指出的那样，最可怕的不是表面上的汉英混杂，而是大家慢慢地习惯这种表达方式，我们的整个思维模式都变成英语式的了。媒体理应对此保持警醒。

3.发挥采编团队互补作用

客观地说，采编人员未必都具备上述语言文字方面的素养。不过，新

① 王孝伟：《新闻人应提高外语素养》，《青年记者》2015 年第 14 期，第 83 页。

闻报道与一般文字作品最大的不同在于,它是集体生产的结果。

如果说记者个体难以成为面面俱到的语言高手,那么,新闻团队在采编校检诸多环节都要发挥各自的作用。一个良好的团队可以互补,个体复合素养汇聚成群体复合素养之后应当产生强大的扩大效应,消除多种语言的词语准确性问题,从而提高新闻语言的品质。

对媒体从业者来说,规范汉字是一条相对熟悉的文字轨道,即使出错也相对容易发现并及时纠正。可是,文言文、方言土语、非本民族语言和外国语言成为一条条生疏乃至完全陌生的岔道,这些岔道在白话文文本的主轨道上时时闪现,很容易面临错误的判断而出现越轨的风险。

顺便说一句,本书讨论至此,已在不同章节零散涉及新闻媒体不同时期存在的方言潮流、外来词风气和网络语言流行现象,限于篇幅未能逐一做出更深入的专题分析。然而,回顾上述现象未免令人感慨,新闻媒体竟如此轻易地将语言规范的任务放在一边,成为随波逐流的浪子! 醒醒吧,媒体从业者们! 媒体理应以主流引领支流,吸纳亚文化而不是加入亚文化!

上编(第二卷)
词语政治

第五章　词语的价值倾向

　　若干年前,笔者对新闻报道的词语合法性开始产生怀疑。起因是,"强拆"在21世纪初的头10年是媒体的高频词,然而,这个词包含合法和不合法两种情形,把强行拆除和强制拆除两个性质截然不同的词混淆了。

　　强行拆除是未经权利人同意而强行拆除的非法行为,而强制拆除是经过法定程序依法拆除的合法行为。强制拆除的对象可能是非法建筑,也可能是合法建筑(比如拒不执行因公共利益需要而应当拆除的决定);实施拆除行为的主体可能是所有人自己,也可能是执行主体。至于暴力行为,在强行拆除和强制拆除两种性质的行为中都可能出现。如果笼统说强拆,读者一看到这个词就产生厌恶公权力的条件反射,无心或不懂如何区分拆除行为的性质。

　　2023年2月,一名山东籍女足球员称家中遭强拆,官方通报称拆除的是676平方米违法建筑,媒体当初　片哗然在真相来了之后却沉默。20多年,还不够新闻界学会"强拆"这个词的复杂性?

　　如果一个词语包含自己反对自己的情况就不科学,它容易引起表达和理解的混乱。于是,笔者开始强烈地意识到,记者用的每个词都应当具备合法性。"你可以保持沉默,但你所说的每一句话,都将成为呈堂证供。"这话对记者也适用。应当牢记,我们所写下的每一句话,都将成为提供给读者的呈堂证供。每个词,尤其是关键词,都应具备严谨的合法性。

法国著名学者布迪厄指出,为了耸人听闻记者有意夸大其重要性、严重性以及戏剧性、悲剧性方面的特征。法国郊区总是和"骚乱"这样的大词联系在一起,如果用普通的词就无法吸引资产阶级和平民阶层的注意。"命名就是展示,就是创造,就是赋予存在。"布迪厄说他有时忍不住想审视电视主播所使用的每一个词,"原因在于,这些词创造了一些东西,制造了幻觉、担忧、恐惧或者仅仅是一些错误的描述"[①]。

肃宁枪击案白岩松措辞之争

2015 年 6 月 9 日凌晨,河北省沧州市肃宁县发生特大枪击案,造成群众 2 死 3 伤,公安干警 2 人牺牲、2 人受伤。当晚,在央视新闻频道《新闻 1+1》节目中,白岩松称公安干警"死亡"而不是"牺牲";同时,对于杀死 4 人、杀伤 5 人的犯罪嫌疑人,白岩松却说"是什么原因让这个 50 多岁的老汉端起了枪",而没有使用"犯罪嫌疑人"乃至"凶手"这一称谓。

白岩松的言说方式引起了轩然大波,无数网民谴责他措辞不当。2015 年 6 月 17 日,白岩松在中国传媒大学出席活动时回答学生的质疑称,"当所有事实未清楚的时候,必须首先采用中立的词汇,这是新闻的准则"。

死亡的词库里面有诸多同义词或近义词,但其涵义不尽相同。孤立地看,"死亡"是一个中性词,说民警死亡似乎谈不上错。死亡是一个生物学词汇,是生命终结的冷静陈述。问题在于,这些遇难者是被杀死的,是因公殉职。"杀死"一词能揭示事件性质,"殉职"表达职务行为而不涉及

---

① [法]皮埃尔·布尔迪厄:《关于电视》,许钧译,北京大学出版社,2020,第 21—22 页。

道德评价,它们都是客观的中性词汇。在这种情况下,"死亡"这个看似冷静的措辞就显得冷酷。

桑塔格在《疾病的隐喻》中写道:"每个降临世间的人都拥有双重公民身份,其一属于健康王国,另一则属于疾病王国。"每个人在不同场合有不同角色。一个50多岁的老汉,陈述的是年龄和性别的生物属性,但是,作为生物属性的那个人并不是我们在此讨论的对象。他之所以被关注缘于一个非正常新闻,我们必须把这个老汉置于枪击事件本身来评价,这就发现了他的另外两重身份角色,也就是法律意义上的犯罪嫌疑人和道德意义上的凶手而且是穷凶极恶地残杀无辜村民的凶手。

面对未经司法判决有罪的嫌疑人,不使用"凶手"一词确实符合谨慎作风,可是"犯罪嫌疑人"也是中性词。"牺牲"则带着神圣色彩,观众及网民之所以反问白岩松为何不用牺牲一词,是因殉职民警为保护他人安全的公共利益而死。可见,白岩松在措辞上并不是没有别的选择,他的所谓中立原则是不对等的。有学者指出,描述性指称语指带限定修饰性成分的名词短语。在很多情况下,说话者对指称对象熟悉并知晓其名,却故意不用名称来指称。描述性指称语是因为短语中的描述性成分起到了主观评价的作用。比如,"值此路遥60岁生日之际,我们以路遥的一段话和一篇长文,表达我们对这位忠诚于文学创作的作家的怀念"。"这位忠诚于文学创作的作家的"就是描述性指称语。①

肃宁枪击案是一个事件,但事件不等于事实,事实还包括人与人之间的联系、人的价值观等因素。如果价值观缺席,新闻的事实报道并未完成。这才是关于新闻的真相,而不是假设事实会在中立陈述之下自动构建真相。事实的完成,就是采编人员在措辞中一步步完成的。这种措辞的过程,就是巴赫金语言哲学中显义和隐义的微妙结合过程,也是读者/

---

① 　熊岭:《指称性词语的情感语用价值》,《语文建设》2012年第12期,第50页。

观众参与建构的共同阐释过程。巴赫金认为，以往的研究语境都侧重于说话者语境，却忽略了受话者语境。"巴赫金强调他者对自我的重要性，认为只有通过他者，人才能构成自我意识，并且在构成自我意识的过程中，最重要的行为是要确定他者的意识。人类始终都处于一个与他人共建的社会环境当中。"①

那么，"行业的准则"是否真的如白岩松所说的那样呢？答案是否定的。肃宁枪击案并不符合"当所有事实未清楚的时候"的情形，第一时间的报道就已经披露两个至关重要的信息，一方面歹徒有精神病史，另一方面殉职警察是为了保护村民安全而被枪手伏击。也就是说，案件本身并不存在扑朔迷离的想象空间，对显而易见的罪恶保持"中立"，事实上已违背新闻伦理。

美国左翼政治学者乔姆斯基、迈克尔·帕伦蒂等都曾经批判，美国媒体在对海外报道时如何掩饰缘于美国罪恶的"死亡"事件。《纽约时报》在事隔很久之后才报道说，智利总统阿连德已在蒙尼达宫"死去"，而实际上他是在那里被军方杀害的。《纽约时报》把1973年智利政变（受害者高达数万人）变作一般事件，它不但使用了许多降调的词语，比如"军队取得政权"，而且告诉我们"引起军方干预的社会混乱"是由共产主义分子造成的（《纽约时报》1984年8月12日）。当莫拉桑省农村的男人、女人和儿童遭到萨尔瓦多军队的屠杀时，《纽约时报》只是说"据报，在一次军事行动中，埃尔莫佐特村有大约500人死亡"（《纽约时报》1984年8月26日）。

"许多人都以为新闻媒介最喜欢报道危机和轰动性消息，但它们的任务却经常是与之相反的，致力于掩饰现实，将公众的不满和社会不公搞得模糊不清。由于新闻媒介调低了现实的基调，那些过于激烈反对社会不

---

① 杨小龙：《显义的主体间性》，《西安建筑科技大学学报：社会科学版》2010年第1期，第76页。

公和阶级不公的人的声音听起来就会显得相当刺耳。记者和编辑搞中和并不是将自己变成中立的观察家,而是更喜欢在处理难题时进行降温,使罪行带上不应有的无辜色彩。这样做的一个方法是:使用委婉的说法和被动语气将真实情况掩盖起来。"①

除了掩饰现实之外,辅助性点缀也是美国媒体在措辞上混淆是非的一大秘密。"报纸杂志最常用的武器自然是标题。标题不仅可以误导那些只浏览报页而不打算阅读内容的人,而且对于那些准备阅读文章内容的人也能为之确定起一个总的倾向和思想成见以影响其阅读态度。"比如,一个人在读到《华盛顿邮报》头版文章的标题《美国寻求尼加拉瓜问题解决方案》时必须格外小心,美国寻求的解决方案并不是和平,而是继续向反对派提供军事援助和不顾国会反对扩大对尼加拉瓜的经济制裁。②

美国的新闻媒体非常善于在措辞中植入价值倾向或立场。约翰·赫尔顿指出,稿件编辑人员握有"把门人"的权力,相关修改工作面临严重的道德品质的考验,尤其是为文章撰写标题。试设想,是说被告"顽固地坚持自己无罪",还是说他"坚定地认为自己无罪",效果大不一样,可以微妙地但严重地影响读者对被告的看法。"州长焦虑地赶到受伤的民权领袖床边"的说法,表明他富于同情心,关心人,改为"州长悄悄地出现在医院",就会让人觉得他是在企图捞取政治资本。③

上述事例说明,措辞确实反映使用者在措辞过程中的价值倾向。这种倾向在诸多同义词中做出精心抉择的时候就已经完成,它可能隐藏在

---

① ［美］迈克尔·帕伦蒂:《美国的新闻自由》,韩建中、刘先琴译,河南人民出版社,1992,第285页。
② ［美］迈克尔·帕伦蒂:《美国的新闻自由》,韩建中、刘先琴译,河南人民出版社,1992,第287页。
③ ［美］约翰·赫尔顿:《美国新闻道德问题种种》,刘有源译,中国新闻出版社,1988,第131页。

对新闻事件当事人的形象修饰或道德暗示，也可能体现在以自我为中心的预设立场，甚至在试图彰显某种价值倾向时恰恰彰显言说者自身的错误价值观念。其微妙之处在于，词语的倾向性并不一定体现传统的褒贬色彩，即使它们本身看似中性客观，也可能被使用者在具体语境中重新赋予其迥然不同的意义或新的解读方式。

有必要说明的是，这种价值倾向未必由写作者或言说者直接表达，但词语的暗示已完成有效的信息解读，这就是传与受的互动表现。庄子说："荃者所以在鱼，得鱼而忘荃；蹄者所以在兔，得兔而忘蹄；言者所以在意，得意而忘言。吾安得夫忘言之人而与之言哉！"冯友兰先生解释说："语言的作用不在于它的固定含义，而在于它的暗示，引发人去领悟道。一旦语言已经完成它的暗示的作用，就应把它忘掉，为什么还要让自己被并非必要的语言所拖累呢？诗的文字和音韵是如此，绘画的线条和颜色也是如此。"①

那些我们习以为常的错误表达

在日常生活中，人们很多脱口而出的习惯表达往往是错误的，折射出潜意识中的认识盲区或者误区，而言说者往往并不自知。这种表达习惯也很容易自然地带入包括新闻报道的文字写作之中。这也再次说明，写作在遣词造句上要进入自觉状态是非常难的，只有时刻提醒自己为什么这样措辞才能摆脱自发状态。

新闻札记：坑夫说法是大男子主义作祟（2019 年 8 月 3 日）

重庆保时捷女车主李某违章妨碍别人反而掌掴后者，牵出丈夫为派出所所长而被举国讨伐的舆论风波。《人民日报》微博 8 月 2 日 8 点 58

---

① 冯友兰：《中国哲学简史》，赵复三译，三联书店，2009，第 14 页。

分发布评论称，让一记耳光背后的"猫腻"，见见阳光：一记耳光，打出了霸蛮和颟顸，也打出了"实力坑夫"的节奏。

"坑夫"之说，随后在更多媒体中扩散。《每日经济新闻》微信公众号8月3日的标题为《"严书记"被判十年，网友：童所长在瑟瑟发抖！保时捷女司机"实力坑夫"，她究竟什么背景》，《齐鲁晚报》的标题则称《严夫人之后　又来个"坑夫"的"童太太"？》，大白新闻微信公众号（由新闻期刊《法律与生活》出品）的标题是《严书记被判刑童所长被调查　官太太为何频坑夫？》。

李某咎由自取，但"坑夫"说法难以苟同。

首先，新闻只讲事实，法律事实和新闻事实是两个不同的层次，必须谨慎辨析。李某丈夫是否有违法违纪行为，有待调查，理论上不排除其丈夫是清白无辜的。舆论审判不可取，不能为了审判别人，就放弃自己的规则。

其次，从社会道德价值观念来说，"坑夫"的说法还是红颜祸水论的翻版，是传统大男子主义作祟的表现。把责任推卸给女人，向来是传统史家及文人为尊者讳的手法之一。这不奇怪，传统社会男人掌握话语权，向女人泼脏水就是默认的共识。

媒体应该怎么做？客观地说，妻子或丈夫骄横，身为官员的配偶，有家风不严的责任。家风建设的问题，媒体确实应该多关注，要从源头探究如何建设，而不是只知道幸灾乐祸地落井下石。

董明珠说，宁愿坐在宝马车里哭，不愿坐在自行车上笑，是错误的选择。女性能否成功不应该依靠外貌，而应该是内涵。现在社会上对女性的歧视，很大的原因在于女性对自己性别的歧视。只有自己强大，才是真正的强大。

类似表述还有，明明可以靠脸吃饭，非要自己创业。其潜意识就是，赞成金屋藏娇，赞成女性异化为金钱玩物。新中国巨大进步之一就是实现女性解放,而类似的流行语言却在思想层面缓慢瓦解解放成果。

这些年来,网络流行语言特别多而且频率非常高,在这些看似随意的跟风背后其实也折射了人们的潜意识。在这些语言背后,其中可能包含不满情绪等微妙意味,媒体在报道中需要谨慎识别。

新闻札记:不要兜售自由生活的焦虑(2021 年 1 月 30 日)

媒体经常会兜售毫无意义的焦虑感,比如,让我惊讶得下巴都快掉下来的"做饭自由"。文章痛陈加班,忙,没有时间做饭。

我是考研期间学会做饭的。那段时间,每天睡五六个小时,最高纪录是熬通宵看书第二天照样上班和读书也不补休。即便如此,为了保证营养,我还是开始学习烹饪。最近几年,我每年要写三四十万字,还坚持买菜做饭。

我常常批评年轻人,我要应付事务工作,他们专职写稿时间应该更多。结果呢,书没我读得多,文章没我写得多,连饭也没我做得多,不明白他们的时间去哪里了。

网络不断炮制车厘子不自由、香椿不自由、做饭不自由等各种话题,给人感觉生活品质太糟糕。这就无形中强化了都市群体的生活焦虑。

从哲学的角度来说,生活自由恰恰是人们最容易自主抉择的领域,如果为物所役那就不是追求生活的自由而是被生活所奴役。富如陶朱公也有焦虑,而颜回能安贫乐道,陶渊明采菊种豆悠然自得。

有人认为,一个微不足道的小事或玩笑话用不着认真。但社会的变化,总是从最微小的切入口开始,一点一滴,无形到难以觉察。狂风暴雨的顷刻表现,是无数水蒸气缓慢积累的长期结果。每个流行话语貌似娱乐,其实是某种社会心理的折射。媒体承担着公共教育的职能,但媒体和媒体人往往不假思索发布这些流行语言。

2020 年 10 月 6 日,人民网报道《从"好就业"到"就好业"我国多措并举筑牢民生之基》称,为力促高质量"就好业","十三五"期间中国通过一些措施帮助更多人找到心仪的工作。巧的是,此前我值夜班时也碰到同样主题的稿件。我提出修改意见,因为"就好业"的说法含糊不清,容易提高民众胃口;而且,中央要求的是稳就业、保就业,并没有说就好业。好,在中文语境里意思复杂多样。好就业,说的是容易就业;就好业,应当说的是就业完毕,因为"好"有完毕的意思。然而,如果有人理解为找到好工作,那就产生歧义。即使在一个充分就业的社会当中,也只有少数人算是"好工作"的幸运儿。如果人人都只想"就好业",就会导致社会价值观念的庸俗化,不利于树立健康的劳动观念。从最糟糕的结果来说,那社会肯定会因为没人干脏累苦活而崩溃。从传播效果来说,可能会给基层负责就业帮扶的单位带来困扰。就业帮扶的对象本来就能力偏弱,如果盲目提倡"就好业",帮扶对象要求提供条件更好的工作,那就产生传播负效应。

在各种专业性竞赛的报道中,关于胜负荣辱的词汇频繁出现,如果不注意就会出现价值导向的偏差。比如,2008 年,中国男子体操队夺得北京奥运会体操团体冠军,有媒体标题称《体操中国男团一雪雅典之耻八年后重夺金牌》。然而,"雪耻"一说折射出报道者的观念偏差。"运动员只要尽力了,失败并不可耻。'雪耻'之说,实际在给运动员施加'只能胜、不许败、败即耻辱'的压力。这违背奥运精神,也不符合'胜败乃兵家常事'的客观规律。"[①]对比尤其鲜明的是,2022 年 2 月,女足获得亚洲冠军国人为之狂喜,男足因一败涂地而持续几个月遭受谴责和谩骂。实际上,这是典型的"成王败寇"的传统评价模式,与体育精神是背道而驰的。在那些习惯性的词汇背后,体现公众及媒体潜意识背后的惯性思维和价值观念。

---

① 　王卫明:《奥运新闻应慎言"雪耻"》,《中国记者》2008 年第 9 期,第 94 页。

词语的导向功能

词语具有导向功能是不言而喻的，一般来说，普通人会通过词语的褒贬色彩确定其背后的价值导向。然而，除了褒贬色彩之外，看似中立的词语自身也往往包含着潜在的导向功能。人们可以通过对词语的精心抉择，巧妙地传递一些可以意会的微妙立场，也就是外交辞令的技巧。

强烈的褒贬色彩，在主张爱憎分明的时候尤其是战争宣传或外交抗议等场合，确实是凸显传播效果的有效手段。不过，如何在具体事件中有分寸地运用好，媒体依然需要加以细致甄别和谨慎使用。

在这方面，我们应当向周恩来总理学习，他不仅是政治上的伟人，还是运用词语的大师。1952 年 5 月 18 日，周恩来指示，今后不论写新闻还是评论都要尽量避免"匪徒""血腥事件""滔天罪行"等刺激性的语句，尽量用事实去说服人，阐述我方意见，揭露对方伎俩，以理取胜。火气太大，外国报纸和读者很难接受。再如，有一段时期，中国外事报道常用我国领导人"接见"某外宾的说法。1970 年 6 月，周恩来总理会见阮氏萍，报道原文也是写的"接见"。周总理说"接见"这个词太封建，最终改用"会见"。这些意见，反映了价值观念的变化，不搞舆论审判，注重平等意识。

除了政治事件之外，媒体在报道生活中的普通小事时，稍不注意也会在措辞中折射不当的价值观念。比如，把物体人格化处理就是一种可能引起争议的方式。

新闻札记：认狗为父，媒体导向有问题（2019 年 10 月 26 日）

云南某报官方微博今天上午发布一则消息称：

【暖心！爱心人士在小区给先犬搭建灵堂】10 月 24 日，昆明某小区爱心人士将先犬埋葬在小区绿化带，不仅立起墓碑披麻戴孝，还搭了个灵堂建起贞节牌坊，不少居民被这种爱心打动，称赞真的是把狗狗当成了家人。也有不少人认为此举侵占公共空间而且让人害怕。不妥！

对比网络最早出现的博文，没有"先犬"的说法，也没有"贞节牌坊"的说法；而且，原博倾向于批评而不是所谓被爱心打动。

从新闻职业道德来说，媒体不能歪曲原意更不能捏造不存在的说法。生造"先犬"这样的词语，认狗为父，从导向来说严重不妥。贞节牌坊这样的词汇，也和妇女解放的道德观念背道而驰。

客观地说，饲养宠物的群体已形成一股庞大的力量。尽管主要责任在于管理部门缺位或失职，但是，媒体在这股力量的裹挟下丧失中立立场也丧失引导能力。令人哭笑不得的是，有时候"认狗为父"，有时候又"认狗为子"。

上游新闻：当时你家"孩子"被打了多长时间？

王先生：我爸说，"孩子"被打差不多持续有半个多小时，用雨伞、扳手、木棍殴打。我爸就一直跟对方说，你消气消气，不要再打了，有什么事情好好说。

……

上游新闻：现在金毛犬的后事料理好了吗？

王先生：对。我希望我们家"孩子"的离开不是单纯的一个离开，我希望所有的家长做好自己，只有越来越多的人把这件事情做好了，我们才能被包容被理解。（《对话金毛犬主人：金毛咬死贵宾被打死后 我们没提一分钱赔偿》，上游新闻 2019 年 7 月 2 日）

试想，如果读者只看前面对话，能知道被打的是孩子还是狗吗？在这篇报道中，称呼金毛犬为"孩子"的频次为 23 次，22 次出自狗主人，但记者提问中也出现了 1 次（似乎是共情效应或者记者想拉近与采访对象的心理距离）。问题在于，这种"孩子""后事"等人格化措辞不仅暴露了新闻立场的报道倾向，而且对受众的人狗关系也产生了观念诱导。从读者的角度来说,无论支持当事人双方中的哪一方,也无论对宠物喜好还是厌恶,都被迫跟着认狗为子。正确的做法,除少数有必要的直接引语外,应当采用陈述句式把狗主人口中的"孩子"重新置换为金毛犬。不同的指称语是可以寄托不同感情的,"如果是熟悉的甚至是寄托了特别情感的东西,说话者一般不用指示词来指称"。如,爱犬呼呼生病了,狗主人会说呼呼恐怕不行了,而邻居议论这狗恐怕不行了。①

有的词语本身有价值认定的隐含意思。正如前文所述,同样都是死亡,悲壮殉职、光荣牺牲、一命呜呼等词语的死亡情境和褒贬色彩完全不同。再如,湖南女法官被刺死一案,当地通报错用"报复"一词。

新闻札记:湖南女法官被刺能叫报复吗(2021 年 1 月 12 日)

湖南省长沙市公安局天心分局官方微博发布通报,湖南省高级人民法院法官周春梅拒绝为同乡诉讼案打招呼,犯罪嫌疑人因被拒而心生怨恨、行凶报复。

何为报复?双方地位对等的情况下,报复是因为对方有过在先;双方地位不对等的情况下,要么是下级因为上司奖惩不当而报复,要么是上司因为下级举报或顶撞等行为而报复。

对相对弱势的一方来说,报复在很大程度上具备一定的正义性,在满足一定的法律条件下可能构成完全合法的自力救济行为。相反,如果报复不当,那就会有限制性的修饰语,比如手握权力的人"挟私报复"或"打击报复"等。

按理,公检法对法律术语应该非常精准,不应该出现这种既不准确又容易带来误解的词语。那么,媒体在报道时,也应该纠正这种错误表述。

在中外的文化语境中,报复一词总体上都被视为符合自然法正义的行为,至于报复行为的合理限度则取决于成文法。一个典型案例是,1935

---

① 熊岭:《指称性词语的情感语用价值》,《语文建设》2012 年第 12 期,第 49 页。

年施剑翘为父报仇刺死军阀孙传芳轰动一时，最终在各方声援之下被当成正义的复仇事件。培根《论报复》一文也包含了"为国家公益而进行的报复才是正义的"等复杂情形。问题在于，湖南女法官因拒绝干预司法而被害，媒体在报道时不应援引警方通报中的错误措辞。

如果一个词语代表的是主体地位，那就更容易直接彰显说话者的价值观念。2008 年北京奥运会，开幕式主题曲"我和你"体现的是中国人对世界联结的向往；而 2022 年北京冬奥会主题是"一起向未来"，则体现了中国新理念，即不分彼此的"人类命运共同体"。谁在说话，谁在倾听，或者谁在说话并倾听，是行文中必须弄清楚的重要问题。

接见还是会见，报复还是伤害，这类词语是意思非常稳定的传统词汇，关键在于我们使用时是否仔细加以区别。而新词语的隐含意思不那么容易引起关注，媒体天然具有追逐新事物的喜好，往往不加注意就盲目引用。比如说，"佛系""躺平""鸡娃"等词语，不仅仅是语言规范的问题，还明确向社会提出了价值挑战。

别小看一个只有两三个字的措辞，它背后的意思很不简单，折射了或正确或荒谬的观念。词与物的对应关系应该是严谨的，正如福柯所说，语言是至高无上的，因为词接受了"表象思想"的任务和力量。20 世纪 60年代，美国学者威廉·布赖特在《社会语言学》中最早提出语言和社会结构的"共变"理论，语言对社会有绝对的依附性，同时它也对社会的发展有应变性。"新词语是一定时期内社会政治、经济、文化、环境及人们心理活动的综合产物，它们之所以流行，就在于它们蕴含一定的社会意义，在于其与社会共存的作用。"[①]

因此，媒体工作者乃至文字工作者应当是嗅觉灵敏的词语侦探，对每

---

① 马启红：《"流行语"的发展演变与我国的改革开放》，《中共山西省委党校学报》2008年第 4 期，第 71 页。

个词什么气味什么情感什么立场都应该明察秋毫。写作必须达到自觉意识的状态,任何措辞都有信息含量,洞察其信息并正确运用是一种基本功。客观地说,新闻采编人员的驭词术还非常弱,要完成这项职业化的文字训练并不容易。当然,不能只善于文字而不善于把握新闻事件的整体真实,否则就是明察秋毫之末而不见舆薪。这是另一个话题。

透过获奖作品看措辞问题

通常来说,获奖的新闻作品代表了新闻界最高水平或者说较高水平,即使有缺点也是瑕不掩瑜。相应地,在经过采编人员认真雕琢的情况下,获奖作品仍然存在缺点,这一事实也就比较能代表新闻界的认识盲区。

有趣的是,严介生的《美中不足——评析 72 篇好新闻的疵点》较早系统地研究了这些问题。在这本书中,严介生也指出了一些表述中折射采编人员潜意识价值观误区的现象,笔者将散落全书中的例子整理如下。

例 1:奇迹在于:兴建这座楼房,从立项到设计,施工才用了 3 个月时间。其速度令人难以置信!(1991 年辽宁新闻奖)

3 个月的时间办了这么多事、办到这么个程度,确实是很快的。但是否称得上“奇迹”、速度快到“令人难以置信”呢?……误用或滥用“奇迹”“令人难以置信”之类的“高级”词汇,往往会适得其反,甚至让人觉得写稿者有些少见多怪、孤陋寡闻。即使真是一项“奇迹”,也尽量不要用记者的口吻说出来,最好引用权威人士的话来加以评论。①

例 2:昨天发生在北郊区招待所的一段佳话,公仆拒吃“大久保”

随行的秘书、新闻记者及有关人员被陆续叫出会议室,然后,从一旁

---

① 严介生编著《美中不足——评析 72 篇好新闻的疵点》,中国广播电视出版社,1993,第 5 页。

的大厅里每人领取了一袋鲜美诱人的"大久保"桃,每袋10公斤左右。果树丰收了,让大家品尝一点丰收果实,乃人之常情。主人的厚意,大家觉得合情合理。一会儿,约50袋鲜桃全部装上了汽车。(《现场短新闻——全国第二届评选获奖作品集》)

作者有些看法和评论不正确,宣传了与报道主旨相背离的观点。一方面,报道天津市领导"当即责成有关人员将桃全卸下"的举动;另一方面,又宣扬送的和收的双方都没有错,"乃人之常情""合情合理"。结尾处又摘引大家的议论称,"这点桃值不了几块钱,何必装上又卸下,弄得大家都很尴尬"①。

例3:赣榆具供电局正行风有狠着——"谁砸本局牌子,就砸谁的饭碗!"

赣榆县供电局发生的事情,说来你也许不相信,可件件是事实:副局长老汤到乡下检查工作,乡里3次派人请他赴宴,衣服都拽破了,仍然没去……(1990年江苏省《报纸优秀作品》)

拒绝吃请的新闻在报纸上常见,这里讲的赣榆县供电局副局长三次拒宴,不算闻所未闻。第二件,一个乡电管站站长违反不准用公款吃喝的规定被免职。第三件,一个村电工用"特殊电",核实后被罚款加除名。这类事情,新闻媒介常有报道。总之,这三件事并不让人惊讶,更到不了令人不敢相信或不愿相信的程度。导语一上来说的"你也许不相信",就让人觉得有些虚张声势了,有些故作惊人之语了。②

例4:"光棍堂"引来四只"金凤凰"

最近,在蓟县上仓公社后秦各庄大队,人们都传颂着一段"'光棍堂'

---

① 严介生编著《美中不足——评析72篇好新闻的疵点》,中国广播电视出版社,1993,第7—8页。

② 严介生编著《美中不足——评析72篇好新闻的疵点》,中国广播电视出版社,1993,第37—38页。

引来了四只'金凤凰'"的佳话。说的是地主家庭出身的社员马文志，过去曾被错划为地主成分，今年被落实政策，改为职员成分以后，他的四个打光棍的儿子先后找上对象。（1979年全国《好新闻》）

"金凤凰"指的是出类拔萃的人和事。消息里这四位女性，都称得起"金凤凰"吗？稿件中没有提供这方面的事实，只说其中三位是贫农的女儿。也许有同志会说，这不过是比喻。说的就是比喻不当。并不是所有年轻妇女都可用"金凤凰"来比喻的。新闻报道第一位要考虑的是准确性，用词造句都要恰到好处，经得起推敲，不能为了套用一个词或一句成语，而损害了准确性。那样就因词害义了。①

需要说明的是，上述例子没有全文且时间久远难以查找原文比较，不能保证严介生的上述点评与原文意思是否完全准确。不过，严介生担任过有关新闻奖的评委，点评应当是严谨而独到的。

用今天的眼光来看，上述例子还有一个共性，即措辞都有为报道对象贴金的嫌疑，这就是用词虚浮的原因所在。不过，这比一般的用词夸张问题更严重，已影响到价值观导向妥否的程度。比如，对女性称之为金凤凰不仅要考虑准确性，还要考虑是否存在反向歧视，不能把女性分成凤凰或麻雀之类的三六九等。对于例2大家起初收下桃子觉得合情合理的评论，如果是写实的话未尝不可，只是要用合理方式点破其性质是错误的。领导拒收桃子也可能是看不上，所以，为什么这样做在语义上是不连贯的。报道采用点破错误认识的方式，反而更合适，更有利于提高廉洁意识。同样，20世纪90年代电力行业是有名的"电老虎"，拒绝吃喝的小事不足以说明问题，要提供被报道单位总体廉洁情况作为更全面的真实依据。只有这样，才能真正把报道要传递的价值导向说清楚。

---

① 严介生编著《美中不足——评析72篇好新闻的疵点》，中国广播电视出版社，1993，第261—262页。

防止有害的修辞

岜莎苗寨是一个独特的地方,和其他苗族村落的区别非常大,吸引了世界各地的游客前来参观那些最古老的习俗。我对岜莎并不陌生,20多年前就去过那个独特的苗寨。不过,不久前当我看到资料中称岜莎苗民为"活着的兵马俑"时仍然吃了一惊。心生狐疑之下,我决定查找来龙去脉,于是有了下述发现。

新闻札记:岜莎苗民不是"活着的兵马俑"(2021 年 6 月 22 日)

贵州的岜沙苗人"枪不离身刀不离腰",有人说,专家称他们为"活着的兵马俑"。

究竟是什么样的专家呢? 查了一下,出处源于2013年重庆大学的两位教师。理由是:岜沙男子以"户棍"发髻和佩戴猎枪独具特色,闻名中外。"户棍"是至今所能见到的最古老的男性发式,以至于西方游客把岜沙男子称为"活着的兵马俑"。

这就让人哭笑不得。

首先,不能仅以发髻作为两者的衡量依据。况且,资料表明,兵马俑发髻粗略分为圆髻和扁髻两大类,但形状各异且非常丰富。有考古专家将其整理为14类,"户棍"这样的裸髻属于身份很低的群体。这就说明,就算退一步讲,两者发髻也没有可比性。

其次,大学教师不是以自己严谨的考证得出结论,而是引用所谓西方游客的说法作为结论,未免儿戏。大多数西方人,别说对中国男子古今发髻的区别分不清,就连东方几个大国之间的区别也分不清。

最重要的是,西方游客也好,学者也好,这种荒唐的比拟等同于诅咒。为什么这样说呢? 这和兵马俑背后的殉葬制度有关系。西方游客不懂,情有可原，错在学者不该乱引用。

兵马俑是活人殉葬制度的替代品。和活埋奴隶、家仆乃至妻妾相比，这当然是巨大的进步。但是，这种形式仍然在延续殉葬制度的合法性。因此，孔老夫子勃然大怒，诅咒"始作俑者其无后乎"！

换言之，说岜莎苗民是活着的兵马俑，不就是等于骂人家是活死人或者活着的殉葬品吗？这种说法，原意并非如此恶毒，但起码是相当无知。

所谓岜莎苗民是"活着的兵马俑"，既缺乏事实的准确性，也缺乏道德的准确性。别把无知当有趣。对新闻记者或者写作者而言，要辨别对方的说法究竟妥否，不是所有看起来好玩有趣的说法都能盲目引用。

西方游客将他们对中原文化遗产兵马俑的印象迁移到一个遥远的南方苗族部落，这种他者叙事的认识本身就未必准确，何况他者叙事又再次经历跨民族的文化挪用就更不靠谱。那么，学者不加分辨地认可这种他者叙事已经是犯了一重错误，如今在公共传播中干预岜莎苗民对自我形象的重新建构就是犯了另一重错误，而且后一错误远比前一错误严重。

从文本阅读来说，修辞性话语会增强文字色彩和语言感染力，然而，一切修辞性表达应当止步于危害客观事实之际。刘向在《说苑·善说》中指出"辞不可不修而说不可不善"，儒家更是强调"修其辞而立其诚"。在修辞艺术面前，是执迷于语言的蛊惑，还是清醒地坚持事实？毫无疑问，前者是广场演说家，后者是新闻记者。总之，修辞应为事实服务，强化事实，而不是夸大或偏离事实。

第六章　新闻舆论的词语政治

　　奥威尔说:"连法西斯主义是什么都不清楚,又如何能够反对法西斯主义呢?"①的确,有些措辞尤其术语往往有特定含义。报道者稍不留神,就会导致文章表达不准确,更严重的是错误传播不当的政治观念。

　　本书不是要讨论媒体内部审校中需要注意的政治词语,而是讨论庸常报道中鲜有人关注的词语政治。就新闻语言政治性色彩而言,西方公共话语存在所谓种族、性别、宗教三大政治正确,包括媒体、机构、个人都要很小心地避开政治不正确的可能性。显然,中国的舆论坏境在这方面显得更为宽容,但这不代表我们在公共表达时没有政治性的话语陷阱。

　　特别值得注意的是,有些概念(可能表面上是学术概念)被不少媒体使用甚至经常使用,而它们背后隐藏的政治叙事框架的诱导性人们却知之甚少。对政治经济概念尤其是西来的概念,我们需要特别留意,小心概念术语背后隐藏的思想文化观念。

　　习近平总书记在 2015 年全国党校工作会议上的讲话中指出:"国内外各种敌对势力,总是企图让我们党改旗易帜、改名换姓,其要害就是企

---

① ［英］乔治·奥威尔:《政治与英语》,郭妍俪译,江苏教育出版社,2006,第 27 页。

图让我们丢掉对马克思主义的信仰，丢掉对社会主义、共产主义的信念。而我们有些人甚至党内有的同志却没有看清这里面暗藏的玄机，认为西方'普世价值'经过了几百年，为什么不能认同？西方一些政治话语为什么不能借用？接受了我们也不会有什么大的损失，为什么非要拧着来？有的人奉西方理论、西方话语为金科玉律，不知不觉成了西方资本主义意识形态的吹鼓手。"①

两位名人的教训

"所有语言在使用中都具有潜在的政治性。语言能多方面、全方位地决定人们相对于彼此所处的立场，如果我们无视语言的这一功能，我们对语言的认识就是片面、歪曲的。"②

2014年6月18日，曾担任《新周刊》副主编的蒋方舟因《抵制一切抵制》一文引起巨大的喧哗，除了文章观点争议之外，更大程度上是蒋犯了一个严重的低级错误，将台湾"反服贸"事件称为"反服装贸易"（"服贸"全称为"海峡两岸服务贸易协议"）。正如网民所指出的那样，不能将蒋方舟这样的错误理解为错别字，写文章评价某件事件之前必须有基本的了解，甚至要为此查阅一定的资料。倘若事情名字都搞不清，想必连其中的内里也不会搞得清，就只能通过所谓作家的想象力拼凑文章。在知乎网站上，有691人赞同：媒体人文笔不是最重要，态度也不是最重要，最重要的是对自己的一字一句负责任。满篇概念性的错误本身就是问题。

2021年9月中旬，《环球时报》总编辑胡锡进也遭遇网民奚落。起因

---

① 习近平：《论党的宣传思想工作》，中央文献出版社，2020，第149页。
② ［英］约翰·约瑟夫：《语言与政治》，林元彪译，外语教学与研究出版社，2017，第21页。

为,他澄清自己既非左派也非右派,如果非要有个标签,应当属于"建制派"。然而,胡锡进自己也没搞清楚政治光谱的复杂性,自称"建制派"完全是误解了该词汇的内涵。依他的理解,建制派就是支持法律和体制性规则,坚决跟党中央走,维护政府主导的社会动员机制,反对极端,反对对主流价值观的解构。建制派的概念主要出现在美国和中国香港的政治话语中。有人指出,在西方国家政治中,"建制派"(establishment)这一词语常用来代指位于组织或社会权力中心的精英人士,与"圈外人"(outsider)相对应,"参与并影响政治决策、并通过公众难以监督的渠道进行政治博弈的个人、组织和利益集团"①。建制派概念的特征包括:商业精英以及法律精英等中间人事实上参与政治决策;政治决策不经过制度监督,在暗箱操作中产生;小圈子的决策比政府更加有效等。"建制派"概念的泛化与全球化时代愈演愈烈的经济不平等直接相关。显然,胡锡进给自己贴上这样的标签是错误的。

胡锡进在评论中多次把偶发的刑事案嫌疑人或道德败坏的医生称之为"独狼"。实际上,"独狼"指以"人肉炸弹"自杀方式实施恐怖袭击的单独个体,而恐怖袭击和报复社会性质的暴力事件最大不同就是前者有政治诉求。因此,把刑事案嫌疑人或失德人等同于"独狼",这是不合适的,不仅语义不准确而且有污名化嫌疑。作为传媒及文化精英,胡锡进和蒋方舟在政治概念/术语上因望文生义摔跟斗的教训说明,新闻报道对措辞不能不谨慎,不要轻易使用自己尚未正确理解其涵义的词汇。

1994年10月21日,范敬宜在值班笔记中谈道:

> 文学作品也要从政治上、政策上严格把关。在一篇《我以我血荐轩辕》的报告文学作品中出现了这样的语言:"把国有企业这个低能

---

① 金君达:《特朗普时代美国共和党"建制派"的行为模式分析》,《美国研究》2018年月第5期,第128页。

细胞变为高能细胞,创造最大的效益,就是企业报效祖国的最好方式。"(按:国有企业是我国经济的支柱,把它笼统地说成是低能细胞,是一个原则性错误。)"在党的富民政策鼓励下,社会上少数人发了财,面对他们,我们应该如何做出选择?"(按:把"社会上少数人发财"这样含有贬义的情况,归之于党的富民政策的鼓励,实在不妥。)①

大的政治问题好判断,相比之下,细节上的政治问题就没那么明显,而优秀的文字工作者或者读者(听众、观众),就恰恰要善于从庸常的不起眼的措辞中洞察政治的幽微之处。

特定词汇的陷阱

2019年8月末,笔者在值夜班时注意到一条通稿,某参观团访问黎平会议会址后称这是"一次坚定共同理想信念的朝圣之旅"。这一说法不妥。首先,中国共产党主张唯物主义,是无神论者,而朝圣之旅是宗教用词,在精神世界上存在冲突。其次,黎平会议在党内军内发挥了一定作用,但不具有全局性影响力,难以用神圣来定义其历史地位。经沟通,原文改成"红色之旅"。类似地,有张图片命名为《一束神光》,说的是旅游景点格凸河穿洞迷人的光线。问题在于,何为"神光"?神奇的光?神性的光?神圣的光?从本意来说,这里是指神奇的光,既然如此就可以修改成"一束奇光",以免引起误解。

对于红色文化,应当以权威党史结论为依据。这不仅是尊重历史事实的要求,还会涉及当事人的历史评价,不能不慎。1936年春,中国工农红军第二、第六军团转战黔西北,在毕节建立中华苏维埃人民共和国川滇黔省革命委员会。某日,笔者在值班期间看到一条报道称之为"三省红

---

① 范敬宜:《总编辑手记》,清华大学出版社,2010,第8页。

都"，当地媒体过去的报道中也出现过这样的称呼。众所周知，江西的瑞金才是"红色故都"，更何况省级组织所在地也不能称之为"都"。

除了红色文化之外，大众媒体最常见的滥用而又错用的词汇当属"原住民"等。如关于马可在贵阳举办"寻根溯源"展演的一则报道称，"并非常见的 T 台走秀，而是结合了贵州几百年流传下来的民歌、舞蹈、乐器等元素创作而成，并由贵州本地的各民族原住民参与演出"（环球网 2016 年 9 月 29 日）。

在我国，对应于西方"原住民"一词的，是体现中性色彩的"少数民族"。"少数民族"强调的是"少数"，即该民族在整个国家中人口比例相对较少，它的相对概念是"主体民族"。这一对概念并不强调谁前谁后、谁强谁弱，也不强调文化状况和发展程度，它们表述的是客观的人口状况，具有明显的现实主义取向。

又如，新闻专业性（新闻专业精神）和新闻专业主义不是一回事，新闻专业主义其实是西方媒体资本为了逃避政府干预而炮制的去政治化概念。毫无疑问，党媒作为党的喉舌必须讲政治，然而，有的党报负责人还错误声称"新闻专业主义是党报核心竞争要素"就未免令人哭笑不得。

另外，报道不同政治立场人物的死讯，措辞用"去世"还是"死亡"抑或其他词汇，是需要仔细斟酌的。2023 年 4 月 18 日，菲律宾前外长德尔罗萨里奥死亡，国内相当部分媒体称其"享年 83 岁"。"享年"是敬辞，而德尔罗萨里奥是对华极不友好的亲美政客，如此措辞就不合适。在类似事件中，看似客观的词语会产生情感导向并透露政治立场。"思想感情是用语言来表达的。而人的思想感情又是很复杂的，必须用很精确的语言才能准确地表达出来。往往看来意义很相近的词、字，却包含着截然不同的甚至相反的感情色彩。1971 年 9 月 14 日《人民日报》在报道赫鲁晓夫死的消息时，标题是：'赫鲁晓夫死了'。同是这条消息，如果用'赫鲁晓夫病死'为标题，就多少带有点'同情'之感；如果标为'赫鲁晓夫逝世'，则又表现为悼念的态度了;如果标上'赫鲁晓夫一命呜呼',则显得比较尖锐,充满着仇者快的感情。但是他的死多少带有某种'严肃'的色彩,因此,用'死了'这两个字是再恰当不过了。"①

2023年4月6日,美国"政客"新闻网刊登对民主党籍加利福尼亚州前州长杰瑞·布朗的专访《杰瑞·布朗很生气:为何美国要跟中国搞冷战?》。"政客"新闻网形容,现年85岁高龄的布朗是"美国最后一个真正的鸽派"。"最后一个鸽派"的说法,是对布朗的孤立策略,显然对营造对华友好氛围是不利的措辞。然而,有的国内媒体转载时反而将这一措辞在大标题中加以突出,这就是缺乏词语政治敏感意识的表现。美国著名新闻学者塔克曼指出,新闻中提到经济体系中的公司部门时会说"大企业"(big business)而不是"公司资本主义"或者"垄断资本主义",其意图在于强化公司权力。"作为一个隐喻,'大企业'唤起的是早期充满竞争的市场形象,而不是当代的经济状况。诸如此类的语言实践阻碍了对社会议题的分析式理解。跟与它们紧密关联的事实性网络一样,这类实践也限制了对各类现象之间关系的分析,由此在无意中创造并掌控争议。"②

不言自明的是,境外媒体(哪怕是友好国家的媒体)有其自身政治立场,它的报道已经在词语选择中悄然植入自己的政治倾向。正如塔克曼所言,这种语言实践的目的是媒体帮助所在国家的统治者掩盖词语背后的事实性网络,达到"创造并掌控争议"的目的。如果我们不加以分辨而将境外媒体报道原封不动地迁移过来,那么,在词语迁移的过程中就已经帮助对方完成了政治倾向或立场的迁移,也就是等于放弃了自己的价值

① 韦振前:《新闻标题的感情色彩》,《广西大学学报(哲学社会科学版)》,1982年第1期,第81页。

② [美]盖伊·塔克曼:《做新闻:现实的社会建构作者》,李红涛译,中国人民大学出版社,2021,第181页。

判断和政治立场。是人之所是,非人之所非,等于丧失自己的新闻舆论安
全意识。

陷阱概念的陷阱

随着时间的推移,笔者对新闻的措辞不是越来越驾轻就熟,充满安全
感。相反,笔者总是对词语是否存在不确定性而犹疑不定。尤其是最近
几年来,随着中美或中西政治博弈越来越频繁,舆论场也愈加复杂,各种
眼花缭乱的概念令人疑窦丛生。

但是,大众媒体不加分辨地使用西方炮制的概念,不免令人心惊肉
跳,其中各种所谓的"陷阱"概念或理论就是典型例子。每隔一段时间,总
会在不同领域冒出不同的说法,经济领域的"中等收入陷阱"和"低生育率
陷阱",政府公共治理的"卢梭陷阱"或"塔西佗陷阱",国际关系方面的"修
昔底德陷阱"及"金德尔伯格陷阱"等。

笔者第一次参与这种舆论交锋的亲身体验是在 2017 年末。2017 年
11 月,北京红黄蓝幼儿园虐童事件引起网络热议,包括传统媒体在内的
舆论场再次宣称政府面临"塔西佗陷阱"。一家上市的民营教育集团在管
理上的丑闻,竟然能威胁政府公信力? 笔者就此写了一篇评论表示,不要
滥用陷阱概念吓唬人,遗憾的是,报社没有刊发。两周后,《人民日报》专
门组织学者发了一组文章批判"塔西佗陷阱"概念。

2018 年 7 月,人民网理论频道再度刊发一篇精彩的文章《警惕"陷
阱"理论背后的陷阱》。作者冯峰指出,要辨别话语伪概念,警惕"陷阱"理
论包装背后的政策陷阱。我们不该也不能乱用、滥用各种"陷阱"理论,更
不能主动对号入座,把某些西方概念与理论当成中国的现实,成为"自我实
现的预言",从而落入西方学者为我们设定的理论陷阱和话语陷阱之中。

有国际关系研究学者指出,各种"陷阱"论多与"中国问题"有关,有的

甚至是专门为中国量身定制的，如果不加鉴别、盲目引用，有可能正中谣言制造者的圈套，破坏改革和开放两个大局。"各种'陷阱'论的高深莫测之处在于，它们往往都披着一副理论的面纱。正确应对各种'陷阱'论首先需要把这些面纱揭开了解其真实面目。如果其背后的政治动机是单纯的，那么'陷阱'和困境无异。比如'中等收入陷阱'被理解为'中等收入困境'可能更接近语出者的本意。如果它是被别有用心者刻意包装后抛到国际舆论场上的，那么明显就是误导他人的圈套。当'陷阱'由困境变成圈套，便丧失了它的政治价值，困境可以突破，圈套则需识破。"①

其实，国内早已有人指出对西方学术概念要保持警惕，不能不顾社会制度和本国实际搞所谓的"拿来主义"，不要自我解除思想武装。"对于一些集中反映和支撑着西方资本主义社会制度和政治制度的核心学术概念，就要格外慎重，千万不要误入人家的逻辑陷阱。"譬如，有人大谈所谓"执政的合法性"其实是西方政党学说的一个核心概念，背后有一系列复杂而敏感的问题。如什么叫"合法性"？现在算不算"合法"？怎样才叫"合法"？一旦接受了这个概念，那么，这一系列的问号，就会把我们引向西方那套资本主义的三权分立、多党竞选执政的民主制度，这是我们的社会主义民主政治建设所决不能走的一条"不归路"。② 然而，这篇文章发表之后的 10 多年内，正好是国内舆论场越来越复杂、群体分化对峙色彩极其强烈的时期。显然，一方面这个有益的建议未得到媒体重视，另一方面也足见舆论引导之艰难。

反面的典型例子是苏共在意识形态领域的崩溃。前苏共领导人之一叶·利加乔夫在书中写道：右翼激进的舆论工具把戈尔巴乔夫正式提出的"实现社会主义所有制的形式多样化"的原则变成了呼吁"所有制形式

① 史泽华：《正确看待各种"陷阱"论》，《红旗文稿》2018 年第 18 期，第 13 页。
② 李捷：《警惕学术概念背后的逻辑陷阱》，《求是》2006 年第 21 期，第 59 页。

多样化"，这就从根本上改变了政策本身。令人吃惊的是，当时掌握着意识形态主渠道的苏共中央总书记对不断歪曲党提出的非国有化口号的行为一次也没有做出反应。要知道，这已经是改变了社会发展的路标。①

旅法作家边芹一针见血地指出，西方对中国自我意识歼灭战的方法之一就是名词覆盖术。"思想之墙是靠每一块砖——词语——垒建的。潜意识操纵就是最大限度地覆盖原始画面和词语，抢占每一块砖的空间，进而让每一个思维起点都被操纵者安置的砖石固定。这种时候，人并非不想主导自己的意识，只是他看似自己支配的意识已经被人俘虏……比如'官方与独立''民主与专制'这类对立名词的覆盖，不费吹灰之力就将他人的解释权抓在了手里。我们的教育和传媒每天都在为西方垄断中国人的思维参照物，而且随着时间推移，速度愈来愈快，这自缚手脚的悲剧，在这史无前例的征服战场上就像一声叹息悄无声息。"②

对于这样的政治性或政治化词语风险，媒体尤其是党媒一定要多识别其中的话语陷阱。对此，除了采编人员提高理论水平加强思想上的识别能力之外别无他法，对自己不确定的特定词汇或政治术语务必搞清楚才使用。首要的是，不能盲从，不能别人说什么就信什么写什么。复旦大学中国研究院副院长范勇鹏提出，西方建构的概念体系可以分为四类：一是西方话语核心概念，比如自由、法治等；二是西方话语炮制的攻击性概念，比如极权、威权等；三是被西方话语偷换和扭曲后为西所用的概念，比如民主、文明等；四是西方话语力图掩盖的概念，比如国家、阶级等。如果盲目接受西方话语核心概念的话就会产生滑板效应，即长期这样讲会导

① ［苏］叶·利加乔夫：《戈尔巴乔夫之谜》，载新华社参考新闻编辑部编《参考材料汇编》1992 年第 16 辑（内部资料），第 322 页。
② 边芹：《被颠覆的文明：我们怎么会落到这一步》，东方出版社，2013，第 224 页。

致有些人真的向西方概念所指出的方向变化，造成思想上的变动和混乱。①

笔者认为，从概念被科学检验程度的角度来看至少包括三种：第一种，属于经过科学研究机构检验提供的机构性事实，这种学术概念定义明确而稳定；第二种，新创建的未经过检验得到确认的学术性概念，可能充满争议，最终能否成立还有疑问；第三种，也是最难识别的类型，即人为炮制的概念，实际上是在学术包装下悄悄兜售的政治话语，背后隐含或隐或显的政治目的。对第一种可以放心使用，对第二种尽量避免，对第三种应当拒绝。对媒体而言，如何在大众传播和学术传播之间建立安全有效的防火墙，将是一个新的也是必须解决的课题。

新闻报道对措辞不能不谨慎，不要轻易使用自己未能正确理解其涵义的词语，或者，避免因不注意语境而产生政治歧义的情况。要防止概念背后的政治逻辑陷阱，我们可以从传统名实观中汲取有用的智慧。中国古代贤哲是非常注重名实关系的，所谓"名不正则言不顺，言不顺则事不成"。比考察名实关系更重要的是政治和伦理。"孔子的正名主张体现了这样一种思想：名在反映实的过程中，它的含义一旦被普遍认可而确定下来，人们就可能根据它的含义对实有所干预，这一点在社会领域表现得尤为明显。所谓'《春秋》之义行，则天下乱臣贼子惧焉'，便是人们根据名的含义对实有所干预的一种具体表现。"②"他们宣传正名之义，是为了正是非，明同异，治曲直，辨贵贱，化天下。"③

显而易见，传统名实观这种防止因名称产生思想混乱而带来"自我实现预言"后果的政治智慧，是值得新闻舆论从业者学习的。因此，新闻界

---

① 范勇鹏：《今天和大家讲讲，在具体方法上如何应对西方的概念攻击》，https://user.guancha.cn/main/content？id=968051，访问日期：2023年4月3日。

② 徐阳春：《先秦名实观散论》，《绍兴师专学报》1992年第4期，第48页。

③ 葛晋荣：《先秦"名实"概念的历史演变》，《江淮论坛》1990年第5期，第76页。

不能把概念的误用仅仅当成一个语义表达准确与否的问题，而是要深刻洞察背后的词语政治风险。

西方政治正确的镜鉴

西方公共言论往往面临政治正确的桎梏，措辞稍不注意，就很容易被指控为政治不正确。当然，正因为人们不得不小心翼翼地回避所谓政治正确的陷阱，导致事物走向反面，如今西方掀起了反政治正确的运动。

2022 年北京冬奥会期间，纽约时报体育记者安德鲁·凯（Andrew Keh）在美国花样滑冰报道中因使用了"亚裔比例明显过高"的说法，引起了美国网民的广泛争议。文章称，曾经在美国运动界毫无存在感的亚裔在 30 年内在花样滑冰领域实现逆袭，占据美国花样滑冰队半边天。引发争议的推文写道："亚洲人约占美国人口的 7%，但在各个级别的溜冰场和比赛中，从东海岸到西海岸，亚洲人的代表显而易见的高于人口比例（vividly overrepresented）。逐渐地，他们改变了一项运动，直到 20 世纪 90 年代，这项运动几乎都是白人。"网民斥责这种措辞是"种族主义"，多名网友留言反驳："你们怎么不报道 NBA（美国职业篮球联赛）里面有哪些种族 vividly overrepresented 了呢？"激烈的讨论持续了一个多星期。此前，《纽约时报》等媒体在教育等领域报道中也往往对亚裔比例使用 overrepresented 一词，人口比例统计"超高"或"超低"成了可能直接带来一系列后果的特殊词汇。

通常来说，种族、宗教、性别被视为西方三大政治正确议题，不过，包括年龄、外貌、性取向等歧视和动物福利主义等也日渐成为敏感的公共话题。需要说明的是，无论政治正确还是反政治正确都是西方政治运动的一部分，语言生活只是表象。威廉·德瑞斯维茨指出，政治正确产生一种"我们与他们"的心态并且借助政治谱系自由地传播，微侵犯问题在公共生活中创造了一个敌意的空间。"如此多的政治正确不是关乎正义或者创造一个安全的环境，而是关乎权力"，"政治正确和理性对话是不相容的。"①

对政治正确（political correctness/politically correct）的起源时间和涵义，研究者有不同看法，但政治正确对语言生活的巨大影响是没有争议的。有人说，"政治正确"可追溯至 1793 年美国最高法院对于"切斯霍尔姆诉佐治亚州案"的判决，但在当时这种用法并非固定搭配，并且与现代意义上的"政治正确"有所不同。作为概念的"政治正确"，通常被认为由德国法兰克福学派于 20 世纪二三十年代提出。当时，德国法兰克福社会研究所的一些学者认为，为了让共产主义思想得到广泛传播，有必要使西方文化走向自我消亡，从而改变人们的传统言论与思维习惯，使之"政治正确"，是促成上述目标的有效途径。② 也有人说，"政治正确起源于 20 世纪 70 年代，一开始是在进步的大学生群体中的一种自我嘲讽，是对斯大林主义召唤的一种故意的讽刺。而现在我们丢失了这种讽刺却保留了斯大林主义……你也总是处在被简·奥斯丁称为'自愿间谍'的干部的监视之下，而我的学生则称其为政治正确警察"③。

"政治正确"最大的表现就是"用词正确"，目的在于用相对中立的用语避免任何歧视和无意识的偏见；此外，也包括政策措施不能违背被认定为"正确"的立场。到 20 世纪 80 年代，"政治正确"还是一种学术观点、道德规范，指的是在政治、社会生活中扶持弱势和尊重边缘群体，尊重多元

---

① ［美］威廉·德瑞斯维茨：《论政治正确：权力、阶层和新的校园宗教》，肖地生译，《江苏高教》2019 年第 1 期，第 114 页、第 116 页。

② 张琦：《美国社会中"政治正确"现象的发展及其最新演变》，《国际论坛》2018 年第 3 期，第 69 页。

③ ［美］威廉·德瑞斯维茨：《论政治正确：权力、阶层和新的校园宗教》，肖地生译，《江苏高教》2019 年第 1 期，第 113 页。

文化；20 世纪 90 年代后，政治正确在整个美国社会已经流行开来，历史反省和尊重边缘群体成为社会新风尚。政治正确原则限制了必要的公共辩论，侵犯了普通人的言行自由。比如，一般人写作也不能用"he"（他）和"she"（她），而要用"person"（人们）指代，以避免伤害性别认同复杂的少数人。"政治正确"的发展偏离了最初追求平等多元的轨道，向另一极端发展——逼迫普通民众在敏感问题上做出抉择，造成了另一种不自由，严重割裂了美国社会。"'政治正确'不是在解决问题，而是回避问题——用一些最粗暴简单的方式掩盖问题，结果反而加剧了社会各方的对抗。弱者的确是历史的牺牲品、少数者的合法诉求的确被忽视，但是让弱者与少数者沉浸其中无法自拔、歇斯底里、纵容自我，逃避个人责任，忽视否认群体内部的问题，反而去侵害多数人的正当权利，这就是'政治正确'最大的弊端，也是'反政治正确'运动大规模爆发的原因。"①

再如，如今媒体尤其网络上总是流行一些莫名其妙的词汇或概念，比如"她经济""她文化""她政治""她力量"等。西方"她政治"等提法是性别政治的表现，在西方语境中有它的市场，但这不等于可以盲目横向平移到中国的新闻舆论语境中。西方的她概念，不一定应成为、要成为、能成为中国的概念。这种盲目追随所谓时尚的做法，是不懂政治或者政治幼稚病的反映。在《人民日报》图文数据库中搜索发现，只有"她文化高"或"她政治上积极进步"等主谓句表述，没有"她经济""她政治"这种偏正结构的概念。可见，《人民日报》确实政治水平高，对词语政治的警惕意识强。

西方政治正确在媒体"用词正确"方面的影响是巨大的，媒体和被采访对象动辄因为说错话而付出代价。英国媒体对报道对象的宗教、性别、

---

① 吴晓乐：《浅谈美国国内"政治正确"的偏离》，《西部学刊》2020 年 7 月上半月刊，第 44 页。

种族、文化、性取向、年龄等因素不给予强调甚至不提及，除非与内容密切相关。强调中性、自然表述的原则，通过写作指南做出具体规定，上至报道原则，下至具体措辞。如英国广播公司写作指南开列不宜使用的词语：残废（crippled）、蒙古症/先天愚型（Mongolism/spatic）、白痴（idiot）、智力迟钝（retarded /mentallydefective）等。英国广播公司还规定不得使用"行动不便/困于轮椅"（wheel bound/confined to wheelchair）的表述，因为对残疾人来说使用轮椅恰恰是为了"解放"人的行动能力。而头脑风暴（brainstorm）一词虽然在通常语境中指的是通过讨论进行脑力激荡，但在英国英语中这个词也有思维混乱之意，因此也被列为不宜使用的单词。不过，在具体操作中，《经济学人》杂志在其写作指南中指出，政治正确性不能高于新闻真实性原则；路透社写作指南则认为，过度的政治正确，等同于刻板印象。①

然而，西方政治正确的界限并不总是那么明确，这种模糊地带越发容易产生政治操弄的空间。香港《文汇报》原驻法国高级记者郑若麟撰文指出，这一范围究竟界定在哪里，却是变化的、不定的，这才是这一概念最可怕的地方。如果大多数人都这么说或这么认为，那就是"政治正确"的，否则就是"不正确"的。问题在于，怎么才能知道"大多数"舆论是怎样的呢？舆论与媒体，究竟是谁在影响谁，谁在决定谁？只能靠揣摩。正是由于"政治正确"的隐蔽性，舆论的操控才有可能，而操控舆论也就是间接操控人的思想。②

西方政治正确这股运动和西方自身的历史文化背景紧密相关，似乎与中国社会没有交集。不过，我们不能轻易放松警惕，零散的讨论（无论

---

① 张磊、章戈浩：《政治正确：英国媒体的自省与自律》，《青年记者》2011 年第 7 期，第 21 页。

② 郑若麟：《从法国媒体的"政治正确"说开去》，《同舟共进》2009 年第 10 期，第 33 页。

是否带有政治操弄目的)时不时出现在网络空间。

　　应当清醒地看到,如果说西方政治正确运动陷入词语生活困境缘于过度泛政治化的话,与之相反,包括中国公共媒体在内的词语生活则存在过度去政治化的问题,或者说即使意识到问题的存在也未给予应有重视。一切写作者应自觉抵制腐蚀母语的做法,否则,有一天我们会突然发现不得不面临如何将母语从政治衰败中拯救出来的麻烦。这不是危言耸听。奥威尔在其《政治与英语》一文中指出,"人可能因失败感而酗酒,而因酗酒变得更为失败。在英语语言方面几乎存在着同样的问题。思维的浅陋让我们的语言变得粗俗而有失精准;而语言的随意凌乱,又使我们更易于产生浅薄的思想。关键问题在于,这个过程是可逆的。现代英语,特别是在书面语中,存在着很多坏习惯,而这些坏习惯因彼此效仿而传播;但事实上只要人们花些工夫,就完全可以避免。而如果能够避免这些坏习惯,那必然就能够使思维更清晰,而清晰的思维则是走向政治革新所必须迈出的第一步"①。

　　总体上来说,一方面,我们不应当被西方政治正确这种错误做法裹挟,导致群体之间被话语修辞术所割裂;另一方面,也不能因为担心被指控政治正确而放松警惕意识乃至自动放弃话语博弈权,要防止政治性措辞尤其是西方政治概念渗透中国公共语言生活空间乃至不动声色地改造话语背后的意识形态。即使是西方学者也能站在旁观角度看清中国所面临的话语权力陷阱。文化历史学家爱德华·赛义德(注:也译萨义德)在1978年提出东方学现象。赛义德说:"所谓东方学,就是西方主宰、重新构造和将其权利凌驾于东方之上的西方模式。"他指出,为了这项"事业"的成功,他必须以纯学术的面目出现。这样,它看上去就"没有政治意味,

――――――――――――

① 〔英〕乔治·奥威尔:《政治与英语》,郭妍俪译,江苏教育出版社,2006,第3页。

也就是显得更有学术气味，不带偏见了"①。又如，美国夏威夷大学哲学系教授安乐哲（Roger T. Ames）曾真诚地指出："你们的大学和学科使用的都是我们的框架和我们的词汇，很多现代概念都来自西方，是在用西方的概念，按照西方的价值和文化结构去理解中国自己的传统。"②

陆建德在为雷蒙·威廉斯《关键词》撰写的评论中写道："英语国家对自己有利的就称之为民族感情或国家利益，而像中国等别的国家如果这样做就被斥之为民族主义。"他感慨："我国读书人对这类文字游戏背后的政治利益认识模糊，读读《关键词》倒可以及时培养这方面的鉴别力……我国有人昧于词语的政治学，也学模学样地宣告有一个民族主义的幽灵在中国知识界徘徊。"③

关注词语之争，不是要停留在词语之争，而是要超越词语之争。正如陈嘉映所言，我们争论一个争论是不是语词之争，但并不存在语词之争。断定一个争论是语词之争，相当于断定那不是一个真正的争论。争论很重要，争论牵涉政治理念、人性理念等，是关于很多道理的复杂争论。"哲学探究必须警醒地把关于语词的探究保持在论理的层面上而不试图发展为语义学和语法学。"④因此，新闻语言的词语政治研究不是要陷入无谓的词语之争，而是洞察词语背后的事实和道理。新闻不是超人的写作，作为人类认识、解释、改造世界的工具之一，它不可避免地是政治的和伦理的。

---

① ［美］罗宾·洛克夫：《语言的战争》，刘丰海译，新华出版社，2001，第47—48页。
② 王京雪：《"西儒"安乐哲：中国哲学应当发出自己的声音》，https://www.sohu.com/a/246779895_117503，访问日期：2018年8月13日。
③ 陆建德：《词语的政治学》，载［英］雷蒙·威廉斯：《关键词：文化与社会的词汇》，刘建基译，生活·读书·新知三联书店，2016，第9页。
④ 陈嘉映：《关于查尔默斯"语词之争"的评论》，《世界哲学》2009年第3期，第65页。

第七章　失范的规范化

毫无疑问,媒体承担着使用规范语言文字的法定义务,也承担着推广普通话的国家使命。在语言规范化的问题上,谁引导谁,谁同化谁,是一个必须搞清楚的前提。虽说未必是非此即彼的关系,但主流媒体应当清醒地认识到在语言问题上不能自我异化。

然而,当前,新闻报道语言也出现了"超女文化"现象,严肃公共写作日趋娱乐化和玩世不恭。媒体在新闻语言规范方面与应有表现脱节,甚至对不规范现象推波助澜。极端情况下,个别媒体站在地方主义立场支持所谓"保卫方言"的群体事件,有的新闻机构管理者或学者甚至对滥用方言和网络语言的行为进行合法性论证。

国家语言体现国家共同体意识,普通话和规范汉字不仅是官方工作语言文字,也是国家共同体和语言人民性的政治象征。媒体有义务忠诚于百年来文字改革成果,履行规范语言文字的任务。理论上,新闻作为高度自觉的公共写作,应包括文字自觉、文化自觉、政治自觉和法律自觉等自觉性在内。

鉴于目前公共语言生活的混乱状况,应该继清末到民国国语运动、新中国语言文字规范化运动之后发起第三次规范化运动。

"网八股"反戕传统媒体

毛泽东曾批评,党八股的表现之一就是,"不讲究文法和修辞,爱好一种半文言半白话的体裁,有时废话连篇,有时又尽量简古,好像他们立志要让读者受苦似的"。在讲到写文章的规则时,毛泽东引用鲁迅的话,"不生造除自己之外,谁也不懂的形容词之类"。

这些批评的意见,放在今天也完全应景,即爱好一种半白话半网络语言或夹杂生造词的体裁——"网八股"。

"网八股"试图伪装网络社区的熟人或者引领网络语言时尚,以为这样可以营造和网民之间的亲和力。然而,实际上,这样的行为是在戕害规范汉字,也是在排斥传统读者群体。

生造词在网民群体之中比比皆是。本来,传统媒体等文字媒介对生造词的规范责无旁贷,对这一点从来未曾改变。然而,如今媒体似乎淡忘了自己的使命,逾越规范的边界,不但加入传播生造词行列之中甚至主动制造生造词。

"莓"好生活、非同"鲟"常、"独伊"无二、"飞阅"中国等谐音手法令人产生广告文案的错觉。在一家省级党报上,一天内就有《接力新"稻路"》《山海情深"医"线牵》《老年食堂里的幸福"食"光》三条标题谐音不当。"又双叒叕""槑""垚""烎""焱""燚""夭"等古怪生僻的字不仅在网络上成为流行词,传统媒体尤其是传统媒体属下的客户端等传播渠道也推波助澜。一条稿件说某农民原本是养鸭的"小白",这个网络语原意是小白痴,本来直接用"外行""新手"即可。

尽管新闻界抵制不良网络语言的不在少数,然而,"社畜""神兽""打工人""草民""屁民""奶凶"等贬低人格的词汇,以及"秋茶""么么哒""黑木耳""撕逼"等充满色情暗示的隐喻词汇,还是经历形同虚设的一道道采编关口,源源不断地见诸报端。

许多吐槽流行语普遍应用于当下的热点事件,"也是醉了""什么鬼""约吗""逗比""我想静静""小鲜肉""单身狗"等频繁出现。

2015 年 6 月,人民网舆情研究室发布《网络低俗语言调查报告》,有些词语的年发布次数高达数百万乃至上千万次。报告发布方指出,网络是数亿网民的"公地",公认的文化认知、共同的道德操守、一致的运行规则、严格的约束机制,才能让低俗淡出、让文明回归。报告揭示,中文报纸媒体在标题中使用最多的三个用词是"屌丝""逗比"和"叫兽"。一些媒体使用的粗俗标题包括《绿茶婊只是明骚 女汉子才是暗贱》《马年将到"草泥马"给您拜年了》《让明星情侣"撕逼"飞一会》等,不仅表现出社会文化对女性不自觉的歧视,还反映出部分文化载体无视社会责任。事实上,这份报告令有教养的人脸红而无法卒读,这不是语言的创新而是亵渎。如果它们止于网络暗语或仅仅作为亚文化流行于粗鄙群体,主流群体即使依然感到不适也能稍微心生宽慰。令人困惑的在于,传统媒体竟然被网络亚文化所同化变得一样低俗粗鄙。

有人说,网络语言实质是一种新兴的社会方言,是语言在网络中的语言变体,而谐音生造词是网络语言中常见的现象。作为文化现象,它有自己存在的逻辑,确定性和不确定性并存,科学性和不科学性共生。从语言学的角度来说,大多数学者的态度非常明确,那就是坚持语言的稳定性、科学性、规范性。新生科技事物等词汇是时代进步的需要,但是,这和生造词是完全不同的。我们对生造词不能照单全收,无论来自网络还是其他途径的生造词,不管它多流行也要谨慎对待。真正有生命力的流行词,在经过时间考验之后自然会被吸纳,比如"给力"等。然而,在此之前,主流媒体不必急于抢先应用。

诚然,每种语言都是不断发展的,会持续吸纳不同时代的新事物,吸纳过程就是规范过程。该不该吸纳,如何规范化,需要语言文字专家界定。但是,在规范化之前,我们对不规范、不稳定、不确定的网络语言要保持必要的慎重。

我们当然赞成新闻语言要活泼,但这是老问题,并不是因网络传播而带来的新命题。大众媒体的传播对象并非只面向网民,何况,网民群体当中也是分化的,不是所有人都喜欢追随未经认定的新奇符号。

更何况,大众传播尤其是党报始终肩负着规范化及导向性的公共使命,必须遵守法律规定使用规范语言文字。既保护现代白话文的规范性,也避免削弱大众媒体对普通大众的面向性及其传播效果。这种主流传统媒体放弃领导角色的做法,只会加剧自己的边缘化,被人视为网络化生存的抄袭者而已。

对媒体语言的不规范问题,学者早已提出相关的规范和处置建议。有的学者侧重于软性约束措施,"像《人民法院报》2011 年 5 月 22 日头条《到处都是活跃跃的创造》,引发'活跃跃'是否合适的争论。更有像某著名报刊都市生活版头条标题《手持创意杯具,�摸讲究滋味》,让人看不懂。因此,光靠媒体自觉不行,应对重要媒体语言文字使用情况进行监测,定期发布媒体语言状况报告,促进规范使用,提高应用能力"[①]。有的学者侧重于立法的硬性约束,提议加强媒体语言的立法工作,成立一个对社会用语和新闻媒介用语权威的监督机构,对媒体语言要加强新闻舆论监督和执法的力度。"把语言规范作为一件关系华夏文化兴衰、国家民族独立与发展的大事来抓,充分发挥好媒体语言的示范、导向作用,不断培养人民群众的规范用语用字意识。"[②]

毫无疑问,规范是准确性的一部分,而网络语言的规范则是当前时期

---

① 魏晖:《浅议汉语的发展与规范》,载魏晖主编《语言舆情与语言政策探索》,商务印书馆,2016,第 215 页。

② 崔梅:《全球化时代的中国传媒与母语安全》,《云南师范大学学报》2008 年第 4 期,第 34 页。

的新问题。从全社会的语言生活来说，要彻底铲除网络语言、生造词等一切不规范的现象很难做到，从社会成本和收益来说也不现实。我们应当记住的是，媒体不能加入破坏规范汉字的狂欢之中。正如"上帝的归上帝，凯撒的归凯撒"那样，网民的归网民，媒体的归媒体；社交的归社交，新闻的归新闻。

网络新闻标题的失范现象包括新闻标题的"噱头"性问题突出、误导性标题繁多、"三俗"化趋势严重、网络流行语的反复"套用"以及"标题党"现象屡禁不止等，这种现象有碍于网络新闻标题功能的发挥和网络新闻媒体公信力的建设，成为影响我国互联网信息健康传播的一个突出问题，网络新闻标题的制作规范已成为亟待解决的重要课题。

2016 年 6 月，《光明日报》头版刊登评论文章批评，网络低俗言语甚至侵入领导干部公共讲话之中。文章指出，"牛掰""然并卵""屌丝"等不雅网络语言频频出现在领导干部的讲话中，更有领导为取悦听众，使用"草泥马""蛋疼""我日"等粗鄙化表达。"这不仅违背了公序良俗，损害了党和国家的形象，也是对民族语言文化的亵渎。"①

网络新闻标题的显著特征是"不求准确，只求轰动"，如在新闻标题中出现"信任的小船翻了""喵星人""我也是醉了""最牛""活久见""狗粮""惊呆"等词语。"网络流行语在新闻标题中被反复地套用甚至滥用。新闻采写尤其是网络新闻标题的提炼需要真实客观，而当下网络流行语大多是荒诞恶搞、低俗戏谑型话语，类似于'这碗狗粮我干了''重磅狗粮！''狂发狗粮''狗粮不断''满屏狗粮'等，该词语频繁地被用于新闻标题中，无形中降低了新闻的客观性，也易造成受众视觉疲劳。因此，谨慎引用、

---

① 郑晋鸣：《规范使用网络语言》，《光明日报》2016 年 6 月 20 日第 1 版。

规范使用网络流行语十分必要。"①

新闻反规范化的狂欢

20 世纪 80 年代之后，在改革开放的背景下，新闻语言出现了大混乱并持续至今。

1995 年，许嘉璐在《求是》发表《继续为祖国语言的纯洁健康而斗争》，他说："去年我到国家语言文字工作委员会工作之后，细细留心，才发现语言文字的混乱程度远远超过我以前的感觉。同时，几乎我每次参加会议或活动，都会受到老相知新朋友的询问：现在社会上的用字这么乱，你们语委管不管？简体字是不是不再坚持了？现在广东话比普通话吃香，是怎么搞的？方言、土话大摇大摆地走进了广播、电视，这像话吗？电视上经常有错字，播音员常读错音，你们语委抱什么态度？……这些包含着批评的询问反映了人们对当前语言文字现象的强烈不满，也有对国家语委的殷切期望。"语言文字的混乱大致可以归纳为三类：一是以繁体字回潮为中心的文字混乱；二是以方言泛滥为代表的语言混乱；三是以胡编乱造、不知所云为特点的语文水平滑坡。

许嘉璐指出，大量不规范乃至粗俗的语言文字现象如果只出现在小圈子里也就罢了，但是，"这些糟蹋玷污祖国语言文字的垃圾渐渐侵袭到小报大报、图书期刊、电影电视，那就绝不是什么个人行为，社会和政府就不能不管了"。他不无讽刺地写道："这些年，不知道全国出现了多少现代的'仓颉'，好像文字想怎么写就可以怎么写。"

到 20—21 世纪之交，对新闻语言的批评则以《人民日报》纪念社论

---

① 张金桐、曹素贞：《"读题时代"网络新闻标题的失范与规范》，《河北经贸大学学报（综合版）》2016 年第 4 期，第 7 页。

《正确地使用祖国的语言，为语言的纯洁和健康而斗争！》发表 50 周年的评论为代表。评论指出：

> 在信息全球化的新时代，语言文字的应用与社会的发展相比，依然存在某些滞后现象。部分地区普通话尚未普及，个别地区甚至存在重方言、轻普通话的倾向。值得注意的是，50 年前社论中提到的"许多不能容忍的混乱状况"，有些依然存在。比如，一些报刊上错别字随处可见，电视荧屏上的错别字时有所见，广播和电视中读音的讹误时有所闻，一些地区和行业滥用繁体字、乱造简体字，等等。随着经济的发展和获取信息的手段的多样化，一些领域又出现许多新问题。比如一些企业在营销活动中乱造音译词，影视作品中滥用土语、外来语，有的广告乱改成语，有些流行歌曲词不达意，网络上有些语言毫无语法可言，等等。这些新问题都需要进一步规范和加强管理。①

从 1951 年到 2001 年，半个世纪中，《人民日报》社论和评论两次批评新闻出版语言文字规范存在"许多不能容忍的混乱状况"，措辞不可谓不严厉。然而，这种"不能容忍的混乱状况"并未因此而减少，甚至愈演愈烈。21 世纪初以来，"汉语危机"的呐喊声持续震荡。传统媒体以及网络存在使用繁体字、生造词、字母词、外来词等大量不规范现象，亵渎语言神圣性的行为变得公开而普遍。语言学者纷纷惊呼，"救救母语""汉语极有可能被颠覆""汉语到了最危急的时刻""我们亲手打倒了汉语"……

2010 年，各地频频发生因语言文字而引发的公共舆论事件，被语言研究者称为语言舆情的标志性年份。教育部、国家语委发布的《2010 中国语言生活状况报告》显示，我国学生存在汉字书写能力退化、母语教育弱化、语言应用能力下降等问题。另外，一项对首都部分大学生汉语应用

---

① 《人民日报》评论员：《为祖国语言的纯洁和健康继续奋斗》，《人民日报》2001 年 6 月 6 日第 4 版。

能力的测试显示,不及格的学生占 30％,超过 60％的学生得分在 70 分以下。2010 年 10 月 21 日,《中国青年报》发布一项民意调查结果,认为当前社会存在汉语应用能力危机的比例高达 80.8％。

2012 年,《现代汉语词典》第 6 版收录了 PM2.5 和 NBA 等 239 条字母词,语言学界为此发生一场壮观的论战。连续三拨共 100 多位学者、书法家、教育工作者,纷纷举报《现代汉语词典》收录字母词"违法"。组织者之一李敏生认为,这是汉字拉丁化百年以来对汉字的最严重的破坏,这是一场历史空前的汉字大动乱!尽管这场论战发生在语言学界,但是,滥用字母词的语言疾病之表征恐怕还是以媒体为最。而媒体除了围观这场论战之外,并未对自身存在的问题加以检讨,也就失去了将论战转化为规范化成果的机会。

我们需要思考的是,新闻语言的不规范现象是语言能力问题不足导致的,还是新闻从业者反规范化(或明或暗)导致的?

毫无疑问,新闻报道中错用文言文的现象应该是能力不足导致的,属于文体陌生化的必然后果,而滥用方言和网络语言等现象就很难用能力问题加以解释,只能说是有意为之。一方面,滥用方言和网络语言的报道数量之多,使用之频繁,不可能是无意识的行为;另一方面,大量来自新闻界的业务性论文对语言不规范问题鲜有批判反而屡屡自我辩护,无异于夫子自道。也就是说,比无意的逆规范化更可怕的是有意的反规范化。当然,必须指出的是,这种反规范化现象不是全面彻底公开的主张,而是程度不一的局部症候。

反规范化论证抑或诡辩

新闻报道语言文字逆规范化乃至反规范化的问题可谓层出不穷,至少包括方言和网络语言滥用、外文词(包括字母词)不规范以及文白夹杂语句不通等。我们要很小心地避开用"此起彼伏"这个词形容这种现象,实际情况总是此已起彼未伏,问题不断交叉出现乃至缠裹在一起。限于篇幅,本书对相关现象不做具体罗列。此处仅以方言新闻为例做简要评述,而且,对方言词汇的个别吸纳或者不当使用不在讨论之列,而是主要聚焦于方言的新闻现象。

21 世纪初期,全国各地的报纸和电视台开辟方言新闻栏目,这种现象持续近 10 年,有些地方至今还在坚持。据张苏敏梳理,吉林电视台2001 年开办东北方言电视新闻节目——《守望都市》,2004 年初杭州电视台西湖明珠频道创办方言新闻栏目《阿六头说新闻》,此后方言栏目在南京、扬州、温州、绍兴、广州等地电视台产生蝴蝶效应。2010 年,仅浙江省地市级(不包括县级)电视台的方言类节目就有近 10 档;广东人民广播电台 8 个系列频道,除新闻频道用普通话播音外,其余都以粤语播音为主。

同一时期的报纸尤其是市场化报纸也一样出现方言新闻的狂热现象。四川各报纸频繁使用"估倒""遭起""洗刷""理抹""咋个"等方言词。湖南报纸经常使用一些"本地特色的名词",如"闹药"指毒药,"撮把子"指骗子,"了难"意为调解纷争、解决难题或了结事件,"带笼子"是指卖主设圈套引诱顾客上当。2006 年 7 月 1 日到 2006 年 10 月 18 日,《潇湘晨报》110 期中有 29 期新闻标题不同程度用了湘方言词语,正文部分出现的方言词语就更多,几乎每期报纸都能找到一些方言词语。《武汉晚报》开辟"九头鸟"专栏,以方言报道社会新闻,每日一篇;《楚天金报》设"街巷故事"一栏,多以方言叙事;《楚天都市报》逢周四推出专版"汉味茶馆",有"湖北大鼓""汉货小品""扯野棉花""汉味快板""汉味三句半""讲点把古""汉味相声""汉腔趣话""玩家麻雀""吹哈子牛"等多个栏目。

毫无疑问,方言新闻在增加地方读者亲切感的同时让外地人摸不着头脑。比如,2002 年 9 月 22 日兰州《科技鑫报》方言专版"兰州话说新闻"刊发一则新闻如下:

王某和周某来到朋友程先生租住的房里，说家里来了客人，借着住一晚夕。然后乘机给程先生喝了一杯放有安眠药的茶，把程先生做着睡熟了，就把程家彩电手机以及其他价值 7000 大的物品全部卷着走了。

9 月 17 日 9 点多，程先生向记者反映头一晚夕，那租住的房里来了两个朋友王某和周某。那们拿来了一包茶叶，说让程先生尝一下好茶叶呢。程先生喝了那们泡下的茶后，感到乏得很，一寐会儿就睡着了。

最严重的典型例子当属"撑粤语"事件。由于广州市即将举办亚运会，有人提出要在语言上树立国际形象。2010 年 7 月 5 日，广州市政协提出新闻频道改为以普通话为基本播音用语或主时段用普通话播出。不料，"粤语沦陷""保卫粤语""广州人面临集体失忆"……种种夸大其词的表述出现在媒体上，向广州本土以及全国网民兜售焦虑感。2010 年 7 月 11 日、25 日和 8 月 1 日发生群体聚集性事件。

在"撑粤语"事件中，部分媒体表现之恶劣在于两个方面。一方面，故意歪曲事实，制造了一系列反逻辑的声音，比如取消粤语节目等于禁止粤语、粤语等于粤文化等谬论。广州市政协委员韩志鹏在微博上称："母语告急！岭南文化垂危！"有些媒体对这种错误言论不仅不加以批判引导，反而火上浇油，比如《新周刊》某负责人宣称"没有方言的城市是可耻的"。另一方面，有些媒体人将一己私利置于公共利益之上，如广州电视台陈扬等方言节目主持人极力反对。地方主义在公共语言生活中表现得空前强烈。

方言新闻实践如火如荼的背后是新闻界暧昧不清的态度，或者说，支持声音过于强大，导致批评声音变得微弱乃至妥协。在知网以"新闻"和"方言"为关键词搜索篇名，得到的结果有 170 多条，自 2006 年到 2015 年的 10 年间每年的发表数量都有 10 多篇。总体来说，大部分文章的倾向性不明显,在弹赞两派观点中,学术界弹多赞少,而实务界赞多弹少;当然,持论中立,实际上已表明认可态度。

从时间线来说,早期讨论者不支持方言的态度非常明确。比如,李航安早在1985年《新闻战线》第5期就提出《地方农民报少用方言为好》:

> 有人认为地方农民报是给农民看的,在语言上"纯方言"化能给人以亲近感,而且可显得朴实,因而主张愈"土"愈好。对这种观点我不敢苟同。我认为,语言大众化才是地方农民报应当努力的方向,只有语言大众化,才能适应复杂庞大的读者群,而"纯方言"化恰恰只是迎合了占很小比例的一些读者……何况省级农民报大都是面向全国的,外地读者拿到纯方言的报纸能看懂吗? 我是土生土长的陕西关中人,看了陕西农民报上一篇文章,还没看几句,"拦路虎"便接二连三杀将出来,面对"刀刀馋""样样价"等等一系列不明"产地"的方言土语,我也只能是"望土兴叹"。后来有机会去陕北、渭南等地,经请教当地人,才弄清了这些土语的含义。

1989年,在西安新城区委宣传部任职的张宿东投书《新闻记者》,呼吁勿滥用方言。他举例说,各地报纸中"好嘢""下炟蛋""把老皮失踏了"等方言词语令人费解。一直到21世纪初,比较鲜明的批评声音还时有所见,比如邵培仁、李雯《语言是桥也是墙——对方言广播电视新闻节目的疑虑与拷问》(《杭州师范学院学报(社会科学版)》2004年第5期)、张海东《"方言说新闻"不可盲目上马》(《青年记者》2006年第3期)等。

但是,随着21世纪初各地媒体方言新闻成为潮流之后,质疑声音渐渐转弱不再成为立论主基调。像韩瑞娟《电视方言新闻不可泛滥》(《青年记者》2011年第20期)、陈春海《克服方言类电视新闻的媚俗倾向》(《新闻爱好者》2011年第19期)孙玉双、周涵《浅谈电视方言新闻节目的劣势及负面影响》(《写作》2017年第15期)这样明确批评的声音就很少见了。

大多数文章把方言新闻当成合理现象而持中立态度，或者是与非并论，比如，《地方台方言播报新闻节目优劣谈》《语言是桥还是墙：方言广播电视新闻节目探析》《用方言报道本地新闻的利与弊》《电视新闻使用方言的是与非》等；或者有限批评，仅要求方言规范化，比如《谈广东报纸中粤方言词语使用的尺度》《方言类新闻节目应把握好"度"》等。

支持者的理由主要包括方言生动形象、口音带来的亲切感、保护方言等。本土化论调居多，如，"增添了不少韵味，行文更形象、生动，表情达意更准确、贴切……追求的是新闻的进一步本土化，打造报刊的本土特色"。保护方言论调也不少，如，"方言越来越萎缩，愿意说方言的年轻人正在减少。如何将民间的语言资源保护和传承下去，这是语言学者正在思考的问题。允许地方性媒体上适当出现方言词语，能在一定程度上弥补这方面的缺陷"。也有人主张宽容，"丰富我们的语言与净化我们的语言处于同样重要的位置，两者是一种相互交融的关系，没有丰富和包容，也就难以实现语言在新时期新环境下的新发展。人民群众客观的'双言现象'必然要反映到以人民群众为受众的报纸等媒体上，因此，对方言登上版面，我们应持开放的态度，而不是排斥的情绪"。甚至有人无视法律对出版物必须使用规范字的要求，"法律对报纸媒体能否使用方言词汇没有明确规定。对于报纸中运用的湘方言词语，我们不能武断地判定它们不合法、不合规范而禁止使用"。

如何理解上述支持方言新闻的观点呢？许嘉璐在前述文章中早已明确指出：

> 尤其可怕其实可笑的是，对此还有种种"理论"为之张目或辩解。一曰语法是语言学家制订的，不突破语言规律写不出好作品；二曰语言是发展的，"时代不一样了"，胡说八道正是创新；三曰要表现新的生活、表达新的思想，原有的语言不够用了，如此等等。其实，这些违

背语言学基本知识的所谓理论都是站不住脚的。问题的实质是，一些人缺乏语言的修养，他们的"作品"缺乏深刻的内容，又不肯下点儿功夫，于是变着法儿把不通说成美，以怪遮空，以"新"吓人。

1868 年，年仅 21 岁的黄遵宪提出"我手写我口"的主张，也就是要求言文一致。这一主张对推动现代白话文运动产生了很大影响。比照今天的现实，新闻报道中夹杂使用外文词语、网络语言、方言土语的情况，显然是对言文一致的反动，因为现实生活中国民并不按报道写的那样说话。

我们并不是要在媒体报道中一律杜绝方言词汇的生存空间，比如北方方言词汇"啥""娃"和南方方言词汇"爽""雄起""安逸"等就是例子。至于方言的保护问题，如前所述，在民国时期很多文人学者已声明并非要消灭方言而是双语并行，民间口头表达不等于要乱入官方公共文本。《国家通用语言文字法》没有授权报纸等出版物可以使用不规范语言文字，即使是广播电视要使用方言也要经过法定程序授权才行。刻意对立的做法，要么是认识不清，要么是故意为之。也有人错误地把方言的社会功能和新闻语言的社会功能混为一谈。

遗憾的是，批评声音既少，又往往从文字规范化和推广普通话的角度来论述方言新闻危害，从语言政治角度看问题的则凤毛麟角。

在批评的声音中，邵培仁是比较激烈的学者之一，他尖锐地指出："'方言言说'挑战普通话的权威地位，置全局于不顾，某种程度上抵消了国家对资源的配置，增加了社会的政治成本、经济成本、法律成本、文化成本及教育成本等等。"其本质即是在追求利益的同时，却背离应负的社会责任，转嫁社会成本，自家得利，社会买单。尤为严重的是，从长远来看不利于中华民族的凝聚与整合，会在某种程度上抵消民族凝聚力的塑造。①

---

① 邵培仁、潘祥辉：《新闻媒体"方言言说"的社会成本分析》，《现代传播》2005 年第 2 期，第 10 页。

张苏敏也认为，媒体承担着以普通话整合社会功能的责任。"传播者选择某种语言作为传播代码，往往能折射出其主观意图。若方言节目过多过滥，就会使媒体舍弃人所共知的'普通话编码'，而采用'方言编码'，制造出'方言文本'以适应地域人群、地域文化的需要，从而具有浓烈的'私家色彩'。许嘉璐先生曾说，如果通用语不通行，时间长了，就会影响全民族之间感情的融洽。"①

我们当然不赞成语言泛政治化，但也不能幼稚地认为语言可以去政治化。"无论古今，'方言'的背后都隐藏着一个政治视角，不过，具体的思想背景却在改变中：传统方言一词隐含在天下观中，现代方言概念则产生于民族主义思想框架内。"②张世禄指出，"一国分裂为数国，往往就各自演成为数种国语，而一国之中，又往往因政治的关系，划分为几个区域，也就发生许多种方言"③。

重塑当代新闻语言规范

正因为语言文字对近代中国承担着民族启蒙和国家意识塑造的重任，近代报人也对这一问题体现出高度的政治自觉。1901 年，《京话报》谈其创办宗旨称，中国人心不齐的一大原因就是语言不通，"南边的人，不能懂北边的话，这一省的人，不能懂那一省的话，甚至于同省同府的人，尚有言语不通的地方，你说怪不怪？这不是一国之中，变成了许多的国了

---

① 张苏敏：《从方言新闻论方言与普通话的冲突与共存》，《温州大学学报·自然科学版》2011 年第 4 期，第 51 页。

② 王东杰：《"汉语是一种语言"：中国现代国语运动与汉语"方言"的成立》，《学术月刊》2015 年第 11 期，第 129 页。

③ 张世禄：《语言学概论》，中华书局，1934，第 194 页，转引自王东杰：《"汉语是一种语言"：中国现代国语运动与汉语"方言"的成立》，《学术月刊》2015 年第 11 期，第 129 页。

么？所以要望中国自强，必先齐人心；要想齐人心，必先通言语"。

晚清白话报纸总数达到 200 多种，夏晓虹通过对抽样报纸的文本比对后发现，晚清白话文的主流是希望以官话统一以克服方言的局限性，不过，官话仍是一种方言，其中一些地域性的词汇并不具备通行全国的质素。因此，现代白话文还需借鉴夹杂大量新名词的梁启超"新文体"，而从晚清的官话到日后的普通话书写，也需要经过词汇的选择和提炼。"晚清白话文的提倡者，并不仅仅满足于'辞达而已'，更抱了一种通行全国的宏愿，以求最大限度地发挥文字的启蒙功效。"[①]也就是说，这至少为我们提供了两点有益启示：一方面，现代报纸在语言文字的抉择上经历了一个含辛茹苦的艰难抉择；另一方面，晚清白话报纸创办者对语言在统一人心方面的功能体现了高度的政治自觉。

季小民在考察欧洲国家对语言文字纯洁性的行政干预后提出，"国家的行政干预作用有限，应以政府、机构和媒体的率先垂范为主，为全社会语言使用者带好头……字母词不适合汉语系统，是对汉语文字系统纯洁性的破坏。我们希望未来可将所有的字母词都赋予规范的汉语表述，使之完全融入汉语体系之中"[②]。

实际上，就保卫母语的纯洁性而言，恰恰是西方国家比中国更为坚定甚至对违反语言文字法律的处罚相当严厉，极端情况下连政客也要为此付出代价。法国、德国等欧洲国家将语言纯洁性制度化，制定法律，成立语言学院等专门机构指导语言纯洁，密切监测新词。法国政府甚至设立"英语跟屁虫奖"，因为使用英语来命名公司产品的法国电信公司总裁、建议小学开设英语课的法国教育部门的负责人等登上该榜单。俄罗斯总统

---

① 夏晓虹：《作为书面语的晚清报刊白话文》，《天津社会科学》2011 年第 6 期，第 120 页。

② 季小民：《语言纯洁化：国外行政干预与规划实践》，《云南师范大学学报（对外汉语教学与研究版）》2015 年第 5 期，第 50 页。

普京于 2001 年签发命令，禁止俄语中滥用英语单词。2014 年 6 月，俄罗斯语言文化委员会提交一份法案，在有俄文本土词汇的情况下使用外来词将被处罚，自然人罚金为 4000～5000 卢布，法人罚金提高 10 倍。冰岛历史上受外界影响较小，现代人也可以读懂 12 世纪的文章，但是，在全球化时代为了避免丹麦语冲击，冰岛也开展了语言净化运动。

"保卫汉语的纯洁性"不是伪命题，如何"保卫汉语的纯洁性"则可以在坚持规范化方向的前提下讨论。在珠三角工作期间，笔者曾亲历所谓"撑粤语"的风波，因在网络发表评论支持官方禁止粤语作为工作语言遭到很多网民攻击，这恰恰说明网民有诸多认识上的误区。而广东媒体在 21 世纪初期，其广播电视栏目保留了很多粤语节目，纸媒也经常夹杂一些方言词汇。最终，政府的行政干预还是发挥了作用，官方工作语言和工作文字的规范化以及外来移民群体在普通话上对广东的正面推动，产生了正面的积极作用。

然而，就全国媒体而言，文字规范化的任务依然极其艰巨，甚至出现了某种程度上的倒退现象。一方面，前人花费大量心血好不容易建立起来的规范化成果，有的得不到重视而被破坏，或者规范化意识正在滑坡；另一方面，面对互联网社区暗语或流行语以及全球化加速背景下外语词汇等不规范行为的冲击，媒体未能承担起应有的责任，不但不能及时对前者加以规范化或净化，反而同流合污推波助澜，未免令人扼腕叹息。

更令人沮丧的是，包括新闻语言在内的写作质量并未随着时间推移而得到改善，甚至，出现了与预期目标相背离的反向运动。20 世纪 80 年代，胡乔木为新闻基本功不足而感慨时，大学仍然是精英教育，全体国民的受教育年限还很低。针对 20 世纪末的语言文字混乱，许嘉璐认为其和"文革"造成年轻人文字功底欠佳有关系。

不过，即便如此也不是媒体人推卸责任的理由。1951 年 6 月 6 日，《人民日报》社论《正确地使用祖国的语言，为语言的纯洁和健康而斗争！》

曾提到,斯大林不能容忍文理不通的现象,也不接受"工农出身"文化不足的理由,"敌人绝不会因我们的社会出身而向我们让步。正因为我们是工农,我们更应当在一切问题上都有周详完备的准备,毫不亚于敌人才对"。

对照之下,如今高等教育已迈入普及化阶段,读者那一极文化素养得到大幅提升,记者这一极语文素养却剧烈下滑。更为严重的是,今天传媒精英意识衰落,不惜以精神矮化的"新闻民工"自诩,如此戏剧性的变化,是不是对斯大林时期写作者以"工农出身"推卸的理由形成强烈的讽刺?

虽然每年媒体管理者在各种新闻刊物上以理论形式发布自己的工作成绩,但我们很难看到语言文字规范工作会出现在他们的成绩单上,新中国成立初期国家领袖强调语言文字规范化背后的政治意识也就无迹可寻。事实上,在目前的新闻管理体制中,只有衡量错别字多寡的差错率成为质量考核依据,语言文字规范和文法错误是不在考核体系之中的。因此,形而下的管理,形而上的意识,双双缺席。

在此,我们不妨重温鲁迅、毛泽东、胡乔木对新闻报道的语言规范性及准确性的看法。

毛泽东在《反对党八股》中指出的问题,很多至今还存在。毛泽东说,最不应该、最要反对的是言之无物的文章。强调要有读者意识,要先想一想给什么人看、给什么人听的,"否则就等于下决心不要人看,不要人听",而且,"做宣传工作的人,对于自己的宣传对象没有调查,没有研究,没有分析,乱讲一顿,是万万不行的"。对不调查不研究不认真的文章,毛泽东称之为害人。他说,写文章做演说目的是影响人,马马虎虎地发表,结果就是离题万里,"仿佛像个才子,实则到处害人"①。

---

① 中央文献研究室、新华通讯社编《毛泽东新闻工作文选》,新华出版社,1983,第77—78页。

第八章　神圣书写的崩解及重建

　　文字是我们每天都在使用的工具，但普通中国人享受这种权利的历史并不长，甚至短暂得还不足以称之为历史。在过去漫长的数千年中，普通人只享有每天都在说话的权利，但是，他们并不认识也不会书写对应于口语的神秘文字。

　　文字的神秘性在于：一方面，它的起源有浓厚的神性色彩，在中国文化和东方之外的文化中都一样；另一方面，文字本身被赋予神力，在中国还衍生出文字教的文化特征，能给人带来吉祥好运乃至降妖伏魔。文字的神话及神化，令传统文化人对书写抱持一种近乎宗教虔诚的敬畏心。

　　然而，古代言文不一致，导致这种神圣书写成为知识阶级垄断的权利。耕读传统让文人集团和地主集团之间可以实现身份的自由转化，两大集团成为政治经济的既得利益者联盟。言文分离，以及各地方言彼此之间的障碍，导致政令不畅，赴异地任职的流官甚至被地方小吏操控。清末，西方侵略的外患令中国知识分子意识到，传统语言文字还面临如何建构民族国家意识的考验，文字改革运动由此兴起。

　　百年来的语言统一运动，可以说是一场轰轰烈烈的变革，具有民族启蒙和救亡的政治自觉性。新中国简化字运动和规范汉字的推广，被当成一项严肃的政治任务并被赋予重大政治意义,体现国家意志。这种颠覆性变化,无疑是革命的政治神圣性在文字变革中的真实反映。

毫无疑问,语言的神圣性、统一性和规范性,其目的是让我们的语言更为准确,也能提高表达的真实性。"修辞立其诚",古人坚持以"雅正"作为语言文字规范准则,对语言文字的书写保持一颗恭敬庄重的心。

然而,传统媒体以及网络中存在使用繁体字、生造词、字母词、外来词等大量不规范现象,亵渎语言神圣性的行为变得公开且普遍。

语言不规范不准确的危害有如渐冻症,如放任不管就会危及生存,只有在持续人为干预下才能延缓病症恶化。长期以来,媒体与各种形式的不良文风斗争,以免新闻机能衰退到不可收拾的程度。麻烦在于,如今相当多媒体从业者尤其管理者并未意识到可怕之处而变得不以为然,正如没有一朵雪花会在雪崩来临之前意识到自己正在加剧危险。

媒体原本承担着忠实履行语言文字法的义务,还被赋予在文字规范化和标准化方面起率先示范的作用。理论上,新闻作为高度自觉的公共写作,应包括文字自觉、文化自觉、政治自觉和法律自觉等自觉性在内。可是,比照文字报道泥沙俱下的现状,我们不得不哀叹,这是对文字革命和语言文字法的背叛,也是对自身使命的背叛,无论有意还是无意。

文字,应当被信仰,也应当重建信仰。新闻作为一种公共写作,不是个体行为艺术,而是肩负报道新闻信息、反映和引导舆论、传播知识和教育等公共任务。书写的神圣一旦崩解,游戏文字和文字游戏就开始大行其道。

神性书写:语言文字的文化传统

中国的文字起源,以仓颉造字的传说流传最为广泛,据《淮南子》记载"昔仓颉作书天雨粟,鬼夜哭"。

仓颉造字,鬼为何要哭呢? 东汉经学家高诱注:"鬼恐为书文所劾,故夜哭也。"这种文字神力的传说,又在后世演变出看起来更为真实的新故事。据记载,狄仁杰毁掉吴楚之地一千七百所淫祠。传说,狄仁杰有一次欲毁掉一座蛮神的庙,可是入者即死,后来派人手持写有文字的敕牒入庙,结果蛮神为之恐惧而不敢动。

根据学者研究,语言崇拜是东方各国普遍存在的一种文化现象,但又有所区别,中国是文字崇拜,印度是音声崇拜,日本是言灵崇拜,阿拉伯一波斯是书写崇拜。换言之,中国人崇"文"、印度人尚"咒",日本人慎"言",波斯人重"笔"。

日本言灵信仰所崇拜的不是文字,而是言语。这和日本万物有灵、言亦有灵的原始神道信仰密切关联,包括神话、传说、歌谣、和歌、祝词、宣命等日本文学形式实际上都是言灵思想的体现。在和歌中,对言灵信仰的抒发也随处可见,如"大和国,是皇神威严之国,是受言灵宠幸之国"以及"敷岛大和国,是言灵保佑之国度,平安幸福"等。"言灵"没有固定的神体,也没有专门祭祀的场所,不管言发自什么人如触犯言灵都会遭遇惩罚。所以,这种文化塑造了日本人沉默慎言的性格特征。

北欧也流传不同版本的造字神话。据日本学者杉原梨江子研究,在公元 2 世纪遗留下来的石碑上就刻有符文(也称卢恩文字),最古老的符文一共有 24 个。其实,这只不过是一些刻在木片上、只有纵横寥寥数笔的简单文字而已。据说,将符文刻在肉体、树木、石头上就能增强魔力,反之将其刮去的话,魔力就会消失。传说,符文最初是密藏在宇宙树伊格德拉西尔之中的。众神之王奥丁用长枪刺伤自己,倒吊九天九夜,终于将其掌握,获取了超凡的智慧及强大的力量。[①]

王向远认为,中国实际上存在一种"文字教",无论伏羲造八卦,还是神农结绳记事,或是仓颉造字,都是文字起源的神圣化。民间张贴悬挂对

---

① ［日］杉原梨江子:《北欧众神》,李子清译,中国致公出版社,2020,第 210—212 页。

联、匾额及"福""禄""寿""禧"等寄寓吉祥含义的文字,或者村口路边竖立的"姜太公在此,百无禁忌""泰山石敢当"等碑刻,从汉代起流行拆字(测字)等,这些对文字神力崇信的行为都是文字教表现。"这不仅表现在日常起名、命名、命题、作文等事项中,甚至也体现在上层政治生活领域。文字一旦刻在版上,写在纸上,也就有了一定的神圣性、可信凭性。中国人对口说不太信任,俗话说:'口说无凭,以字为证。'"①龟甲兽骨在天命观时代充当统治者和上天沟通的灵媒,甲骨文由于记录了大量的祭祀信息再度为文字蒙上了巫卜色彩。刘鸣认为,商朝甲骨文字的神性化有其明显的两重性:一方面,当时文字的产生不仅是为了满足人与人之间的交流之需,而且也是为了满足人与神(上天)和先祖(鬼)的对话,这一点我们可以从随时随处看到的有关祭祀神祖活动的语文记载中发现。应当承认这正是甲骨文字自身既有的一种神性,而且这种神性不仅是甲骨文字产生的结果,其实更是其形成的原因。另一方面,商朝的远古先民为了实现传情达意的目的,又不能不为甲骨文字抹上一层审美的"神性"②。唐朝开始出现了岁末祭书的仪式。据说司书之神名字叫长恩,在除夕时呼叫并祭祀长恩就能保佑书籍不会被书虫蛀坏,也不会被老鼠啃咬。

到明清时期,"敬惜字纸"文化发展出新的形式——惜字塔(或称"字库""圣迹亭""敬字亭""惜字宫""惜字炉"等)。写有文字的纸被送到惜字塔焚化,人们相信文字可以从这里回到天上。在清朝,为了完成相应的捐资、维修、雇人捡拾字纸、举行恭送字纸入海的仪式等事务,出现了惜字会这样的专业机构。惜字会的理想是济世与教化,劝善规过,维持一方纯朴风俗。③

---

① 王向远:《语言崇拜与东方传统语言观念的内在关联——中国"文字教"、印度"咒语"、日本"言灵"之比较》,《东北亚外语研究》2017年第4期,第4页。
② 刘鸣:《甲骨文字神性化的美学诠释》,《安阳工学院学报》2005年第1期,第166页。
③ 宋本蓉:《明清惜字塔——惜字文化的建筑遗存》,《紫禁城》2008年第10期,第179页。

文字自身具有神性光芒,事实上,包括写作在内的书写也长期被视为神性的活动。

古希腊政论家西塞罗说:"在我看来,更加著名的劳作的领域似乎也不能不受神的影响,我必须说,诗人倾诉出他的赞歌怎能没有来自上天的灵感,雄辩而又滔滔不绝的言词和丰富的思想又怎能没有某些更高的影响。至于哲学,一切技艺之母,又怎能例外地不是诸神的发明呢?柏拉图说它是神赐的礼物,我也这样认为。"

西塞罗认为,哲学教我们植根于人类的社会联合中的正义,教我们灵魂的节制和高尚,从而驱除蒙蔽心灵的黑暗。原因就在于,"人和神中间存在的是一种正确的共同理性,因为法律即理性,因此应该认为,我们人在法律方面与神明共有"。又说,"人和神具有同一种德性","这种德性不是什么别的,就是达到完善,进入最高境界的自然"①。

人的理性,当然不可能来自虚无的神,而是在后天的实践中不断学习的结果。然而,对文字书写的神性敬畏,作为一种心理意识的客体对象,却是实实在在地存在于写作者这一主体之中。

四大古文明分别是中国和古埃及、古巴比伦、古印度,然而,古巴比伦等经历过文字被更改、文明中断的悲剧,为什么中国文献历经数千年仍然能够忠实地传承下来?这和中国古代文人始终对文字保持敬畏之心有很大的关系。

戴昭铭指出,雅正是中国古代语文规范的准则,上古中国助推了语文统一和政治统一,在中古时期抵制了绮靡骄骊的不正文风,也容纳了一定程度的变化,使得两千年中国文化典籍保持了相对一致的语文形式。这一准则,源于古代文人的语文神圣观念和严肃的写作态度,即对语文的本原和功用带有崇高庄严色彩,贯穿了自然之道和儒家之道的思想。

---

① [古罗马]西塞罗:《论神性》,石敏敏译,商务印书馆,2012,第96页。

　　"语文事业成了士大夫们建功立业、实现人生价值的重要途径，所以，他们对文章写作乃至有关的一切语文问题持极为严肃慎重的态度。"孔子曾说郑国拟制一个外交文件要经过"裨谌草创之，世叔讨论之，行人子羽修饰之，东里子产润色之"等几道工序。柳宗元《答韦中立论师道书》自叙，每为文章，未尝敢以轻心掉之，未尝敢以怠心易之，未尝敢以昏气出之，未尝敢以矜气作之，这种几乎战战兢兢的谨慎态度体现了"修辞立其诚"的优良传统。[①]

神圣国家：语言文字的政治传统

　　今天的规范汉字，可以说，经历了一场惊心动魄的文化战争。

　　兹事体大，事关中华民族共同体意识的塑造。我们之所以应当花一点时间回顾这场汉字规范化的历程，是因为只有明白一件东西来之不易，才会懂得珍惜从而自觉呵护规范汉字。汉字在今天的人看来，只是平常的书写工具而已，殊不知其中凝聚了无数政治领袖、文字学者和文化名人等民族精英和其他普通语言文字工作者的不懈努力。

　　秦始皇统一文字，厥功至伟。但是，语言不统一的历史长达两千年，各地南腔北调，口头交流极为困难。《清世宗实录》记载，福建、广东两地语言系统与北方官话差异极大，这两个地方出身的官吏去其他省份任职的话，"不能宣读训喻、审断词讼"，只能由下级职员代为传述，这就给了下级操弄的空间，导致百弊丛生，语言不通成为执政的重要障碍。雍正建立"正音书院"，以便官民上下语言相通。

　　但是，直到晚清，统一语的问题仍未解决，语言不通象征着地域和阶

① 戴昭铭：《说"雅正"——中国古代语文规范理论初探》，《复旦学报（社会科学版）》1995 年第 2 期，第 104 页。

层分裂的联想随处可见。清末的读书人注意到一个令人不安的现象,许多来自不同地区的中国人竟然只能借助外语作为沟通工具。民国著名外交家颜惠庆著有《英汉双解标准大辞典》,他晚年回忆说,20世纪初在上海一次会议期间亲眼看见,一个福州人和上海人交谈要两个美国人居间转译。20世纪20年代初,周铭三发现,沪宁铁路一带盛行讲英语,云南流通的是法语,"南满"铁路沿线和山东使用日语,"北满"和新疆的一部分流行俄语,其分布范围大体和列强势力范围相重合。当时方言众多,"各自为政",是"内生的国耻";外语横行,反客为主,是"外来的国耻"。因方言为异才会外语横行,故"内生的国耻"比"外来的国耻"更加危险。欲雪斯耻,必须统一国语。①

也就是说,语言文字在近代中国不是一个工具话题,而是强烈的国家意识和现代性观念觉醒的政治大事。1906年,陆费逵在一篇文章里指出,中国人之所以"知有乡谊而不知有国家观念,知有省界而不知有国种界",一个重要原因就是"方言不一"。因此,要凝聚"全国人心",就要从"统一语言"做起。1924年,黄正广在《国语文作法》一书中提出,国语这个词,往往有人误作国家规定的言语解。其实,国语是国人公用的言语,不过它还含有现代的意思。

蔡元培也认为方言割据现象妨害国家意识,他在《三民主义与国语》一文中提出,中国人民肯替家族、地方牺牲,而不肯替国家牺牲,就是因为感情的不融洽,像广东一省,广州、潮州、汀州、漳州都各有各的语言,所有时起纠葛,虽然也有其他种原因,但是语言的不统一,总是一个重大原因。

瞿秋白等曾发起方言拉丁化构想,希冀快速提高各地方言区的老百姓识字率,最终废除汉字。郭沫若、马叙伦和茅盾等提出,吴语、闽语、粤

---

① 王东杰:《"汉语是一种语言":中国现代国语运动与汉语"方言"的成立》,《学术月刊》2015年第11期,第127页。

语区的人民要学习北方话好比学外文,还要学习本区方言的拉丁化新文字,非常麻烦,不如直接学习北方话新文字。更为重要的是,方言拉丁化虽然有短期的局部的利益,但从长远的整个的利益出发,只能阻碍语言的统一,得不偿失。

语言的国家意识建构使命,并不是一种虚妄的幻觉。实际上,新中国成立后,敌视社会主义的西方国家依然在语言领域体现了这种国家政治视角。其中,插曲之一就是,美国国家地理协会在 1950 年发布的世界语言统计报告中,把英语列为世界第一大语言,排斥汉语。该报告将汉语折为九种彼此不能懂的方言,也就无法进入世界主要语言行列。著名的杂文作家聂绀弩撰写《世界主要语言中没有中国语言》一文,不仅强调汉语的使用者人口众多,还指责西人误解汉语性质,汉语"其实只有方音,并无方言存在"。他说美国人此举完全是故意,汉语占据世界语言的首位,就伤害了帝国主义国家"先进国"的尊严。

民国时期的国语建构运动,阻力也非常大。根据王东杰的研究,当时语言的"不统一主义"表现在两个方面:一是力倡保护方言,反对国语一统天下;二是主张"蓝青官话"式的国语标准,不要求每个人都说得字正腔圆。事实上,国语运动本无打压方言的意图,多数语言学家倡导的是双语构想。周作人认为统一的国语之下仍有各地的方言,吕叔湘声明"咱们提倡国语,可不是要消灭方言",王力则提出"提倡国语,拥护方言"的口号。可是,胡适、俞平伯、钱玄同、林语堂等以地方文学为旗帜,捍卫方言,直到 20 世纪 30 年代中期林语堂还在用吴语撰文大张"方言文学"。胡适态度尤为激烈,声称偌大的中国,一万年也做不到国语统一。

民国时期的方言阻力不仅体现在文学领域,还体现在电影戏剧方面。1928 年,电影检查委员会严行取缔"侵害国语统一运动和大腿肉感诱惑社会的两种影片"。当时,粤语对白片在华南广为流行,原因在于,"广东人特别嗜好和桑梓观念之深,他们往往对于一张粤语对白片,会以多倍以上的欢迎热忱来接受它"。1940年,用上海方言演出的戏剧《上海屋檐下》和《黄昏》,引起一场方言剧、戏剧大众化和国语统一的大争论。支持者认为这是"给上海戏坛开来新的路,是值得纪念的",反对者很严肃地指责方言剧的不当。不过,支持者也明确指出,在目前说起来,是为抗战急于要用的手段;起初为适应环境,不妨用方言演出,到一个相当时间必须改用国语。

尽管争论一直存在,但是语言统一观始终是主流声音。"作为一种民族主义思想的体现,近代语言统一观是一种国语、国民和现代国家共生的语言建设思想,它反映了近代中国由传统王朝体制向现代国家转型过程中,由于民族—国家建设的需要,人们希冀从统一语言进而实现再造新国民、消弭地域保护主义和加强民族国家认同的政治诉求。"①

神圣革命:新中国的规范传统

1951年,毛泽东对当时公文中"滥用省略、句法不全、交代不明、眉目不清、篇幅冗长"等问题非常不满意,指示胡乔木找专家写通俗性的文章或教科书,对全社会进行普遍的语文知识教育。吕叔湘、朱德熙奋斗3个月写成《语法修辞讲话》,从6月6日起在《人民日报》上连载。

《人民日报》连载《语法修辞讲话》的第一天,头版同时发表毛泽东亲笔修改的社论《正确地使用祖国的语言,为语言的纯洁和健康而斗争!》,社论罗列了报纸上文理不通的情况,还专门批评了文字不规范的风气,"他们不但不加选择地滥用文言、土语和外来语,而且故意'创造'一些仅仅一个小圈子里面的人才能懂得的各种词"。

---

① 崔明海:《"国语"如何统一——近代国语运动中的国语和方言观》,《江淮论坛》2009年第1期,第174页。

社论指出:"正确地运用语言来表现思想,在今天,在共产党所领导的各项工作中具有重大的政治意义。党的组织和政府机关的每一个文件,每一个报告,每一种报纸,每一种出版物,都是为了向群众宣传真理、指示任务和方法而存在的。它们在群众中影响极大,因此必须使任何文件、报告、报纸和出版物都能用正确的语言来表现思想,使思想为群众所正确地掌握,才能产生正确的物质的力量。"

1955 年,新中国对标准语问题的讨论给出结论。同年 10 月,"现代汉语规范问题学术会议"在北京召开,国务院副总理陈毅、中国科学院院长郭沫若到会致辞,传达了党中央和国务院对语言文字工作提出的任务。吕叔湘在大会上宣读了与罗常培合作的《现代汉语规范问题》主题报告,强调"语言学家应该研究语言的规范,并且通过这种研究促进语言的规范化"。

之后,推广普通话的宣传工作迅速展开,有关政策也陆续发布。全国文字改革会议通过了推广普通话的决议。10 月 19 日,教育部部长张奚若在全国文字改革会议上做了《大力推广以北京语音为标准音的普通话》的报告,并且指出"普通话"的"普通"是普遍、共同的意思,而不是平常、普普通通的意思。张奚若强调,"教普通话,学普通话,都是为了祖国更进一步的统一和发展,为了建设社会主义这个光荣伟大的事业",因而是"一个严肃的政治任务"①。10 月 25 日,中国科学院召开"现代汉语规范问题学术会议";26 日,《人民日报》发表题为《为促进汉字改革、推广普通话、实现汉语规范化而努力》的社论;11 月,教育部发布推广普通话的指示;次年 2 月,国务院也发布了同样的指示。从此,"普通话"成为官方正式确定的汉语"标准语"名称。

2001 年 1 月 1 日,《国家通用语言文字法》施行。同年 6 月 6 日,《人

---

① 张奚若:《大力推广以北京语音为标准音的普通话》,《人民日报》1955 年 11 月 18 日第 3 版。

民日报》在社论《正确地使用祖国的语言，为语言的纯洁和健康而斗争！》
发表 50 周年之际，又刊发《为祖国语言的纯洁和健康继续奋斗》的评论文
章。评论称，50 年前社论中提到的一些不能容忍的老问题依然存在，而
且又出现许多新问题。"语言文字应用的混乱，会影响一个国家的政治、
经济、文化的发展……使用规范的国家通用语言文字，不仅是公民的义
务，更是国家的意志。"各级领导机关要认真贯彻执行国家语言文字工作
的方针政策，而且，"正确地使用祖国的语言，新闻工作者承担着特殊的使
命"。

从新中国成立初"重大的政治意义"到"严肃的政治任务"再到 21 世
纪"国家的意志"，分别强调了国家在语言文字规范化上思想认识的必要
性、实际行动的重要性和履行义务的强制性。事实上，在如何规范的话题
上近百年来的讨论结果已在新中国成立后转化为国家意志，今天的公共
媒体应当遵守法定义务而不是继续无谓的争论。

上面所提及的评论《为祖国语言的纯洁和健康继续奋斗》明确提出，
"从维护国家根本利益的高度，搞好语言文字规范化建设"。"正确地使用
祖国的语言，新闻工作者承担着特殊的使命。"那么，这是什么样的特殊使
命呢？

王东杰认为，普通话虽与国语实际非常近似，但作为一个刻意选择的
名相，它代表了一种新的政治认同，也代表了与"他者"做出区分的努力：
形式背后有实质的内容。通过"正名"，人们可以发动一场政治和社会"革
命"，也可以缝合由此带来的历史裂纹。正是通过类似的一次又一次的
"言语行为"，那个"成文的""标准的"、同时也是线性的国族叙事被不断修
改，又不断成形——尽管言说并非塑造历史的唯一方式。①

---

① 王东杰：《官话、国语、普通话：中国近代标准语的"正名"与政治》，《学术月刊》2014 年
第 2 期，第 169—170 页。

人民性是普通话和规范汉字的一大特征。语言学家王力在谈到什么是普通话时指出，"普通话就是通行全国的话。在封建时叫做'官话'，在国民党统治时代叫'国语'，现在我们叫做普通话。叫'官话'不好。这不是官的话，这是人民的话"。而且，"官老爷的话也是向人民学来的。无论哪一种语言都应该是属于全体人民的"①。

1995 年，许嘉璐在《求是》发表《继续为祖国语言的纯洁健康而斗争》指出，历代王朝要求书同文、语同音的影响局限于官场，民国一些学者的奋斗也不可能取得预期的效果。"古代的通用语基本上是自然形成的，只有人民政权才能顺应语言的规律和时代的需要，运用行政的力量，科学地促进通用语尽快地在全国普及。"

也有研究者从近现代史视角看待国语运动后提出，国语运动目的是为着中国十分之九目不识丁的国民，"关注民国时期的国语运动，我们也对兵荒马乱中整场运动的一波三折、有始无终感慨良多。可见，不解决中国革命的根本问题，不实现国泰民安，哪怕是再善意的动机也会打折扣的"②。

既然语言文字规范化是政治任务，体现了国家意志，那么新闻媒体在报道中就没理由违背国家意志而变相执行（打折扣）这一政治任务。或者如王东杰所言，普通话正名背后是一场缝合历史裂纹的政治和社会"革命"。众所周知，国内媒体的特殊性在于其官方或半官方色彩，那媒体就绝无理由亵渎革命的果实。吊诡在于，如果媒体在缝合历史裂纹方面曾经做出过贡献，那么媒体在 21 世纪初的十几年中力挺方言新闻的极端表现已经到了扩大现实裂纹的程度。

2021 年 11 月，《国务院办公厅关于全面加强新时代语言文字工作的

---

① 王力：《王力汉语散论》，商务印书馆，2002，第 38 页。
② 赵慧峰：《简析民国时期的国语运动》，《民国档案》2001 年第 4 期，第 103 页。

意见》发布。这是新中国成立以来第一次以国办名义印发的全面加强新时代语言文字工作的指导性文件。该意见明确指出,语言文字规范化、标准化、信息化建设事关铸牢中华民族共同体意识。意见要求,增强全社会规范使用国家通用语言文字的意识,加强对新词新语、字母词、外语词等的监测研究和规范引导,强化对互联网等各类新媒体语言文字使用的规范和管理,坚决遏阻庸俗暴戾网络语言传播。

让我们再次回顾一下,百余年来,民国时期国语运动因先天性残缺及社会整合失败而不成功,新中国成立初毛泽东对有关文件缺乏内容文字不通的毛病非常生气,于是发起了规范汉字和普通话推广运动。今天,面对媒体和政府公文普遍性的文理不通乃至言不及义的现象,我们是不是应当发起第三次语言文字规范运动?

重建写作信仰

清末,科举制度崩溃,惜字塔的风气就此终结,文字的神圣性也随之瓦解。在近代以来由科学持续推进的现代化进程中,传统宗教或巫文化色彩的原始神性被当作祛魅对象在广阔的田野之间谢幕。从此,与伏羲氏、仓颉有关的文字起源故事,传说成为传说,信仰成为历史。

清末,中国的部分知识分子认识到,西方胜过中国不仅在于船坚炮利还在于国民教育的普及,语文改革运动在 19 世纪末 20 世纪初兴起。如前所述,白话文承担的现代民族国家使命被凸显,这是晚清中国千年大变局在语言文字领域的表现,继秦始皇统一文字之后华夏民族再次遇到关系民族存亡的空前大事件。

共和国真正完成了推广普通话和简化规范汉字的任务,让全体国民更加容易地实现了文化教育的学习目标。在这个过程中,国家一直强调,规范汉字是一项严肃的政治任务,是公民义务和国家意志。同时,正确运用语言表现思想具有重大政治意义。

遗憾在于，继书写神圣性退场之后，文字统一性和规范性背后的政治意义如今也被淡忘或淡化。于是，文字信仰从政治、法律、文法等层面几近泯灭，人们不再视写作本身为敬畏严肃的文化活动。伴随文字历史演化而艰难建构的诸种神性，历经千百年之久却在一夜之间遭遇无情鄙弃，这大概是包括新闻在内的当代写作日益粗鄙化、去规范化、反标准化的内在心理因素，随意挥洒、肆意涂抹，成为必然而又泛滥的现象。

诚然，网络媒介呈现了当下空前盛大的大众书写文化景观。这种现象既是对传统精英书写的反叛，也是长期缺乏书写能力的群体对自我压抑的反弹。媒介的高度发达尤其是低成本的网络媒介，令世界进入失焦的碎片化传播时代，导致书写的神圣地位被解构。然而，越是这样，越需要传统媒体坚持职业化的神性书写。

文字教的神性被祛除是时代的进步，新闻也不需要假借文字起源的天命色彩增强权威性。然而，作为态度或情感的书写神圣性也随之退场，则类似于泼洗澡水时把婴儿一起倒掉的悲剧。更为重要的是，近代民族启蒙救亡的语言政治和普通话人民性的革命意义不容遗忘。

下编(第一卷)
事实规范

第九章　要素不清:残缺的新闻

作为一种写作体裁,现代意义上的新闻对中国而言是舶来品,而新闻要素的理论传入中国也有百年之久。1889 年,美联社总编辑梅尔维尔·E. 斯通最早提出"五个 W"的说法,此后逐步成为新闻写作的一项基本要求。1913 年,上海广学会翻译出版美国休曼所著的《实用新闻学》,"新闻五要素"说首次输入中国。

当然,事实上,新闻究竟应该有几个要素或者对要素的理解,新闻界存在不同说法。1918 年,徐宝璜提出"六要素"说法,在原五要素基础上新增一个"如何"(how),强调交代事实发生、发展的过程。"此六问题,非必须全答。其如无关重要者则可不必答复。至其先后,并无一定之次序,因六问题比较之重要,至不一定也。"①前些年,还有人提出将背景或观点或意义列为新闻的第七要素。也有人提出,突发事件如美国总统遇刺快讯等经常缺少原因(why)要素,媒体很难在短时间内对事件原因做出科学结论,而且在报道时忌讳对原因道听途说。应当说,这种说法有一定合理性,但不宜作为普遍规律宣扬甚至成为采编人员卸责的借口。

---

① 徐宝璜:《新闻学》,中国传媒大学出版社,2018,第 49 页。

从中国的新闻实践来看,五要素也就是"五个 W"的经典理论影响力更大。1929 年,中国共产党地下报纸《上海报》曾以"新闻五要素"指导通讯员写稿。1943 年 9 月 1 日,陆定一的《我们对于新闻学的基本观点》一文也用了五要素说法。1945 年 12 月 13 日,《解放日报》发表《从五个 W 说起》。

我们之所以讨论新闻基本要素,缘于新闻对基本事实应做出必要交代,以免读者为之困惑。即使是五要素的主张也不等于"五脏俱全",特定情况下可以突出某一最具新闻性的要素。至于在哪一种情况下,什么要素最应当突出或做必要的补充,则需要采编人员根据具体题材及客观的采访条件来判断。

过去 100 多年来,无论西方还是中国的新闻实践,都把新闻要素作为写作指导原则。尽管如此,我们还是遗憾地发现,新闻要素理论未必落实得好,相反经常出现要素缺失的现象。"何时、何地、何人、何事、何因这新闻五要素,简单到只要稍有新闻常识的人都知道。但正因它初级,许多新闻专业人员都不屑于研究它,导致在新闻实战中常常发生各种各样的问题。许多主管采访的副总编在交流时都有这种感受:记者稿件最容易出问题的地方,恰恰是五要素导致新闻失实或出现重大错误。"①

新闻要素缺失的现象

一、事件不清或不完整

例 1:2014 年 9 月,一篇名为《贵州经信委破解影响民营经济发展"七难"问题》的报道,导语提到贵州省经济和信息化委员会和省工商联领导座谈商讨破解影响民营经济发展"七难"问题。

---

① 孙拓:《新闻五要素:初级问题的高级探讨》,《中国地市报人》2012 年第 4 期,第 50 页。

这"七难"究竟是指什么呢？全文并无交代。查找更早前报道，才知道省主要领导要求，民营经济发展，要着力破解"准入难""融资难""政策落地难""审批难""盈利难""用工难""创业难"等"七难"。

例2：贵州省毕节市报道，多名机关干部因举报涉及国家安全重要线索，受到国安机关表彰奖励。其中，2021年，有境外反华媒体持续潜入毕节市非法采访报道并在境外进行炒作，被毕节某机关干部举报。

境外媒体在当地采访什么敏感问题？为什么属于非法采访？报道付之阙如。当然，如果是刺探情报等行为，无论境外记者签证手续是否完备都是非法的，那是另一回事。

例3：黑龙江一高速公路管理处原处长祝某某，被控贪污2000余万元、受贿600余万元，因积极退赃八千万元被轻判。

为何退赃高达8000万元？是司法机关未掌握全部情况，还是赃款自然孳息以及赃物增值（特别是容易高增值的房产）？更为重要的是，既然使用了退赃8000万元的说法，那就必须回答这8000万元构成赃款性质的理由。对如此重要的信息，有的报道并未交代，也有的报道并未完全解释清楚。

根据报道，祝某某将违法所得用于投资、理财、购买房产，在接受调查期间主动上缴。而法院一审判决结果显示，"祝某某违法所得人民币2631.3335万元，依法予以追缴，上缴国库"。于是，新的疑问产生了，还有近6000万元的孳息为什么没认定为赃款？这笔钱是否上缴国库抑或另做处理？新闻并未给出答案。

例4：福建天柱山欢乐大世界鲨鱼馆发生致人死亡事故，已成立调查组

2020年10月8日14时30分许，位于马洋溪生态旅游区的福建天柱山欢乐大世界鲨鱼馆发生了一起亡人事故。通知称，为做好"10·8"事故的调查工作，根据《生产安全事故报告和调查处理条例》（国务院第493号

令)规定,经研究,决定成立"10·8"事故调查组。(澎湃新闻 2020 年 10 月 10 日)

事实上,全国各媒体对这一事件的报道均只有两句话,即发生死亡事件,当地成立调查组。蹊跷的是,究竟死亡多少人,死于什么原因,反而闭口不提。死者是工作人员还是游客?是在鲨鱼馆内还是鲨鱼池内?

二、原因不明或不当

例 1:2014 年 9 月 5 日,《羊城晚报》发表一则《外婆为警告女儿养女不易抱走外孙失联 3 日》的故事。报道披露,潘某趁女儿去买菜抱起 7 个月大的外孙跑回山村,警方了解到,潘某认为女儿们不赡养自己,此举是为了警告女儿自己当年"养女不易"。潘某认为,按照农村的习俗,大女儿招了上门女婿就应赡养自己却没有履行义务;更让她生气的是,因面临一场手术两个女儿都不肯签字,向二女婿诉苦也被反驳让她自己挣钱养活自己。潘某一气之下,就抱走外孙。面对记者,二女儿承认没给母亲钱,理由是,上门女婿就是儿子,其他女儿只能凭良心给,手术也应该由大姐签字。

报道花了不少笔墨,却始终没有讲清楚到底该谁赡养。农村习俗并不是答案的全部,从法律上来说,潘某的三个女儿都有赡养义务。媒体本身就肩负着普及法律的责任,遗憾的是,报道并未提及第三个女儿的情况,也没有通过采访法律专家来提供有力的解释。

例 2:2019 年 7 月 6 日,上海一名日籍女子走在人行道上,一只大型犬突然冲上来咬住她的左手臂。

"澎湃新闻记者从相关渠道了解到,这条犬有狗证,虽然牵绳了但是没戴嘴套……记者同时从相关渠道了解到,伤人犬根据辖区的宠物医院鉴定,是罗威纳犬,属于烈性犬,不能个人饲养,根据管理规定十二条第三项规定,应当由公安机关收容处理。"(《一日籍女子在街头被大型犬咬伤,

肇事犬被牵着绳但没戴嘴套》，澎湃新闻 2019 年 7 月 7 日）

既然咬人的狗属于不准个人饲养的烈性犬，为什么狗主人能办理狗证呢？这条新闻没有解释。数百名读者在跟帖中质疑，狗证是怎么办下来的？

反之，《新闻晨报》微信公众号在跟踪报道中着重调查的恰恰就是如何规范办证的关键问题，报道披露，犬主养有三只狗。当事人辩称，涉事犬是杂交犬，责任并不完全在自己身上，"因为这种狗是不是可以养、是不是合法的，我没有能力确保，这都是由相关单位鉴定的"。

事实上，《上海市养犬管理条例》明确规定，具有獒犬、狼犬和斗牛犬烈性犬血统的杂交犬只也在个人禁养范围。《新闻晨报》提出：一问涉事犬的犬证是怎么办出来的？二问宠物医院究竟是如何把关的？三问一户人家为何能养三只狗？

例 3：2019 年 5 月 29 日，南昌市青山湖区方大特钢公司炼铁分厂 2 号高炉煤气管道发生燃烧爆炸。几天后，澎湃新闻发表报道称《方大特钢实控人减持套现 790 万元 一个月股价跌去三成》。

报道尤其是大标题突出的股价下跌理由，读者并不买账。在网络跟帖中，有人反问："几乎所有的钢铁股都在持续跌，都和减持有关系吗？"还有人嘲讽，区区 790 万元而已，做空成本太低，如果套现 2000 万元岂不是要跌去七成？事故会对股价短期波动产生一定影响，但是一个并不严重的事故不会对公司业绩产生大的长久的冲击。更何况，行业大背景和减持比例，确实是评估股价波动的衡量因素。

例 4：打工 4 年"倒贴"4000 万，百亿房企总裁辞职

"朱荣斌在阳光城任职的四年半时间里，通过增持、获授期权、持股计划的方式累计持有阳光城股份 2022 万股，累计耗资 1.36 亿元。目前朱荣斌手中还持有 1175 万股，以 1 月 6 日收盘价 3.12 元计算，折合市值 3666 万元，加上两次减持回笼的 2700 万元，合计 6366 万元。与 1.36 亿

元的投入本金相比,朱荣斌亏损约 7000 万元。"

报道称,即便扣除四年来的薪资收入,依然净亏超 4000 万元。(《每日经济新闻》2022 年 1 月 9 日)

浮亏和亏损是不同的,作为一家经济媒体,如此混用术语实属低级错误。为什么当事人会浮亏近 7000 万元? 一方面,在这四年当中股价也出现过三次波峰,只是当事人没抓住套现时机而已,在市值最低时减持应当是遇到了经济麻烦。另一方面,该股票市盈率仅 2.5 左右,当事人手中持有的剩余股票仍有机会浮盈数千万元。所以,目前还不能下结论说当事人净亏 4000 万元。总的来说,增持也好,股票期权也好,都是当事人的主动选择,不能归因为打工四年倒贴 4000 万元。

例 5:西班牙说唱歌手被捕引发抗议 警察和示威者发生冲突

当地时间 2 月 18 日,西班牙加泰罗尼亚大区针对说唱歌手巴勃罗·哈塞尔入狱的抗议示威活动进入第 3 天。消息人士称参加示威的人数略有减少,但大区首府巴塞罗那市仍出现多起示威民众与警方发生暴力冲突的事件。示威者向警方投掷石块、烟火等杂物,部分示威者焚烧路边的障碍物,阿拉贡大区部分城市同样发生暴力冲突事件。截至目前,在加泰罗尼亚大区和马德里大区进行的示威活动已经导致至少 52 人被拘留,瓦伦西亚大区警方同样对暴力示威者提出了指控。(国际在线 2021 年 2 月 19 日)

那么,巴勃罗·哈塞尔是谁,他说了什么做了什么,以致会被逮捕呢? 这则短短的消息并没有交代。也有报道简单提及,"巴勃罗·哈塞尔因在歌词和推文中美化恐怖主义并侮辱西班牙王室,将面临 9 个月的监禁。这一事件重新点燃了西班牙关于言论自由的讨论"。问题在于,巴勃罗·哈塞尔的歌词说了什么? 为什么说他"侮辱西班牙王室"? 准确地说,巴勃罗·哈塞尔不仅是一个说唱歌手,也是加泰罗尼亚分离运动中坚分子,抨击卷入腐败丑闻而流亡的西班牙前国王。他的行为究竟是否构成侮辱王室等指控是存在争议的，取决于政治对立双方的不同立场。在这种情况下，原因的要素不但被中国媒体所忽视，而且中国媒体理应保持中立而不持危险的倾向性。

这起报道实际上涉及人物和原因两个要素。人物作为新闻的重大要素，已经是新闻写作的常识。然而，人物的要素并非仅仅只是提供名字而已，缺乏必要背景介绍的人物可能令人莫名其妙。同时，他做了什么，这会构成另一个新闻重大要素——原因。

例 6：汕头警方依法刑拘林某荣等 26 名涉嫌扰乱国家机关违法犯罪人员

本报讯 9 月 26 日上午，我市公安机关依法处置聚众冲击市委机关的群体性事件，及时妥善劝退、清离被不法分子裹胁、不明真相的群众。但是，现场仍有一小撮挑头分子不听市、区两党政干部劝说，目无法纪，肆无忌惮，大打出手，劫持殴打党政干部和执勤民警，打砸市委机关办公楼，严重扰乱国家机关秩序。为维护国家机关正常工作秩序，保护最广大人民群众的利益，公安机关及时行动，现场强制带离林某荣等涉嫌违法犯罪人员。

经审讯，犯罪嫌疑人林某荣等人对其煽动村民、冲击国家机关、扰乱交通秩序的违法犯罪行为供认不讳，并悔过认罪，劝告乡亲不要重走他们老路，要通过合法渠道反映诉求。目前，林某荣等人已被警方依法实行刑事拘留。（《汕头日报》2014 年 9 月 28 日）

对这起群体事件，汕头市公安局发布《关于严厉打击莲塘片区聚众扰乱社会秩序犯罪活动的通告》称，"近年来，少数别有用心的人以种种借口，置国家法律法规于不顾，多次组织、煽动金平区莲街道莲塘片区部分不明真相群众，冲击国家机关、劫持人质、围堵企业、堵塞公路、阻挠公安机关正常执法活动，砸坏警车、打伤国家机关工作人员和执勤干警，严重扰乱党政机关工作秩序、社会秩序和企业生产经营秩序，社会影响恶劣"。

通告为何使用了"近年来"的措辞，时间持续多久，为何持续这么久？

别有用心的是谁,为什么? 不明真相的群众为何又会加入其中? 事件存疑之处颇多。

例 7:山西绛县 6 名失踪者在一处废弃矿井内被找到,全部遇难

记者从山西省绛县救援人员处获悉,6 名失踪人员已经找到,全部遇难。

今天早晨 3 点 50 分许,山西省绛县公安局接到报警称,12 月 23 日,有 6 名河南洛阳来晋人员失联。

接警后,当地公安机关全力展开寻找,在绛县卫庄镇里册峪附近山上,距离一疑似矿洞的山洞两公里处发现两辆河南牌照轿车。

经过全力搜寻,目前 6 名失踪者在一处废弃的矿井内找到,全部遇难。相关部门正在对案件展开调查。(央视新闻 2021 年 12 月 27 日)

失踪是一个非常含糊的说法,更为重要的是,6 名失踪者为什么无端端去矿井? 有其他媒体披露,"经公安机关初步调查,失联的 6 人都是河南省嵩县人,他们在关停的金矿内用'洗洞'的方法非法获利,目前已立案侦查"。尽管这条新闻解释了原因,然而,又制造了新的悬念,何为"洗洞"? 另一家媒体做了解释,所谓"洗洞"是指洗金矿,用水溶解氰化钠等药剂把金子从矿石中洗出来,在这个过程中会产生毒气,是一种高风险的方法。可见,这 6 人并非失踪,而是胆大妄为,魂断地下淘金路。

例 8:辽宁一渔船被撞沉致 10 人失踪 北海救助局全力搜寻

9 月 18 日 5 时 40 分,北海救助局接辽宁省海上搜救中心通报:大连西南约 16 海里处一渔船"辽普渔 25097"被撞沉没,船上 10 人失踪,请求救助。

接报后,北海救助局高度重视,立即指派专业救助船"北海救 116""北海救 201"、快速救助艇"华英 384"前往事故海域进行搜救,同时,救助直升机"B7312"从大连机场起飞实施空中搜寻。目前,尚未发现失踪人员,搜救任务仍在进行中。(央视新闻 2020 年 9 月 18 日)

渔船被什么撞沉? 为什么会被撞? 新闻完全没有说清楚。在这里,"谁"(who)这一要素包括了被撞者和撞击者。然而,这个基本要素只出现了一半。"为什么"(why)这一要素则完全缺失。如果以经典五要素来衡量,这篇正文仅 185 个字符的消息就缺了一个半要素。

例 9:10 月 4 日消息,吉林省扶余市公安局当天通报,10 月 4 日 5 时 40 分许,在 514 省道 39 公里处扶余市长春岭镇石桥村附近,由西向东行驶的号牌为吉 A1E19W 小型普通货车撞至前方同向行驶的农用四轮拖拉机尾部后驶入对向车道,与对面驶来的吉 JMK350 小型普通货车相撞。目前,该起事故致 18 人死亡,1 人受伤。

2020 年 10 月 4 日,吉林省扶余市公安局通过微信公众号@扶余通报上述重大交通事故。消息一经发布即引起网民广泛质疑,普通货车、拖拉机载人有限,无论如何也难以想象伤亡人数如此之高。那是为什么呢?

三、结果不明留下悬念

例 1:看着都疼! 广西一男子被"一箭穿心",家中的这些"凶器"要当心!

有人喜欢在家里玩飞镖、弩箭等器材,但稍不注意也会成为伤人的凶器。近日,广西一男子就在家里被上了膛的弩箭射中了心口!……医生介绍,这支弩箭射穿心口距离心脏只有 1 厘米,非常危险,经过胸心腺体外科医生手术 1 小时后顺利取出弩箭,目前病人手术非常顺利。

一些危险物品或者器材,例如飞镖、弓箭、弩箭等此类有杀伤力的武器应属于违禁品,尤其是有小孩的家庭最好就不要放,以免孩子贪玩误伤到自己。(南宁头条 2020 年 6 月 8 日)

上海交通大学医学院一名外科学博士热爱射箭,所以对这条新闻很感兴趣。他说,打开新闻中的 CT 扫描结果,不禁惊呼此人命真大! 箭由左胸射入,完全贯穿整个胸腔,然而这个人的心脏基本上位于胸腔的正中部位,不像一般人那样长在偏左侧,所以捡了一条命。他批评,新闻没有采访医生解答为什么伤者能捡回一条命,也没有把国家关于弩的管理法规搞明白。新闻工作者既没有请教专业法律人士,也没有查找国家相关法律规定,加深了普通大众对"弓弩飞镖均属违禁品"的错误认知。

事实上,飞镖、弓箭都是公民可以合法持有的,制造、销售、购买、持有、使用等环节均不需要向公安机关办理手续,但具有击发机构的弩则是我国严格管制的危险器械。"媒体应当作为人民群众的双眼,以理性客观的视角传递可靠的信息,从而产生正确的引导作用。"

例 2：梨视频—小伙高铁上半小时抽烟 2 次 叫嚣"随便拘留"

6 月 6 日,在焦作开往深圳北的 G75 次列车上,一小伙在高铁上吸烟,第一次被乘警发现后,小伙被教育和口头警告。但 20 多分钟后,工作人员又发现该男子躲卫生间里抽烟。他称只吸了一口,叫嚣"随便拘留"。(《北京青年报》2019 年 6 月 9 日)

显而易见,这条视频没有回答,小伙在高铁连续两次违法抽烟并叫嚣"随便拘留"的结果是什么。没有结果的新闻,让读者疑惑,甚至对报道者产生愤怒。有网友痛骂,"写个结果应该不难。但你让这样一个脑残小编弄懂新闻报道的必备要素那就真的很难了"。

例 3：生日当天擒抢匪

记者着眼点独特,突出了"擒匪"这一事件时间要素的特殊性,即是见义勇为者徐刚的生日。但这篇百余字的消息,不仅没有交代抢劫事件发生在何地,而且对徐被"歹徒用砖头砸伤头,鲜血直流"做出叙述后,对徐的伤势如何、救治情况怎样未做一点说明,使事实不完整,给读者留下疑问。(《新闻导刊》2004 年第 3 期)

作者"月平"对上述案例指出,"出于版面安排的因素可以将文章适当缩短,但前提是不损害新闻价值的表现,更不能给事实做截肢手术,在读者心中设置疑问"。

四、背景缺乏交代

在新闻报道中，背景的重要性是不言而喻的，但总体来说它还是不被媒体重视也不曾被视为新闻要素之一。

2023 年 3 月 13 日，央视新闻客户端发布《我国成功发射荷鲁斯 2 号遥感卫星》的简讯。那么，读者肯定会感到疑惑，中国发射的遥感卫星为什么起了一个奇怪的洋名字。实际上，这是为海外客户埃及发射的。荷鲁斯（Horus）是古埃及神话中的天空之神，也是一位战神。当然，卫星的详细资料没有披露，可见是比较敏感的，从命名来看其用途不难联想。即便如此，媒体也可以介绍荷鲁斯是古埃及神话人物。

规避要素缺失的建议

总的来说，根据笔者多年来的观察，在新闻要素缺失的现象中以原因要素不明或不当的比例最为突出，事件要素、结果要素缺失的情况也时有发生。这些单一要素或多个要素缺失（包括残缺）的现象非常容易给读者留下困惑乃至误导。

针对上述要素缺失现象，在实际操作中可供参考的有效建议如下。

第一，事实的主体应当明白无误。要做到这一点并不难。关键在于，采编人员是否有读者意识而且始终尊重读者需求。

事件要素要对读者回答是什么（what），这是一条新闻最核心的信息，也是支撑整篇报道的关键要素。一篇缺乏核心事实的报道是不合格的，提供给读者的只是次要的乃至完全无效的信息，是新闻空心化最典型的极致代表。陆定一将"事实"列为第一性，其"新闻就是新近发生的事实的报道"的定义也在相当长时期内保持极大的影响。

慎用缩略语，如果一定要用，那就必须解释清楚。除了经常传播的

"两会"等政治缩略语之外,各地或部门创造的缩略语不为人知晓,在这种情况下每一次报道采编人员都应当解释清楚。要把读者当作是第一次接触这一缩略语,事实上,即使是曾经接触过的读者第二次乃至第三次都很难记住类似"七难"这样的缩略语到底是哪七个难题。

第二,对敏感事件的事实也应当明白无误,完整准确。既然讲了就要讲清楚,不能让读者瞎猜,也不能让报道者或信息发布机构自身在舆论场陷入被动。要么像一个真正的记者那样揭露真相,要么明智地回避并非一定要发布的信息。

毕节市通报的"非法采访"事例本身不是新闻主体,只是有关保密意识报道中的一个例子。如果认为类似的事件仍然无法完全披露,那就不如不披露。欲说还休的姿态,即使是在日常的私人交流中也不是令人愉快的做法,对原本应当完整披露事实的媒体而言这种做法更是没有必要。

有时候,欲盖弥彰的做法反而会激起读者的怀疑。比如,福建天柱山欢乐大世界鲨鱼馆的意外事件并不敏感,据网民留言透露,只是有一名女游客在鲨鱼馆体验潜水时溺亡而已。

第三,永远不要对原因避而不谈。尊重官方口径同时保持独立性,但是永远不要用想象营造经不起推敲乃至虚假的独立姿态。

意外事件的原因,往往需要等待调查而难以即时提供准确结论。然而,并不是所有意外事件原因的调查都很艰难。在大连渔船被撞事件中,至少撞击来自何物,这并非无法查明的神秘 UFO 事件。

山西绛县非法淘金死亡事件也不复杂,死亡地点是废弃金矿而不是不明所以的矿洞,死亡原因是用氰化钠非法炼金所致。对这样一个并不复杂的意外事件,央视新闻客户端的读者却没办法直接得到答案,而要经过查找其他媒体比较阅读才能搞明白真相。一般读者当然不会如此大费周章去查找比较。如果一个国家的新闻报道,经常把明明一次就能报道清楚的事情,非要让读者比较多家媒体报道或者等待多次报道才能获取真相，那么社会效率就会被严重拉低。

在群体事件的报道中，原因往往非常复杂而敏感。然而，即便如此，也应牢记，可以以官方口径为准，但不能掩耳盗铃避而不谈。

在汕头市委被冲击的事件中，《汕头日报》对原因避而不谈。作为对比，就在同一天，新华网发布《广东汕头通报市委遭冲击缘由 称已抓 26 人》，对原因有所披露。报道称，警方此前查处一起赌博案件抓捕数人，有村民煽动闹事抢人，为了逃避法律制裁又借口反对垃圾填埋场扩建而到市委闹事。然而，新华社记者并未完全采信官方说辞，而是在报道末尾明确指出，"部分村民表示，近些年村内多块集体土地被征用之后，村民没有得到相应的利益和好处"。

毫无疑问，以官方通报为主的同时，保持一定独立性，提供不同说法，是一种稳妥的理性的选择。要说明的是，官方口径并不是仅仅指权力机构，商业机构乃至明星工作室提供的原因解释也是官方口径。总之，既要尊重官方口径但又不能在明知有疑问的情况下放弃独立性。

然而，我们应当注意的是，媒体的独立性永远不能建立在以想象代替事实的基础上，那种想法是空中楼阁。2014 年 9 月 30 日，中央电视台主持人白岩松在访谈节目中质疑，老百姓那么容易被煽动，背后一定有土地与垃圾安排有关的利益问题。显然，在没有证言证物的情况下，断言"一定有"，有违新闻报道的职业规范。

同理，归因要科学准确，不能想当然地假设报道信息之间天然存在因果关系。特别是对经济等专业报道，归因能力不仅折射媒体专业水准状况，还存在规避诉讼风险的现实考量。

第四，现场永远是新闻的第一要求，如果不能抵达现场也应争取还原现场，无论使用哪种采访方式。

在扶余重大交通事故中，拖拉机和货车相撞，为何死亡人数出奇地高？被撞车辆分别搭载多少乘客，这不是秘密。现场勘查的交警或交通部门以及事发地点的乡村干部,都知道真实情况。然而,媒体或网站普遍只是转载当地通报,未做有效的补充采访。

有熟知东北农村情况的网民留言称,北方农村一直有拖拉机违规搭载干活农民的现象。几天后,国务院安委会办公室发布通报,批评吉林省交通安全治理整顿走过场,吸取教训不深刻,此前吉林省"4·15"事故同样存在货车违规运送抢种庄稼群众等突出问题。

媒体不应当成为转载政府官方信息发布的复制者(如果不算抄袭的话),本来,对原因的调查以及对当地交通安全治理的追问,就是媒体该完成的任务。网民是个体转载者,而媒体竟然沦为机构转载者而不是事实发掘者,这的确是传媒衰落的表现之一。

第五,给出结果,并且给出可能需要引导价值观的结果。

非法持有伤害力极大的弩箭,除了当事人自身差点丧命之外,是不是还应当讲清楚警方对弩箭将如何处理乃至是否将开展相应治理行动的结果?乘客在高铁违法抽烟并叫嚣"随便拘留",那最终的结果是什么?

提供结果,不仅是叙事完整的需要,还是善恶有报的价值观引导的需要。如果一个人做了坏事没有得到应有的惩罚,那么这样的报道就达不到教育的目的,甚至成了变相的鼓励。因此,对坏事的报道,一定要交代结果或可能面临什么样的结果。

重温《从五个 W 说起》

1945 年 12 月 13 日,《解放日报》发表社论《从五个 W 说起》,指出:"问题实际上不只是五个 W,而是说明新闻要怎样报道得确实,具有强大的说服力,使读者信服。可惜我们过去在这方面做得很差,需要以极大的努力,来求得改进。"

文章批评,有些新闻的时间、地点、人物表达模糊。有关时间的交代,经常会出现"最近""日前""不久以前""上旬"等笼统含糊的词汇；提到县区、小村庄或小根据地时不做具体交代，读者很难了解具体所在方位；一些新闻人物若绝大多数读者不熟悉，需要交代全名，甚至经常出现有姓无名或仅有头衔的状况，如"粮食局薛局长""县级领导和二科长"等。

《从五个 W 说起》也批评了要素交代不清的情况，报道中有头无尾、有尾无头或者有头尾无经过的情况，司空见惯。《解放日报》1945 年 11 月 17 日发布的《山海关战事扩大》，内容只有"昨日国民党军队猛攻榆关镇，与我竟日激战。其另一路进攻抚宁，迫近城郊，现仍激战中"这两句，有关战事后续情况并未再做进一步报道和说明。

文章强调，五个 W 是构成新闻的基本成分，"犹之乎人的头脸必须有耳、目、口、鼻一样。缺少了一件，就会不成样子"。

《新闻战线》1984 年第 5 期刊发两篇检讨新闻要素的评论。署名"古雪"的一位作者在《新闻要素不可少》中指出，新闻写作已经糟糕到连基本体例都不会的程度，不应放任这样的"新闻残品"：

> 最近，一位中央领导同志不无痛切地指出，我们的新闻不像新闻，连起码的五个"W"都不具备。笔者近日看报，一连发现新的佐证，姑举三件：
>
> 3 月 16 日，一家专业报纸最先报道国家男子篮球队中锋韩朋山突然病逝的消息，引起读者极大的关注。非常遗憾的是，韩朋山同志年龄多大？漏掉了。
>
> 3 月 18 日，北京某报刊登了北京在"三・一八惨案"发生地建立标志牌和举行纪念活动的消息。"发生地"具体在哪里？文中只讲了是"北洋军阀段祺瑞临时执政府国务院"却偏偏不告诉人们，在今天的北京是哪条街道，门牌几号？仿佛作者还是在为几十年前的国人写新闻。

3月19日，南方一家晚报登了题为《中国古代小说理论讨论会多数代表认为：不应再诋金圣叹为反动文人》的消息。文中不仅对金圣叹"何许人也"一字未提，而且连会议代表为什么要给金圣叹"摘帽子"的理由也未提一字。读者一见之下，就只有"瞠目"了。

作者感叹："这些新闻残品通过记者的笔制造出来，并且又通过编辑、审稿等道道'关卡'，跑到报纸版面上来，恐怕就不单是记者的问题了吧！一个工厂出的残品多，人们都可以想见是怎么回事。新闻单位残品多，该又是怎么回事呢？"

另一位作者"伊人"在《周到地为读者服务》中提出，要一次性把新闻讲清楚，不能越看越糊涂：

> 我们每天写新闻，登新闻，就是为了给这24小时之内的读者看的。要让这24小时之内看到这张报纸的每个读者看了，一目了然，说声"对，是这么回子事。"看懂了，而后才能受教育。否则的话，读者看了一条新闻，这也不懂，那也纳闷，甚至越看越糊涂，仿佛挨了一"闷棍"不要说叫他信服，不生气才怪呢。
>
> 报上的新闻宣传，尽管有其连续性，但每天的报纸、每篇新闻，又要有其一定的独立性，能独立地向读者说明问题。我们要想为读者服务周到，就应把每天工作的"弦"定在"最低限度"上，即"假定读者是第一天看到我这张报纸"，"假定读者还什么都不知道"，从而做到当天的报道当天"清"，不让读者为看报费周折。

《新闻战线》这两篇评论没讲是哪位中央领导提出了批评。从时间上来说，应当和胡乔木1984年3月3日给新华社的信有关，胡乔木3月6日又和中宣部新闻局局长钟沛璋谈话中讲到新闻基本功问题，批评说："我的信中举了三个例子，新闻不是起码要有五个'W'吗？但有的一个'W'也没有。新闻记者不像新闻记者，缺少起码的条件。这说了多少年了,要练笔,但到现在还没有解决。"①

2017 年,新闻学者陈力丹也因新闻要素缺失现象而感慨颇深,并呼吁要警惕。"现在网络新闻占据了新闻分发市场的主要份额,一种新形式的三无 W'新闻'开始泛滥,同样需要警惕。"

他举例说,2017 年 1 月 15 日,打开电脑右下角跳出头条新闻,全文如下:

> 农民钓鱼发现一个陶罐,以为是骨灰盒,结果却让人意想不到农村大叔准备去钓鱼,在农村钓鱼都是用蚯蚓钓鱼的,蚯蚓也都是在农民的地理[原文如此]自己挖的。大叔在挖蚯蚓的时候却发现一个陶罐,起初以为是个骨灰盒还吓了一人跳,结果挖出来越看越不像,陶罐满身布满裂痕,很像是裂纹釉,大叔决定不钓鱼了,拿着这个陶罐去城里给鉴定下。(东方头条 2017 年 1 月 14 日)

陈力丹评价,其标题颇有吸引力,全文仅 124 字,但内容莫名其妙无事实(标题强调的事实是鉴定结果,但内容里没有)、无地点、无时间,这样的"新闻"竟被其他网站纷纷转载。该条新闻下链接的同类"新闻"一大堆,均未发现了什么,打开一看,三个 W 全无。"这类'新闻'横行网络会干扰人们对'新闻'的正确认识。"②

三无 W"新闻"是不是新闻呢? 我们是否需要担心这种网络文章干扰人们对新闻的正确认识。笔者认为,如果从新闻规范的角度来说有一定的道理,要素缺失或不清的现象的确值得新闻界重视;如果从新闻文体来说,恐怕三无 W 不能称之为新闻,也就不存在干扰人们认识的风险。即使陈力丹本人也心存疑惑,而在新闻一词上加引号。这种"三无 W",

---

① 《胡乔木传》编写组编《胡乔木谈新闻出版》,人民出版社,2015,第 347 页。
② 陈力丹:《再从五个 W 说起——重温〈从五个 W 谈起〉》,《新闻界》2017 第 2 期,第 17 页。

不过是网络段子或伪托新闻面貌而已。正如有的从业者强调，要素是防止虚假新闻的一种手段。"多数被揭露出来的虚假新闻，认真分析起来，在'新闻要素'上都能发现破绽。新闻的真实性通过新闻要素、事实细节和事物之间的逻辑联系显现出来。而虚假新闻制造者为了蒙蔽过关、逃避人们的查证，往往把消息来源、部分新闻要素加以模糊化。"①

纵观上述批评文章，要素缺失或不清楚的情况几乎涵盖了各种新闻要素。然而，笔者依据自身长期审读稿件以及对媒体报道的观察来看，20世纪要素缺失现象以时间、地点、人物不准确的比例居多，21世纪要素缺失现象以事件、原因、结果交代不清的比例居多。

这两种要素缺失类型的区别在哪呢？

安克施密特说，人文学科的写作者都喜欢使用"叙事之真假"这样的短语，对此他有不同的看法：

> 为了避免哲学解释中的令人误解的类推，最好是采用一个不同的术语来表示叙事的质量。此后，我将只对陈述使用"真"和"假"这两个词，而对叙事我提议使用"主观的"和"客观的"这两个术语。在日常语言中被说成是"真"的高质量叙事，将被称为"客观的"，低质量叙事则被称为"主观的"。当然"客观的"和"主观的"这两个术语已经在为人们所使用。因此，有必要对它们加以净化，去除它们的一些习惯性的内涵；这样做了之后，它们就会变得非常适合于充当与陈述相关的概念"真"和"假"的叙述方面的对应物。②

受安克施密特的启发，笔者认为，可以将新闻六要素做如下区分：时间、地点、人物为陈述性要素，陈述性要素或真或假，它们必须绝对准确；

---

① 胡祥修：《要素模糊与新闻失实》，《新闻前哨》2007年第9期，第55页。

② ［荷］F.R.安克施密特：《叙述逻辑——历史学家语言的语义分析》，田平、原理译，大象出版社、北京出版社，2012，第80页。

事件、原因、结果为叙述性要素,叙述性要素或主观或客观,它们应当相对准确。

陈述性要素反映了新闻的时效性、接近性、显著性特征,是一个事件的最基本信息,不会因报道者不同而不同。而叙述性要素的最终呈现样貌,取决于新闻报道者的叙事方式、叙事角度、叙事水平,不同报道者的叙事差异性存在显著乃至巨大的差异性。为什么同一新闻事件,国内不同媒体或东西方媒体之间,存在不同甚至相反的解读,原因在于报道者对叙述性要素存在不同的理解。

在 20 世纪,新闻界更多的是和陈述性要素的准确性问题做规范化努力,这和当时纸张印刷的条件限制下,报纸新闻以消息为主,也许存在技术上的时代色彩。同时,读者的阅读趣味也在变化。进入 21 世纪,新闻故事化风格日渐突出,新闻要素发生了变形。"在价值取向上,传统新闻更注重新闻的重要性,而故事化新闻更倾向新闻的接近性、趣味性和人情味价值。这些差异表现在新闻要素上,两种不同风格的报道方式也有所不同。新闻中的各个要素在故事里都有了相应的变体:what→情节;who→人物形象;when→过程;where→现场;why→悬疑;how→语境设置。这些变化都增强了新闻的故事色彩。"[1]

但是,新闻要素在不同时期发生的微妙变化,不能改变新闻要素学说对新闻文体规范的巨大作用。因此,新闻要素交代清楚,仍是新闻这种体裁的独特生命力所在。在坚持中超越,这既是坚守新闻要素准则的旧传统,也是完善新闻要素学说的新挑战。"我们必须超越 5W 和 H 原则。有关新闻必须回答谁、什么、哪里、何时、为什么以及如何等问题的准则,我们早已熟知,我们仍然要坚持这一准则,但应该更进一步。我们必须首先自问:对于已经发生的事情,我们的读者需要了解些什么以此来判断其

① 屈济荣:《新闻要素在故事化过程中的变形》,《新闻界》2008 年第 2 期,第 52 页。

重要性。"①

　　正如本章开头所言，尽管新闻界对新闻要素的认识已有百年之久，从新中国成立前夕到改革开放初直至 21 世纪，党的新闻宣传负责人、从业者、学者也持续对新闻要素不全或不清楚的报道情况提出改进要求。客观地说，新中国成立前和改革开放初新闻界面临文化素养不高或新闻事业中断的制约；但是，今天新闻从业者的文化程度大幅提高却依然未能扭转新闻要素缺失的情况，那就说不过去。究其根本，非不能，是不为。

---

① 　[美]安雅·谢芙琳、埃默·贝赛特编著《全球化视界：财经传媒报道》，李良荣译，复旦大学出版社，2005，第 363 页。

第十章　新浮夸风:泡芙式新闻的危害

　　当下的新闻界,似乎患上一种共同的臆想症,即认为浮夸是一种"政治正确"。在这种臆想症的支配下,有冲击力的词语被轻率地付诸公众,至于词语本身是否与事实严丝合缝反而不再值得认真审视。媒体对伟大壮丽的事件,满怀热情或者言不由衷地堆砌多余的修饰词语,或者把充满浪漫想象的未来当作现实提前报道,这些做法反而令读者对一个实至名归的事件心生疑窦。媒体多余的热情也很容易体现在人物报道身上,新闻为了突出典型的完美不惜进行词语贿赂,或者充满溢美之词,或者过度拔高。

　　实际上,这种浮夸文风当然是错误的,《中国新闻工作者职业道德准则》第三条规定,坚持新闻真实性原则,要"根据事实来描述事实,不夸大、不缩小、不歪曲事实"。

　　作为专业的文字工作者,我们很难想象,词语浮夸或者说词语贿赂不是新闻从业者的主动所为。当然,也有被动夸大传播的情况,比如泡沫数字的泛滥现象。大量案例说明,采编人员因缺乏必要常识和甄别机制构建的免疫力系统,导致媒体沦为被报道对象随心所欲利用的传声筒。当然,我们绝不能以为,宣传是官方媒体特色,而由此得出浮夸是官方媒体的专利。事实上，包括体制内的市场化媒体和体制外的商业媒体在内，它们在新闻事实和新闻语言上的浮夸问题一样令人无法接受。

在理想的报道状态下，词语和数字的层层包裹，原本是为夯实事实而服务的。但是，当一些关键性的词语、数字、句子都分别膨胀的情况下，它们层层包裹出的不再是事实，而是事实的幻象。对这种空心化的报道现象，笔者称之为泡芙式新闻，即外表饱满，其实内里空瘪而易塌陷。

事实夸大：惊悚的姿态

通常来说，叙述上类似文学修辞手法的夸张方式比较常见。过分追求戏剧性的叙事方式混淆了文体的本质差异，新闻真实和文学真实之间，判若云泥。

扩大化是夸大乃至歪曲事实的常用方式。2017 年 5 月，当时香港一些别有用心的人煽动群体事件，其中的典型例子就是抹黑港珠澳大桥，散布港珠澳大桥香港段造假等言论。其真相是，一家检测公司的混凝土检测报告造假。后续质量检测表明，异常混凝土砖块占比较低，对大桥质量影响可以忽略不计。然而，内地媒体没有自行调查就随意转载立场可疑的港媒报道，而且，没有仔细分辨正文内容在标题中故作耸人听闻的姿态。某门户网设置《港珠澳大桥曝造假丑闻》专题，然而，港珠澳大桥不是造假主体，用"丑闻"一词过于张扬；有的报道称，"港珠澳大桥部分材料造假"？那么，是检测报告的文字材料还是施工材料呢？部分又究竟是多少呢？2017 年 5 月 25 日，有一家中央媒体网站转载标题《港珠澳大桥涉造假 大桥为何沦为"豆腐渣"工程？》尤为夸张，文内称据相关某媒体报道"令人忧虑大桥沦为'豆腐渣'工程"。注意，香港媒体报道风格向来夸张，即便如此也只是说令人忧虑沦为"豆腐渣工程"，内地媒体岂能变本加厉直呼"为何沦为'豆腐渣'工程"？

也就是说，在媒体的层层渲染下，一家检测公司报告造假丑闻变成了"港珠澳大桥造假丑闻"，比例很低变成了含糊其词的"部分"，质量影响微乎其微变成了可能沦为"豆腐渣工程"再到直呼其为"豆腐渣工程"，主体被偷换，后果被放大，从言语夸张的修辞行为演变成事实夸张，最终成为影响极其恶劣的失实报道。

又如，新冠疫情初期，有媒体及网络风传，钟南山院士为白云山药厂代言称板蓝根能抵抗新冠病毒。然而，钟南山澄清说："我在几天前粤港澳大湾区三地合作协议（论坛）中曾讲过一句话，复方板蓝根，而非板蓝根在实验室有抗新冠病毒作用，这离体内有效还很远，白云山药厂作为'内行人'应很了解，但（其中）有人断章取义，将我这句话扩大，甚至说是板蓝根，这是一种歪曲，有关部门已出来澄清。"在这里，药物从复方板蓝根被扩大为板蓝根，药物使用环境从实验室偷换为体内。类似的还有，媒体关于各地男性精子质量不合格的报道，也是在忽略标准的背景下偷换概念。2016 年 11 月 30 日，《金融时报》称中国年轻人的精子质量急剧下滑，其中湖南的合格率仅有二成。其实，正确说法是湖南捐精合格率为二成。一方面，捐精的要求比较高，这是提高人工辅助怀孕概率的商业需要，和自然状态下的精子合格率不是一回事。另一方面，捐精群体并不能代表所有男性，毕竟大多数人不愿意或达不到学历、身高等其他要求，并不能因此说他们的精子质量不合格。

夸大事实的方式很容易发生在对比报道的手法中。为了突出现在的成绩，成就性报道往往容易夸大过去的问题，甚至夸大到严重失实的程度。有报道称，安顺市某村山高谷深，贫困村民合伙养了几头猪，临近春节高高兴兴赶着猪儿想卖个好价钱，山路还没走完肥猪却累死了。几个村民只能抱头痛哭。这显然不符合事实。过去，乡村有人从事配种，经常赶着公猪走几十公里。试想，猪这么容易累死吗？既然说养了几头猪，那累死了几头？即使累死一头猪也能吃，村民会伤心到抱头痛哭吗？另一个例子是笔者的亲身经历。2019 年 10 月底,笔者在毕节下乡报道东部帮扶工作。其间,某医院介绍,在东部医生帮扶下孕产妇死亡率下降非常大,成绩突出。不过,材料中有一句话,2018 年当地孕产妇死亡率高达 567/100000,排名全国倒数第一。笔者初步判断,该说法不成立。检索有关研究论文,果然如此。2015 年,孕产妇死亡率最高的是西藏札达县,数字为 830.5/100000。当然,该医院孕产妇死亡率从全国水平的 3 倍下降到 1/3,帮扶成绩还是非常突出的。报道不采纳倒数第一的夸张说法,也不影响东部医生的贡献。这也说明,对相关成就报道,关键在于如何认真分析找出真正的新闻亮点,这比浮夸方式更真实、更有效。更为重要的是,避免失实造成形象的危害,是对读者负责,是对媒体自身负责,也是对报道对象负责。从写作来说,对比手法固然有利于强化艺术效果。但是,无论如何,新闻戏剧性绝不能以牺牲新闻真实性为代价。

更多的情况下,全文叙事框架看起来没什么问题,然而,在涉及定性色彩的关键词上过分夸大,导致文章事实在一定程度上存在歪曲风险。尽管报道的定性词语和官方行政效力不同,但是,定性词语对舆论存在极大的引导力或干预力。事实上,一篇倾向明显的报道,可能是满篇主观叙事,也可能体现在只涉及性质的关键词的微妙措辞之处。

例:兰州新区"鬼城"

2016 年 10 月 8 日,界面报道兰州新区用空城、萧条样本的字眼。事实上,这样的表述极不负责任,也不符合事实,是把短期现象当作既定局面。

报道开头称,4 年前,地处秦王川的兰州新区被正式批复,它成为中国第 5 个国家级新区,承担着狭窄的兰州外延发展的历史使命。事实上,所有国家级新区都承担着改革的试验任务,从来就不是为城市发展空间而生的。如果只是城市建设,地方政府就有自主权,哪需要国务院特别批准新区呢?

文章结尾称,在"国家级新区"的概念下,卖地建城成为快速拉动板块热度的方式……然而并非所有新区都能消化这样的利好,2015年全国17个国家级新区排名中,排名第一的滨海新区的生产总值是最后一名贵安新区的155倍,有些新区,特别是在中西部地区正在吞咽高库存的"苦果",沦为鬼城。

类似"鬼城"新闻经常出现,比如对云南呈贡新城、鄂尔多斯新城等地方的报道。其实,这是媒体对经济发展的动态变化缺乏常识所致,是哗众取宠耸人听闻的表现。有的空城是阶段性现象,当初的所谓"鬼城"后来都趋于繁荣,房价也重新回升乃至飙涨。

缩小也是一种夸张方式。有时,媒体报道故意模糊界限,将 件明明是严重违法所涉特定对象泛化为普通对象,从而引发巨大的舆情风波。如,邱某某、刘某某非法猎捕和收购珍稀鸟类的恶性事件被写成"大学生掏鸟窝被判十年",赵某某非法持有枪支案被写成"老太太摆摊打气球被判三年",这种故意回避案件性质的表述,是非常恶劣的行为。有学者就此指出,"一些涉法类新闻报道所暴露出的表达歧义现象已经影响到传播效果,如何正确认识法治报道的表达歧义并进行规范,成为法治报道急需解决的问题"[①]。又如,2021年10月重庆"偷菜博士"报道也是一起被人为误导的典型事件。涉案的博士多次偷盗价值46.5元的蔬菜,被抓后付给摊主500元赔偿款,检方决定不予起诉。网民尤其是法律界人士争议,这么小的案子是不是浪费司法资源,应不应该追究一个待业博士?重庆的盗窃罪立案标准,最低额度为主城区1000元,非主城区800元。不过,"一年内入户盗窃或者在公共场所扒窃3次以上,以盗窃罪论处的,为拘役刑"。也就是说,这位博士之所以被立案,是因为从2020年10月7日

---

① 党德强:《法治报道的表达歧义与语言规范路径》,《文化学刊》2020年第11期,第174页。

到 23 日的 17 天内 5 次实施盗窃。更重要的是，该博士是累犯，2015 年 8 月因盗窃罪被判处罚金 2000 元，2019 年 5 月因盗窃被行拘 15 天。严格来说，这名屡教不改的博士应被依法定罪而不能再次不予起诉，这是人性化过头，而不是不够人性化。

把目标当成现实，把可能当成肯定，也是报道的夸大做法之一。著名经济学家林毅夫谈到，"增长潜力"不是"增长"，媒体报道经常把"潜力"两字省略掉。中国进入新常态经济后，他提出有"8％的增长潜力"，但媒体报道大多还是以"8％的增长"作为标题。"甚至，当我最近分析未来几年的国内国际形势，建议在 2015 年和十三五期间合适的增长目标是 7.0％—7.5％时，媒体的标题就成了林毅夫主张把经济增长率从 8％下调到 7.0％—7.5％，而我过去从来没有主张过把增长率订在 8％。对媒体这种不负责任的'断句取义'，我实在只能'徒呼奈何'！"① 再如，21 世纪初北京一家报纸标题《合作医疗让中国农民不再为看病发愁》，有人指出这不合实情。九亿多农民并没达到"不再为看病发愁"的程度，把过程当作结果，把部分放大为整体，把几分说成十分。类似"过头话"还有"全省已经实现了现代化""全部过上了小康生活"，等等。习仲勋曾批评，"写作上的夸张作风也是极其有害的。报纸上用的诸形容词必须力求切合实际，过分的做作会引起不好的作用。近来报上或稿子上常用什么'恶劣''杰出''严重'，或'天下无敌'等一类不太实际的用语，这都是不好的"②。

数据夸大：收益的泡沫

由于长期做经济报道，笔者对数字相对比较敏感，也积累了相当多各

---

① 《林毅夫答十二学者问：重要的是潜力！中国奇迹能否持续有待努力》，https://m. guancha.cn/lin-yi-fu/2014_10_31_281370，访问日期：2014 年 10 月 31 日。
② 秦殿杰：《劝君莫写"过头话"》，《今传媒》2005 年第 11 期，第 15 页。

新闻机构在数字方面非常糊涂混乱的报道案例。在此仅就本章主题谈谈数据的浮夸问题。另外，近年来集中报道脱贫攻坚，对农村扶贫产业的数据浮夸感受尤深。

2019年暑期，笔者跑了不少村落，感受之一就是基层数据真实性令人困扰。如果不加小心识别，就会错漏百出。

第一种情况是新数据和多年前的数据相冲突。黔北某村村干部说，村民人均年收入七八千元。笔者手上有一组2012年的官方数据，两者持平，这难以理解。听笔者这么一说，他又改口称，可能是一万多元。

第二种情况是数据本身完全错误。某村关于贫困发生率的资料称，"全村自2014年以来，共计建档立卡贫困户130户472人，截至2018年底，全村顺利实现115户418人脱贫，剩余的15户54人在2019年全部清零。贫困发生率从2014年的1.55%下降到2018年的1.46%，下降了0.09%。"材料中的数据错得离谱！全村4370个人，贫困人口占比10.8%；2018年下降到54人，占比1.24%，下降了9.56%。与采访对象核实，对方将脱贫人口调减了几个人，对贫困发生率的严重错误反而没回答。

第三种情况是采访对象不同，同一问题的数字也不同。某乡干部介绍，芒果园占地4500亩，而乡党委书记指出是3000亩，不包括后期计划扩建的1500亩。另外，对百香果最高亩产利润可达上万元的说法，乡党委书记要求修改成5000元以上。的确，百香果利润多少和品种有关系，品质产量不同，高则上万元少则两三千元，管护不好也可能亏本。

客观地说，有些数据不断变动，略有出入是可以理解的，还不至于构成新闻主体事实失实的风险。但是，如果严重浮夸就不应该，记者不能耳朵听见什么就记什么，编辑也不能一晃而过，而是要认真推敲。

第四种情况是基层干部有吹嘘政绩的动机，人为夸大产业面积数据。

新闻札记:将错误控制在情有可原的范围(2020 年 6 月 17 日)

前几天,某地镇党委书记介绍,村里某项蔬菜产业面积 3000 多亩。

回来后,对这个数字,我始终不放心,开始了文字的侦探之旅。很幸运,查到一个出处不太权威的信息,介绍该村"耕地面积 2463 亩,水田 1032 亩"。也就是说,这个村全部土地都种这一种菜才有 3000 多亩。问题在于,我们一路上明明看到还有大片土地种了其他作物。

我以补充采访为理由,要了村支书电话。村支书说,全村共 3800 多亩土地,该蔬菜项目面积为 1500 亩左右。村支书说的这个面积也不少了,占全村土地 4 成。我们没办法逐一核实,但是,这毕竟不算离谱。

虚报产业面积是一个严重的问题,省领导已经多次严厉批评过这种现象。如果按照镇党委书记的口径,虚报一倍,那就成了浮夸报道。不仅读者和上级党委政府成了受害者,作为记者,笔者本人也成了被欺骗的受害者。我们要对自己的职业生涯负责,将错误最大限度控制在自己能控制的范围内。

新闻札记:产业数据的浮夸问题(2021 年 3 月 12 日)

这两年多次发现有的产业报道数据是有问题的,要么夸大种植面积,要么夸大亩产,要么只突出最高的理想亩产值。

一条稿件称,某地方食用菌产业"种植面积逾 8 万亩,产量约 28 万吨,产值逾 39 亿元"。算下来,平均亩产值高达 4 万元,每吨产值高达 1.4 万元。某类产品比如羊肚菌亩产值较高不奇怪,但是,几万亩食用菌平均亩产值是不可能这么高的。

中国食用菌协会发布《2019 年度全国食用菌统计调查结果分析》,2019 年全国食用菌总产量 3933.87 万吨,总产值达到 3126.67 亿元。也就是说,平均每吨略低于 8000 元。其中,福建省作为全国食用菌产量第二大省,平均每吨产值仅 5200 多元。

　　假如当地亩产水平真的是全国平均水平近两倍,是福建省近三倍,这么好的成绩为什么不申报全国先进典型?

　　2021 年 8 月 22 日凌晨补记:想起上次值班谈某地食用菌数据夸大问题,突然想到统计公报已发布,可作为新的比较依据。打开公报一看,果然大有收获。原报道提到,该县食用菌年产量达 14 万吨,可是公报称全州食用菌年产量为 10.80 万吨,一个县的产量竟然比全州还多?

新闻札记:要有火眼金睛,防基层严重夸大数据(2020 年 8 月 1 日)

　　走访牛栏江边的某贫困乡,有的数据严重夸大到离谱的程度。

　　第一个是关于当地森林面积的数据。2003 年的报道称,乡党委书记介绍,当地有 18 万亩生态林。于是,做了一番简单的计算,18 万亩约等于 120 平方公里,当地面积为 220 多平方公里。也就是说,森林覆盖率高达 54％。

　　任何人只要到访这个严重石漠化的地方,凭印象就知道,森林覆盖率很低,有些村落森林覆盖率只有百分之十几。事实上,2014 年的报道还指出,该乡石漠化面积达 20 万亩,占总面积的 59.75％,陷入“看山山光、看水水荒”的生态绝境。

　　第二个是关于当地农民人均可支配收入的数据。某权威中央媒体的旧报道称,当地农民人均纯收入从 2009 年的 2553 元提高到 2011 年的 4688 元。

　　真相如何呢? 2011 年全省农民人均纯收入 4145.35 元。也就是说,这个一级贫困乡的人均收入竟然超过全省平均水平。

新闻札记:农产品收入不能信口开河(2021 年 8 月 21 日)

　　经常看到各地发来的文章虚报农业方面的数字。这次夜班期间,又发现一篇稿件夸大数字,令人瞠目结舌。

　　文章写道,某农民认真地算了一笔账,“在赤松茸管护得好的情况下亩产可达 4000 斤，按照市场价 10 元每斤来算，除去成本，一年种植两季可收入 10 余万元"。

贵州农业亩产值不过五六千元，达到上万元就很高了。因此，第一反应就是文章不靠谱。

况且，原文作者算术简直一塌糊涂。每斤 10 元，4000 斤就是 4 万元，按两季计算也就是 8 万元，怎么变成了收入 10 余万元？去掉成本，假如按 50% 毛利润来算也就是 4 万元而已。原文之离谱在于，除去成本之后，净收入竟然高于毛收入？

现在互联网资讯极其发达，农产品产量和收益真相如何，很容易查出来。试看可供比较的三则信息：

1. 2020 年 3 月，《四川农村日报》报道，三台县老马镇莲花村现代农业科技示范区的"菌稻轮作"基地采用生态有机肥料培育赤松茸，亩产可达到 6000 多斤，按照现在的市场价格，亩收入在 3 万元左右。

2. 2020 年，一家致富网站信息称，"经过基地测算，目前赤松菌亩均产量为 600 斤干货，最低产值 3 万元，除去农资、人工、山林租金等成本 2 万元，亩均纯收益可达 1 万元"。

3. 2020 年，另一家农业技术网站信息称，"在春季 3 月份的时候开始采收，可以采到 6 月份左右，一共可以采 5～6 茬，出菇量大约在 4000 斤，按照每斤均价 4 元，赤松茸每亩的效益大约在 8000～10000 元。"

可见，按照现代专业技术种植，就产量来说，鲜货亩产就是 4000～6000 斤，不知道原文为什么会按照两季 8000 斤来计算；而且，鲜货每斤价格 4～5 元之间，而不是 10 元。从收益来说，无论干货还是鲜货，亩收益最高 1 万元。

对照之下，原文作者胡吹数据，还称农民"认真地算了一笔账"。真不知道是农民假认真，还是写稿的人假认真。由于文章作者并不是记者，夜班一时间也难以找到人核实，只好含糊处理改为亩产 4000 斤年收入 10

余万元。

新闻札记:行行好吧,别伤害农民(2021 年 9 月 24 日)

我已经多次批评过农业报道夸大数据的现象,今天,又读到一个非常典型的例子。心里很沉重,这次我不为新闻难过了,而是为农民难过。

根据报道,某村种的软籽石榴亩产值达几万元。查了查该产品目前的价格,网络上最好的一级大果 10 斤五六十元,也就是说,单价每斤五六元而已。相比之下,原文夸大了一倍。

文章又提到,某产品价格很好。巧的是,云南两个相邻的县也有。如果按照宜良县的理论数据,亩产值 6000 元;按照巧家县的数据来看,亩产值只有二四十元。相比之下,贵州的价格比云南数据高了近一倍。

第三处数据是务工收入。一天工价 100 元。一年 365 天,去掉节假日以及生产淡季,有效工作日 200 天就很理想了,两口子也就是 4 万元。即使按 300 天来算,两个人一年下来满打满算也就是 6 万元。原文高了 50%～100%。

这个县是贵州农业大县,也是有名的穷县。现在看来,不实在,乱夸大数据,应该是穷的原因之一。

媒体浮夸伤害自己事小,如果我们的地方政府决策者或者农民相信上述夸大的数据,纷纷跟风种植,富农产业就会变成坑农产业,到时候谁对农民负责?

数字的真实性,不仅体现新闻伦理也体现经济伦理。

行行好吧,别伤害农民。

新闻札记:媒体不要说过头话(2016 年 10 月 31 日)

记者报道某村一菊花项目,标题口气很大——"小菊花带来大发展"。可是,仔细看稿子,30 来户平均增收 2 万元。160 多亩地,区区 60 多万,亩均不到 4000 元而已。怎么能叫大发展?

更重要的是，既然是增收就要说清楚过去亩均产出情况，新增部分才能算"增收"。如果相比之下还减少了，那就不能叫增收。

数据浮夸报道层出不穷，问题出在哪里？主要和记者、编辑缺乏经济方面和省情方面的常识有关系。目前，中国农业亩产值四五千元居多，七八千元较高，超过万元就很高。但是，很多记者并不看公报数据，也不比较当地农业数据。在这种情况下，地方官员谎报数据，记者就轻易地沦为谎言的工具。反之，如果记者心里有数就可以追问到底，即使对方最终未必说真话也不至于虚报太离谱的数字。

总之，记者不能轻易采纳基层数据，无论它来自官员还是农民。在官方陪同安排的情况下，记者面对的所谓农民十有八九是临时演员，话未必真心，数未必真实。媒体自身也不应当讲过头话，夸大其词。这些做法都有损媒体信用，报道不会在读者中受到欢迎。

可以预见的是，在相当长一段时期，农民依然是中国社会的庞大群体。在实施乡村振兴战略的过程中，涉农报道依然是重要题材，有关的数据还是少不了。未来的相关报道，是不是会更严谨准确呢？

措辞夸大：多余的修饰

在脱贫攻坚报道中，不仅存在关于农民收益数据浮夸的问题，也存在修饰词语使用过度的现象。实际上，去除这些多余的修饰语，对脱贫攻坚这一伟大成就而言毫无损害。相反，过度修饰的负面传播效果，反而成为伟大成就的文字累赘。

贵州是全国脱贫攻坚主战场之一。请注意，贵州是全国主战场之一而不是唯一，然而，很多报道常常简化为全国的主战场。同理，贵州是西部提前实现县域义务教育基本均衡的省份之一，这和有的报道所称"贵州率先在西部实现县域义务教育基本均衡"不是一回事。

又如,有相当多媒体报道称,贵州减少贫困人口 923 万,是全国减贫人口最多的省份。严格地说,这不准确,应当有时间限制作为前提。即自党的十八大以来,贵州是同时期全国减贫人口最多的省份。原因在于,各地在不同时期减少贫困人口是动态变化的,如果放在更长的时间段内,当然是四川、河南、云南等经济不发达的人口大省减贫人口最多。

还有人称贵州为"千年老幺",这话也不对。稍微了解中国各省建制史就不会说出这样无知的话。清末才有东三省,1988 年海南建省,这些省在成立之初经济总量肯定是少于当时的贵州省;至于人均情况,各省不同时期波动较大,但贵州也并非总是老幺。民间不懂,可以理解,官方一定要实事求是,严谨准确。

贵州脱贫成就非常大,确实值得大书特书。如何从历史角度准确地评价贵州脱贫成就呢? 一个词足矣,那就是"空前"。"空前"比"千百年"更准确,这是模糊性比准确性更准确的生动例子。

除了全省脱贫成就报道陈述不当的情况之外,在涉及地方脱贫成就的报道中,词语修饰过度的夸张现象也时有出现。

新闻札记:这个"了不得"用不得(2021 年 1 月 30 日)

过去贵州有句民间顺口溜叫"纳威赫,去不得",因为纳雍、威宁、赫章这几个县都是全省最穷的地方。如今,媒体报道有意采用对比方式,称"昔日去不得,如今了不得"。

对比确实是一种有利于突出效果对比的手法。但是,这种对比是否符合事实呢?

了不得的意思有两种,一种是大大超过寻常,很突出;另一种是情况严重,没法收拾。

问题是,威宁人均生产总值过去全省倒数第一,至今还是倒数第一,赫章和纳雍也没有明显进步。

能说了不得吗?

新闻札记:物为死物,无关穷富(2021 年 11 月 4 日)

各地农业产业滥用"致富",已是一大顽症。蘑菇是致富菇,茶叶是致富茶,水果是致富果,似乎没什么不能致富,似乎只要一种什么东西就能富。

一方面,此说夸张过度。搞产业当然对带动增收确实是有帮助,但是,还没到致富的程度。以某篇号称"致富瓜"的稿件为例,8 亩地年入 10 万元,一亩地产值约 1.2 万元,单产确实不低。但稿件只讲了毛收入,净利几何? 就算净利润 3 万元,一家子平均下不到全国水平一半。算致富吗?

另一方面,致富果之类的说法,不符合经济常识。行情不好时,又要诅咒它是"坑农果"?

物是死物,事在人为,是否能致富和它没关系。石油能致富吧? 为什么同样是盛产石油的国家,有的富得流油,有的穷得叮当响? 黄金能致富吧? 黔西南是金矿富集产区,但它并不富裕,很多人才脱贫。

所以,别小看措辞只有两三个字,这两三个字背后意思很不简单,折射了或正确或荒谬的观念。

新闻札记:要防夸张手法变成以点代面(2019 年 10 月 10 日)

夸张造成的失实,是经常碰到的问题之一。值夜班三天,就发现了至少三条稿子中有不合适的夸张问题。

一条稿件引用民谣称,"石缝种苞谷,只够三月活,姑娘往外嫁,媳妇讨不着……"毫无疑问,这是夸张的说法,假如说真的长期吃不饱饭也娶不上媳妇,那这个地方的人早就绝种了。不过,读者也明白这是夸张的说法,不会引起误解。可是,记者把这个民谣的哀愁气息扩大化说回荡在整个盘江大地,这就言过其实了。吃不上饭和讨不上媳妇的只是极少数,整个盘江大地已经实现小康的占大多数。

另一条稿件写道,"当时的万山,百业凋零,只剩下一座空荡荡的矿山,一片阴森森的楼房,连鸟叫声都没有"。读来令人毛骨悚然,恍若鬼故事,难道鸟都死光了还是因为太恐怖以致鸟都不敢叫了?

欲扬先抑,或者欲抑先扬,的确是很好的写作技巧。但新闻不同于文学创作,新闻必须是事实的真实记录。

反过来,描写一个脱贫的欢乐幸福的场景,也不能随意扩大到整个地区。这属于文学的浪漫想象,而不是新闻的写实表现。

遵义号称黔北粮仓,但是,记者说黔北粮仓将变成黔北"钱仓"就是夸大其词。整个遵义,大部分县人均生产总值还很低,还谈不上富裕。试想,如果遵义向国家要扶持资金或政策,"钱仓"还能开这个口吗?

还有一种特殊的情形,即反向夸大其词。有时候,为了强化对比的戏剧性效果,媒体会对报道对象的旧境况过度贬抑。这些年来,新闻界报道贵州时非常喜欢引用一种神秘的毫无根据的说法,即所谓联合国专家声称当地不适宜人居。一会是这里不宜人类居住,一会是那里不宜人类居住,要是把这些报道提到的汇总起来,恐怕小半个贵州不适宜人类居住。

事实真是这样吗?完全是夸大其词。既不符合事实,也不负责任。从宣传上来说,说贵州不宜人类居住,岂不是和贵州生态宜居自相矛盾?从事实来说,以色列人要是听到这种说法会怎么想?阿拉伯人更不服气。在适应恶劣的环境方面,比以色列人还狠的角色,应当是贝都因人。

新闻札记:从山水诗再谈贵州"不宜居"谬论(2020 年 10 月 24 日)

今天,从古代山水诗的角度,讲为什么所谓贵州"不宜居"是谬论。

唐朝诗人孟郊赞美,"旧说天下山,半在黔中青。又闻天下泉,半落黔中鸣。山水千万绕,中有君子行"。唐朝黔中郡地理范围和今天的贵州不一致,但也有重叠。

我们不妨逐一看看贵州各地的山水诗。

都说毕节苦甲天下，那就先看看毕节。明朝毕节诗人林晟笔下大方县北二十里的落折河是这样的，"回首西南薄雾收，一江寒碧自东流。歌翻桃叶扁舟晚，雪点芦花古渡秋。两岸暝烟生野草，半轮夕阳下林丘。济川倘得徒杠手，来往行人遂远游"。

安顺有天下闻名的黄果树，那就不说了。

黔东北，思南诗人田秋的《岩门山》气势不凡，"登高纵目尽清秋，万里云山在两眸。地脉不因巴水断，风光更与圣山浮。鸟鸣木落空林响，竹暝烟生别涧幽。兴极马蹄随处到，恍疑身已在沧州"。

黔东南的黄平，李通《七里晴岚》诗云："七里峰峰晓露涵，迎晖楼上坐晴岚。翠烟作带山腰束，碧雾如虹日影含……"张问德的《梯子崖》写道，"悬崖峭壁势嶙峋，鬼斧开梯一线宽。曲磴下惊无世界，浮云高倚作阑干。从来不信幽关险，过此何忧蜀道难！百折千回天路近，尘寰杖底任漫漫"。

独山籍诗人莫与俦《登独山》诗云：

山本先生窗案物，登临初与故人同。

长松浩浩通元气，杰阁萧萧倚烈风。

毋敛亦随刚水没，葛蛮空付长官雄。

只今汉县皆州府，经纬才谁嗣尹公？

贵阳诗人赵时雍《寄怀江长信中丞分得虹桥春涨》：

宛宛长虹堕碧霄，南明春夜雨潇潇。

龙挝雷鼓云根裂，桃拥鲸波雪片消。

击楫中流歌浩浩，乘槎银汉水迢迢。

青髻赤尾何心美，直欲投竿掣巨鳌。

桐梓籍诗人温耿光《雨后过娄山关》描写雨霁云散之时的美景：

雨后犹喧万壑雷，连崖对绕郁崔巍。

路从水石间寻觅，人在风云里过来。

瘦竹绿坡高下舞,杂花依店整斜开。

清明已近春寒甚,是处山田未剪菜。

林则徐途经贵州时触目生情,留下《镇远道中》《安平》《即目》等作品。《即目》云:

万笏尖中路渐成,远看如削近还平。

不知身与诸天接,却讶云从下界生。

飞瀑正拖千嶂雨,斜阳先放一峰晴。

眼前直觉群山小,罗列儿孙未得名。

更有意思的是浙江余姚人杨彝,老先生洪武年间官至吏部考功司主事,退休后竟主动要求到普安卫(今盘州市)就养于其孙杨忠。杨彝写了不少贵州的山水诗,其中《尾洒晴烟》写道,"复岭重岗气郁葱,非烟非雾散瑶空。苍苍晓色鸿蒙里,淡淡晴光紫翠中。瑞彩双飞金菊篱,天花几朵玉芙蓉。身依南斗瞻亲舍,复隔乡关百万重"。

大唐盛世西北边陲屡生战事,很多诗人写过西北边地的苦寒状况。相比之下,诗人笔下的西南,虽然有贫穷之苦行路之难,但不适合人类居住的鬼话还真没说过。

新闻札记:自然描写的正义(2021 年 4 月 16 日)

毕节为什么穷?

大抵上写到毕节贫困问题的报道,都要描写一下毕节穷山恶水,甚至大部分还要传播一下联合国专家说毕节不适合人居的谣言。特别是海雀村,凡是写到海雀村的,都要说海雀村当年如何恶劣。

问题在于,毕节并不是一直都环境恶劣,海雀村过去水草丰美遍布飞禽走兽吸引了游猎的苗民定居于此。现在的毕节,生态修复成就也是非常显著的。我在应《南风窗》约稿时,将黔西北脱贫的着重点放在复乐园。人修复家园,才能重新收获幸福。拙著《西南大逆转》也谈到了环境决定论难以成立的问题。毕节过去生态最恶劣,黔东南长期生态最好,可这两个地方一直都是全省最穷的地方。

如果一味突出描写毕节自然环境恶劣,既不符合事实,也不符合自然正义。明明是人伤害了环境,最后还要怨天怨地,恨大地无情,这是本末倒置。我们的笔触,既应当符合科学事实,也要对自然充满敬意温情。

必须牢记,新闻不是文学创作,在新闻中运用夸张手法有严格的边界。当采访对象的直接引语中出现夸张表达时,严格使用引号,表明这是言说本身的真实而非叙事真实。总之,新闻应该做到让读者透过字面意思轻松明白,究竟是戏剧性措辞,还是事实性表达,而不至于让人怀疑新闻真实性。

总之,新闻不能在事实叙述层面采用夸张手法,更不能扩大化以点代面,以极端好或极端不好的案例直接作为普遍性现象来报道。那种强行从单一的采访点过渡到整个地区的写法,应当也必须被鄙弃。写一个地区的脱贫成就,记者起码应该跑三五个不同区域、不同水平、不同类型的代表性样本,才能够对整个区域做一个基本准确的判断。用哲学的语言来说,从个别到普遍,从特殊到一般,从中找出规律。

典型拔高:词语的贿赂

很多媒体称袁隆平是海水稻发明人,不仅不是事实,而且包含了几个错误在内。"海水稻"的名字有误导性,严格地说是耐盐碱水稻,不等于可以直接种在海水中;耐盐碱水稻不是发明出来的,而是自然界原本就有的野生品种;发现者也不是袁隆平,而是广东湛江的农民科学家陈日胜。当然,袁隆平的贡献最大,将耐盐碱水稻的产量从 100 公斤左右提高到 300 公斤以上,也就是说具备了推广的商业价值。

独立的词语是没有意义的,它需要和特定的语境联系在一起,才具备一定的语义或者解读出更微妙的衍生意义。这种语境可能是其他词语,也可能是物质环境,极端情况下也可能是类似《4分33秒》那种沉寂。海水稻发明人袁隆平,这三个词分别看各有词语科学的涵义。然而,搭配在一起竟没有一个词是正确的。这个极端例子说明,传媒机构在写作时对新闻事实的甄别能力和新闻词语的驾驭能力,存在严重的缺陷。

对如何界定典型人物的贡献,笔者在报道中国天眼倡建人南仁东时,有深刻的感受。

新闻札记:为什么我不用"FAST之父"(2018年12月5日)

海军退休干部同时也是海军专业作家的李忠效撰文指出,中国没有"核潜艇之父"。

文章说,黄旭华不是中国核潜艇创始者,当媒体把"中国核潜艇之父"这个头衔往黄旭华头上一戴,立刻就在核潜艇的圈子里炸了锅。作者还认为,当下中国,除了"核潜艇之父",还有"航母之父""原子弹之父""氢弹之父"等,都不适合中国国情。

文章称,此事在参与核潜艇工程的老一代人员当中引起很坏的影响,甚至涉及对黄旭华人品的评价。"在我国的新闻界,有个不好的习惯,即不顾事实,不顾历史,不顾国情,胡乱贴标签,胡乱戴高帽,其结果往往影响很坏,既损害了新闻媒体的权威性,也损害了典型人物的真实性。"

这让我想起去年南仁东先进事迹的报道,在执笔的时候,我对"FAST之父"这个称谓是颇为犹豫的。南老师是大射电望远镜的倡建人,但FAST主动反射面方案的构想者是邱育海先生,整个工程建设更是群策群力的结果。中央有关部门褒称南仁东为"天眼巨匠"是准确的,匠和家有区别,这和中国天眼是天文科学工程的事实相符。

过誉则近谀。反复衡量之后,我放弃了"FAST之父"的说法,这不仅是文章品格的底线，也和南仁东生前桀骜不驯的品性庶几相近。

的确，中国历史上有归功于一人的颂圣传统，但那是在信息严重不对称而且信息流动非常缓慢的时代。今天，信息相当公开而且快速流动，相应的道德观念也发生变化，颂圣模式已格格不入。这种错误的写作方式违背了双重写作伦理，一方面对声誉卓著的典型人物进行公开的词语贿赂，另一方面对缺乏话语权的真正贡献者构成了伤害。在场的词语光环越发明亮，光环外非在场的沉默者越发黑暗，现代新闻不应当在为热点人物错误贴金的同时制造另一个被打进新闻冷宫的无辜弃儿。

除了全国赫赫有名的人物之外，大多数情况下，媒体报道的典型以区域性人物或行业性人物居多。但是，过誉的情况并不鲜见。

新闻札记：你的名字，比什么都响亮（2020 年 9 月 11 日）

贵州有一批教授对果树或农作物品种改进做了不小乃至突出的贡献，有的研究者名字和研究品种挂钩，比如"潘核桃""张萝卜"等。甚至，连中央媒体也采用了这样的绰号。

作为一名科技研究者，自己的名字和研究对象画等号，那是莫大的荣誉。尽管如此，个人认为要谨慎。妥当与否，视具体情况而定。

罗登义教授是研究刺梨的先行者，据说李约瑟因此将刺梨命名为"登义果"。李约瑟所著中国科学技术史卷帙浩繁，对此说法未能亲自查证。可以确定的是，李约瑟来过湄潭造访浙江大学并重点查阅大量生物学论文。有人称罗登义教授为"刺梨之父"，这显然是不妥的。

天生刺梨，自生自灭，哪有人当成动植物之父的道理呢？例外也有，比如第一头克隆羊多莉是有科学之父的。一般来说，被冠以"之父"的客体对象，一定是凭空而来的发明创造物。也就是说，一定有很强的创造性，更重要的是有独特的排他性。

现在回到开头提出的话题，核桃也罢，萝卜也罢，白菜也罢，能不能和某个研究者直接画等号呢？90％以上的概率是不成立的。原因在于,这些果树或农作物的名字从植物分类单位来说其实是属,属下面品种繁杂,少则几十种,多则成百上千种,和某个人联系起来是不科学的。

另外,果树有很强的地域性,但互联网传播没有地域性,如果各地"核桃教授"满天飞就失去传播的意义。早在千年以前,儒家就给出了答案,"人能弘道,非道弘人"。你的名字,才是最响亮的。

另一个例子是云南丽江市华坪女子高级中学校长张桂梅,她扎根边疆致力于教育扶贫,创建了中国第一所公办免费女子高中。有人称张桂梅为"中国版特蕾莎"。然而,这样的类比存在多种错误:首先,特蕾莎陷入伪慈善之争,两者不能相提并论;其次,特蕾莎是宗教人士,而张桂梅是中共党员;最后,特蕾莎被塑造为典型是为宗教服务的,这和张桂梅的事业性质完全是两回事。

张桂梅本人多次在访谈中表示,华坪女高能办起来,与当年留在女高的 6 位党员的坚守密不可分。"我们剩 6 个党员,我们把这块扶贫阵地给党丢掉？……咱们重温入党誓词,我们没有钱,在二楼画了一个党旗,把誓词写在上面,我们 6 个人第一次宣誓,我们没宣誓完,我们全哭了。""既然我们有党员在,这些扶贫阵地我们不会丢的,我们学《党章》、放《焦裕禄》……看看信仰能不能给我们带来力量。"张桂梅的行为闪耀着党性和人性的光芒,不需要宗教圣徒式的光环加持。

2023 年 3 月 29 日,澎湃新闻报道《107 岁抗战老兵许世吉去世,甲子山战役曾 9 天 9 夜没合眼》,这显然不可信。人类有生理极限,谁也做不到 9 天 9 夜不合眼。何况,再激烈的战争也是间歇性而非持续 9 天 9 夜不断,可以说整整 9 天没睡过完整的觉,打盹还是有的。新闻就是新闻,不是文学。

再一个例子是袁隆平,2002 年 2 月 26 日武汉的中学生在与袁隆平面对面交流时提到,有一篇报道称袁隆平累倒在稻田里还不放弃研究。

袁隆平澄清："一定不要受到误导，累倒还工作不值得提倡。身体才是最重要的。另外，我也从来没有在农田里累倒过。"遗憾在于，不是所有的典型人物都像袁隆平这样公开拒绝无谓的文字贿赂。

评价人物历来是一个大难题。通常来说，人们总是认为封建社会皇帝的权力之大足以为所欲为，但在很多情况下并非如此。皇帝有各种现实的顾虑，谥号就是顾忌之一，这决定后世对他们的形象评价。讨论谥号是极其严肃的事情，是一个公共评议的过程，也是一个意见激荡的结果，是"舆论"或"民意"的真实体现。这对我们今天如何报道人物（无论典型与否）不无启迪，即在没有经历公共讨论过程并给出定论的情况下，不要把一种轻率的评价意见赋予被报道的对象。

本书无意在此讨论如何报道典型人物，仅着意于考察其中新闻词语的虚浮问题。过度夸饰，既伤害报道的真实性，也容易造成典型人物在自己的人际关系中被孤立。道德上的拔高，也会导致典型人物对自我要求太高而内心压力太大，甚至有因此而付出家庭破裂代价的个案。如果把工作归结为一个人的功劳，炮制"××之父"等看似吸引眼球的噱头，势必带来团队或外围合作者的不满。大多数媒体没有跳出传统典型报道的窠臼，不惜堆砌高大上的形容词，这不是对报道对象的尊重，而是一种令对方令读者不安的做法。如果没有虚荣心作祟的话，典型人物应当也反感这种浮夸文风，只是未必敢于公开表达。媒体的浮夸做法，会给典型人物自身带来非议，削弱典型榜样的传播效果，也给未来读者带来事实考证的困扰。

人物褒扬不能违背新闻客观真实的要求，一旦对典型人物过度美化乃至神化，就很容易诱发人们的逆反心理与抵触情绪。对类似问题，不少新闻学者或新闻从业者都做过探讨，就连从事组织工作的体制内人士也意识到其中的弊端，解决的办法就是改进报道方式。"强调先进典型宣传的政治原则、政治方向，并不是要言必称政治，更不是回到'突出政治'和恢复过去那套单纯政治的审视的'神化'宣传的模式与方法。而是要在讲政治的前提下,采取更加开放的宣传姿态,把不同风格、层次和类型的先进典型共存于同一社会舆论之中,使正确的宣传内容,通过恰当的契机、载体、形式和方法艺术地再现出来,实现典型宣传的政治性与艺术性、主旋律与多样化的统一。"①

　　真正的典型,其人其事,其言其行,自然蕴含着感召力量。无谓的词语贿赂,不仅不能拔高人物形象,而且有损人物形象。真实的报道、平实的文字、朴实的形象,才是最好的报道方式。

浮夸不是政治正确

　　不管我们承认与否,事实上党报有些采编人员习惯于说好话。对负面批评(且不说批评是不是等于负面)敏感过头,总是有很多顾虑,别说批评过头,就是合理的批评也不愿意做;反之,对好话却缺乏基本的敏感,总觉得好话说过头无所谓。

　　"夸饰"手法在报道中十分普遍。喜欢夸张事实、拔高人物、放大影响;热衷小题大做,将小有成绩的事情夸张渲染,大话、形容词、豪言壮语无所不用其极……好像个如此拔高夸大,仅仅单纯地陈述事实不足以将新闻事实报道出来。如先进人物"满城争说""传遍城乡""强烈反响",如某项工作成了"奇迹"、实现"腾飞",某项科研"惊世巨献"、具有"里程碑"意义等。"这种新闻报道,说它是虚假新闻吧,它又有新闻事实;说是真新闻吧,又明显地夸大其词,算是一种'夸饰新闻'吧。就事实的真实度而言,夸饰新闻也许比虚假新闻多一些新闻事实,可正因如此,人们也就放松了对它的警惕,夸饰新闻得以长驱直入,形成颇为壮观的声势,就后果

①　俞银先:《"魂"兮归来——走出先进典型宣传的困惑》,《人才开发》1997 年第 8 期,第 17 页。

而言,也就具有一种隐性危害……夸饰新闻降低了新闻的可信度,从而降低了大众对媒体的信任感,有损媒体公信力。"①

笔者认为,究其原因,很多新闻从业者把浮夸当成是一种"政治正确"的表现。这当然是不对的。任何时候,党的新闻宣传工作都应当遵守实事求是的传统,无论好新闻还是坏新闻都要讲究时、度、效。表扬过头,批评不当,给舆论工作带来的危害是一样的,对媒体自身公信力的伤害也是一样的。

新闻札记：浮夸,不正确的"政治正确"(2020 年 9 月 10 日)

7 日晚,二版头条拟刊发题为"公平而高质量的教育"的综述,这是此前烘托教师节气围而安排的报道。笔者认为不妥。首先,从事实层面来讲,文章话说得太满。基本的常识是,城乡差距依然非常突出,有些地方基本质量尚且存疑,更别说高质量。其次,从时机来说不合适。9 月 4 日,大方县拖欠教师工资及社保等费用被曝光,整个贵州处于风口浪尖之上。这时还发布过分浮夸的报道,读者会痛骂此举意在"洗地",无异于火上浇油。值班总编辑也认为不妥,所以撤下稿件。

果然,第二天,上头要求,对教育报道只做先进教师个人报道,不做总体工作的综述。

7 日当天还有一条某地方政府的形象宣传,标题称"开启下一个百年征程",严重欠妥。文章以茅台酒 100 多年前参加巴拿马国际展览为基准年份。众所周知,党中央提出"两个一百年"有特定涵义,以有重大意义的特定年份为历史依据。当地乱仿造,是盲目比附的错误做法。

遗憾的是,有一条同样浮夸的新闻,虽据理力争还是无果。文章称,贵州打造牛羊产业全产业链生态体系,又是"全产业链"又是"生态体系",话说得比天还大。全产业链本来就不符合贵州实际,且不说育种、畜药等

---

① 巴晓方：《新闻应远离"夸饰"》,《中国记者》2011 年第 6 期,第 39 页。

高科技含量的上游环节,就连下游的屠宰场也没有精细分割能力。何为生态体系? 那就是相关产业配套环境很好,这就更难了。

类似盲目提出全产业链的说法已经不是第一次,有些部门出于政绩需要,主观上有让省领导高兴的动机。但是,新闻是以事实为准,是以事实客观规律为准,不应该认为某部门有什么样的提法都可以报道。浮夸造成的教训,对媒体自己也是深重的教训,不能再犯对方怎么说就怎么报的错误。

新闻札记:防浮夸,别乱提增长极(2021 年 8 月 20 日)

某第一产业部门提出"十四五"规划期间打造新增长极。坦率讲,一看到标题,凭直觉就知道难以成立。仔细看原文,正文内该部门确实提出增长极的说法。

何为增长极? 有多大的体量才够资格谈增长极? 我们知道,长三角、珠三角、环渤海是全国公认的三大增长极,它们对全国 GDP 的贡献比例分别高达 20% 或 10%。

贵州省 2020 年生产总值是 1.78 万亿,也就是说,要想称之为其中的一个增长极,生产总值体量至少应该达到 1500 亿元。而该部门生产总值不满 300 亿元,对全省生产总值贡献率不到 2%,怎么再造新的增长极呢?

作为比较,省内某区域被明确赋予增长极使命。"十三五"期间,该区域提出的生产总值目标不低,结果呢,最终交出来的成绩不到目标的 20%。

上述提及的例子是官方表述过于浮夸的典型代表,也有的时候,浮夸不是来自官方信息源而是媒体在评价时的自我拔高。一方面,官方在确定目标时要合理,不能瞎定指标,乱喊口号。另一方面,媒体采编人员也要肩负起反浮夸的职责,不能人家说风就是风说雨就是雨。原因在于媒体自身把关不严,媒体不能简单地把责任推卸给官方信息来源。

浮夸绝对不是"政治正确",这只是部分媒体人的自我想象。事实上,在夜班中批评"牛羊产业全产业链生态体系"的夸大说法之后,笔者从其他同事处获悉,两个月之前省主要领导就已明确批评贵州牛肉"风行天下"的说法夸大其词,该报道副标题正是"贵州建立健全黄牛产业全产业链"。这说明,党的高级干部并非无原则支持浮夸的报道风气,他们也看重事实本身而非言辞游戏。另一个例子是,在贵广高铁开通初期,有的报道过分强调高铁对经济拉动的乐观前景。时任省主要领导也明确要求,不提倡浪漫主义的说法,避免因过分渲染而拉高群众心理预期。

媒体习惯性地夸大跋山涉水的艰难程度。2011 年,一篇河南"最美乡村女校长"的报道出现邻村孩子跑数十里山路慕名而来的表述,而当地是一马平川的大平原,境内海拔最高 50 米最低 40 米。一篇人物报道称,在城市长大的 80 后扶贫干部刚到村里时,走十几里山路下来脚板就起血泡。记者本意是想表扬干部作风踏实,却没有倒过来想一想,这是不是说明扶贫干部太娇气?

2016 年,在美国对华发动经济战前夕,华为曾经为自媒体"添油加醋"的浮夸报道深感苦恼。华为公司只是创新并推进 Polar 码的公司之一,很多自媒体渲染"华为碾压高通""拿下 5G 时代"等,华为负责人表示"如今的舆论不利于华为以及中国公司未来推进 5G 的进程,甚至会有来自国外政府的阻力"①。

2022 年 3 月,中国科学院院士田刚在两会期间批评夸大式的科技宣传,类似"重磅""诺奖级成果""革命性突破"等字眼频繁出现在报道中。田刚在接受《中国科学报》采访时指出,任何领域称得上重大突破的成果

---

① 姜莹:《被捧上天的华为很苦恼,5G 标准不是中国一家能做庄》,http://t.cn/Rf9Br8C,访问日期:2016 年 11 月 24 日。

都非常难得，"夸大科研成果的影响力，既会误导公众认知，又影响学术风气，不利于年轻科研人员成长"。他呼吁，科研评价权应当掌握在科学家手里，相关单位要遵守和把握科技类报道的严谨性，遏制科技宣传与科技界的浮夸浮躁之风。

媒体应当走出旷日持久的思想误区，即对好话不敏感，总以为好话人人爱听，不会出错也不会惹麻烦。退一步讲，好话也要符合事实、符合逻辑、符合情理，否则就会变成"高级黑"或"低级红"。2018年7月初，人民网连续发表3篇评论批评"吓尿体""哭晕体""跪求体""厉害体"等浮夸文风。评论指出，好的舆论可以成为发展的"推进器"、民意的"晴雨表"、社会的"黏合剂"、道德的"风向标"，不好的舆论可以成为民众的"迷魂汤"、社会的"分离器"、杀人的"软刀子"、动乱的"催化剂"。必须杜绝包括文风在内的一切浮夸自大，一步一个脚印，踏石留印，爬坡过坎。有人回忆新中国成立前听国民党官员和共产党人讲话的差别：前者官声官气、空洞苍白，后者为民立言、充满希望，让人感慨"一看语言文字，就知道谁战胜谁了"。浮躁和浮夸，于文于人、于国于民都可说是"瘟疫"，不可不慎，不可不防。

这次批判对网络文风有立竿见影的效果，但是，也不能不看到它的局限性。正如网民所指出的那样，人民网"三评"把这股风气都归罪于自媒体人，其实，始作俑者正是官方媒体。另外，我们不能忽略批判的背景，其很大程度上是为了避免正在对中国虎视眈眈的美国的注意。这次文风批判的良好开端，理应成为新闻界自我批评的契机和长久之计，而非批判他人的权宜之策。

1976年底，在周恩来总理逝世一周年前夕，《人民日报》社将3篇悼念文章送邓颖超审阅。邓颖超指出报道有多处不实之词，1938年长沙大火是国民党对日军进攻采取焦土政策，原文说企图谋害周恩来是夸大；原文说周恩来、邓颖超在重庆红岩村时经常和战士们一起浇水、种菜、浇粪，这是渲染夸大，实际上只是偶一为之，不是"经常"；讲周恩来在重庆国共谈判期间和毛主席"寸步不离"也不科学,因为当时两人各有各的活动,不可能"寸步不离"。① 理论上,上述文字表述是为了彰显周恩来总理的忠勇勤恳平等,能增加传主的传奇色彩。但是,邓颖超的严谨态度更令人肃然起敬,事实上总理的伟大形象也不需要不实之词来衬托。

正确理解新闻的夸张

20世纪60年代初,新闻界就曾经围绕新闻是否可以运用夸张手法产生过一次争论。争论的结果是,作为表达艺术的夸张被接受,同时,新闻的夸张和文学的夸张存在截然不同的分野。

林帆提出三个基本观点,即新闻是可以运用夸张手法的,夸张不同于浮夸,应用夸张要谨慎。"语言上的夸张不同于浮夸。夸张是一种语言艺术,浮夸则是对事实的歪曲。""运用夸张与否,还要看有无必要与可能。不必要的就不用,可能误解的也不用。"

有人说,新闻不同于文艺作品,应该尽量避免语言上的夸张。我想,这种主张是消极的。在新闻写作中,有些成语像"掌声雷动""万人空巷""排山倒海""天翻地覆"之类,其实也是夸张之辞。只是用习惯了,我们不觉得那是夸张手法而已。现实中充满了富有生活气息、富有感情的东西,要真实地反映这种生活现实,有时往往免不了要运用一些夸张之辞的。特别是劳动人民,吐谈生动,形容有致,口语中就常常出现这种精辟的"言过其实"的辞语,记者采访,也就会很自然地接触到。例如,农民把粮仓收拾得干干净净,他们是怎么形容的呢?他们说是"没有见粮仓这样干净过,现在地面上真的可以卷馍了"。"卷馍"的说法,当然是夸张的,但是由于运用得恰当,非但不显

---

① 陈尚忠:《想起邓颖超老人审稿》,《今传媒》2006年第7期,第37页。

得与现实生活脱离,反而增添了表现力量,贴切而又生动。可见,问题倒不在夸张说法的本身,而在于掌握夸张手法的特点。运用得恰当,在新闻写作中何尝不能发挥它的作用?

　　毫无根据地乱夸一番,难免有虚假浮夸之嫌。有人写回忆'九一八'的文章,其中有一句说:"中国国土好比整个地球,日本才不过是小小的鸡蛋。"这就不成其为夸张了。因为中国分明是地球的一部分,而中国与日本也绝不会是地球与鸡蛋之比。如同鲁迅先生所说:"燕山雪花大如席",是夸张,因为燕山究竟有雪花,就含有一点诚实在里面,使我们立刻知道燕山原来有这么冷。如果说,"广州雪花大如席",那就变成笑话了。"①

当然,林帆明确指出要防止浮夸。他把语言上的浮夸分为两种:一种是作者不够冷静,写作时硬把三分事实说成十分;另一种浮夸是作者为了追求所谓生动,无视于事实,刻意标奇立异,绘形绘声。"夸张和浮夸看来是一线之隔而却又是咫尺天涯。新闻记者应该注意夸张的特点,分清夸张、浮夸的界限。在写作时,慎重地对待夸张手法,而坚决地排斥那种遗害匪浅的浮夸。"②

童言则针锋相对,提出"新闻不容有任何夸张"。"新闻的一切表现形式和表现方法(包括语言的运用在内)都是用来表达客观事实的手段,它们不容许有丝毫的夸张,因为表现形式和表现方法上的任何一点夸张,其结果必然是对新闻所依据的客观事实本身的夸张。它轻则是对客观事实的过分渲染,重者就是对事实的歪曲。所以,新闻在表现形式和表现方法上的夸张,它和浮夸并没有甚么实质上的区别。"③

---

①　林帆:《夸张与浮夸》,《新闻业务》1961 年第 6 期,第 38 页。
②　林帆:《夸张与浮夸》,《新闻业务》1961 年第 6 期,第 38 页。
③　童言:《新闻不容有任何夸张——与林帆同志商榷》,《新闻业务》1961 年第 7 期,第 28 页

应该说，童言对夸张伤害新闻事实的担心不无道理。林帆在回应中予以澄清，"语言上的夸张，是任何一种语言都有的表现形式，文学作品的语言有夸张，新闻作品中的语言有夸张，口语中也有夸张，这是一个客观存在……夸张是客观存在的语言形式，在日常生活中天天都碰到，没有任何理由说夸张会伤害了客观事实"①。

也就是说，总结这场争论，我们可以得出结论：语言夸张本身是一种生活事实，从语言本体论来说，夸张语言也是客观事实；更重要的是，这种语言事实建立在不妨害新闻客观事实而是服务于新闻客观事实的基础上。笔者认为，这场争论的质量非常高，为新闻界如何把握语言艺术和客观事实分界线开了一个好头。20世纪八九十年代，新闻界对夸张手法的兴趣有所增加，大多聚焦于标题艺术的讨论。这一时期，在理论上有一个新的突破，那就是援引刘勰在《文心雕龙》中提出的艺术主张作为报道原则——"夸而有节，饰而不诬"。"要注意有一定的限度，并能让读者一眼就能看出它是夸张，不致与事实本身的描绘混淆。"②

就新闻语言艺术而言，什么是好的夸张呢？新闻界的讨论已有涉及，加之这里讨论的话是浮夸问题，故略而不论。相比于好的追求，当前亟须改变的是走出坏的泥淖。我们面对的尴尬在于，21世纪以来，新闻界对夸张手法应用的边界共识被打破，新闻报道不再保持不越雷池半步的谨慎作风，而是从语言夸张艺术转变为在语言浮夸、数字浮夸、事实浮夸的雷区中自由起舞。

① 林帆：《再谈夸张之辞——兼答童言同志》，《新闻业务》1961年第8期，第20—21页。
② 冯根良：《新闻标题中的夸张》，《新疆新闻界》，1987年第3期，第13页。

第十一章　信息源失实：有些新闻从开始就错了

2020年11月29日，一则"有辱家门：林则徐后裔林东涉嫌严重违纪违法被查"的新闻，引发网民的强烈关注。然而，这很快就沦为新闻界的一则笑谈。

林遵的大女儿林华卿斥责虚假报道：林则徐是福建福州人，而文中林东是海南海口人，是后裔吗？我是林遵将军的大女儿林华卿，籍贯福州。我家三姐妹，没兄弟。这些都有据可查。你们极尽污蔑之能事，不知是何目的？为了博眼球赚流量，你们这样和不良媒体有何区别？要求你们尽快查实，公开辟谣并道歉，以正视听。

媒体称，信息来源为人民网"地方领导资料库"，其中关于林东的简历介绍中称"著名海军将领林遵之子，爱国将领林则徐后裔"。随后，林东的简历已经被撤下。

看起来，信息源似乎很权威。然而，媒体失误在于，没有和林则徐的后裔尤其是林遵亲人核实信息的真伪。其中，涉及关于信息源的多个问题：首先，不能盲目相信所谓权威信息源的权威性；其次，对籍贯信息矛盾没有仔细核查；最后，未能履行核实义务。

关于新闻信息源的论述或研究不是新鲜话题，似乎不值得再为之浪费口舌。然而,正如新闻要素原本是最基本的常识却谬误迭出一样,新闻报道对信息源处理不当的问题也层出不穷。

20 世纪六七十年代,此时正值美国报纸最辉煌的时期,距离便士报运动之后已有 100 多年,而美国新闻界在信息源规范化方面依然表现得一塌糊涂。当时,美国《华盛顿邮报》曾在社论中讽刺那些不可靠的信息源:

> 对那些可能不了解新闻消息泉源的来历或家谱的人,可以这样启发他们:消息提供者瓦尔特和安妮(母家姓"谣传")夫妇有 4 个女儿,她们的名字是:"显要人士""权威人士""无可怀疑人士"和"消息灵通人士"。大女儿嫁给一个外交官,名叫"消息可靠人士"("消息可靠人士"的兄弟都是些著名人物,其中最著名者是白宫、国务院和国会)。瓦尔特·推测的内弟,名叫伊恩·谣传,同亚历山大·猜想结为伉俪,生下两位公子,一个名叫"不言自明",一个叫"听说"。"听说"最近刚去司法部工作,将在那里干 4 年,定会有收获。①

美国新闻学教授和新闻批评家约翰·赫尔顿指出,这种依赖官方消息来源的弊病,不是美国新闻界一家独有。他援引一名加拿大记者的话说:"报纸总是设法从既定的权威机构那里得到暗示。所谓权威机构,指所有那些有组织、有名称并发表讲话的单位,如工业、工会、政府、商业局、文化机关等。报纸上都是些咬文嚼字的东西。按老套套办事总比标新立异要容易些。"②

当然,事实上,美国新闻界至今无法摆脱官方发布和商业公关双重信

---

① [美]约翰·赫尔顿:《美国新闻道德问题种种》,刘有源译,中国新闻出版社,1988,第88 页。
② [美]约翰·赫尔顿:《美国新闻道德问题种种》,刘有源译,中国新闻出版社,1988,第97 页。

息源的操控。英国著名记者大卫·兰德尔在他的《全球记者》一书中用了一章讲述如何处理信息源，提供了一些东西方共同的有用原则。其中，兰德尔简要提到记者应该防范被信息源所利用。比如，公关人员会通过发布消息的方式操控媒体，尤其在面对坏消息时特别擅长转移人们的注意力。

中国新闻也有 100 多年的历史，而且不必像美国报纸那样不惜手段逐利，按理应在规范化方面超越欧美报纸才对。但事实证明，这只是我们的一厢情愿而已。在如何核实信息源真伪或者寻找高质量信息源方面，中国媒体的表现，确乎不尽如人意。

权威不等于官方信息

"权威"的含义是什么呢？从词源上看，权威最早见于《吕氏春秋·审分》："若次则百官恫扰，少长相越，万邪并起，权威分移。"实际上，在这里"权"和"威"是两个词。现代汉语词典对权威的释义为，"使人信服的力量和威望"。

什么样的力量和威望呢？显而易见，今天的权力包括公共权力，也包括资本权力和知识权力等，不能仅仅局限于古代公权力和威仪的层面。由于权威具有"使人信服的力量和威望"的属性，媒体经常倾向于无条件信任权威信息源，既能增强报道权威性也能增强说服力从而达到传播目的。

也有人以新闻事件在场距离来衡量信息权威与否。叶向群认为，权威信息源有两种：一种是与事件距离近，与事实关联度高，如当事者、目击者等；另一种是社会上的权威人士，某些机构的官员、专家、社会名人等。传播学奠基人卡尔·霍夫兰等提出"可信性效果"的概念，即一般来说，信源的可信度越高，其说服效果越大；可信度越低，其说服力越小。"在信息源偏向的具体表现中，新闻界喜欢以某一组织的高层人士而非层级较低者为其固定的信息源，主要原因在于某一个社会分层结构中（不论是一个组织、机构或社区）层级愈高者其态度对同一团体内其他成员的影响力也愈大，其行动对他人所造成的影响也愈大。"①

确切地说，在信息不对称的社会，已经很难找到具备万能的上帝视角的绝对权威。权威性的解释视具体情况而定，新闻事件亲历者和见证者，公共事件或公共利益的管理者、监督者和吹哨人，对应的专家或专业人士，都可能在某一个时间段掌握某一个事件的权威信息。就经济、法律、科技等专业性报道，信息源可以分为公共部门（包括官员）、民间机构或私人机构和专家个人意见。需要说明的是，由于私人机构也有官方属性。因此，这里用公共部门一词取代狭义的官方机构。

即使在西方国家，迷信官方也是不可靠的。美国陆军部曾向报界分发过一份逃避兵役者名单，要刊登在报纸上。各家报社收到这份名单后，需要决定究竟是原封不动地照登还是根本就不理睬它，或者是采取中间立场。有些报纸原文刊登了这份名单，有些根本没登。

《纽约时报》根据这个名单调查发现，名单上的许多人已经进入这样或那样的军队机构服务，有些还获得了表彰。报社还发现，有些人在注册之后，还没来得及被征召就死了，只是他们的家人没按规定向征兵处登记。②

媒体的失误就在于，无条件的信任经常会造成新闻失实或存在严重偏差的情况。唯一可靠的做法是，永远不要无条件信任你的采访对象，无论是否权威；相反，对权威身份的权威性要进行核实，对真正权威发布或透露的信息之权威性也要进行核实。

---

① 叶向群：《信息源使用与媒体公信力》，《新闻实践》2009年第12期，第26页。
② ［美］弗林特：《报纸的良知》，萧严译，中国人民大学出版社，2005，第18页。

新闻札记：不迷信权威信息源（2017 年 6 月 18 日）

这些年笔者养成了一个习惯，对任何涉及数据和排名的，不管对方是不是权威人士，一定要自己核实才行。昨天，美国夏威夷州的法官说美国只有一家环境法庭，那就是夏威夷；全球环境法庭印度最多，中国 300 家居次。

查询发现，美国佛州是最早设立且长期是美国唯一的环境法庭。而中国环境法庭呢，毫无疑问是全球第一，去年全球 1000 多家中国占了半壁江山。

至于印度，2010 年，印度环保部部长说是继澳大利亚、新西兰之后第二个设立环境法庭的国家。贵州早在 2007 年就设立中国第一家环境法庭啦！

权威不一定来自公共权力部门及其官员代表，但总是来自专业性，在这一点上专业民间机构和专业官僚系统是平等的而且存在或松或紧的互动关系。遗憾在于，有时候官方媒体会自我压缩报道空间，拒绝接受非官方的权威性。有的党报以"权威"作为自己的广告语，其依据也是认为自己是官方理所当然的代言人，其实这是把公共部门等同于权威，也忽略了党报代表人民的一面。应当澄清的是，我们考究的是事实或信息的权威性，官方信息不一定权威，非官方信息不一定不权威。

新闻札记：信息来源的权威性在哪（2019 年 4 月 11 日）

昨天写了个评论，谈长沙房价收入比在 50 个城市中排名倒数第一值得学习。

文章中的房价收入比数据是自媒体整理的，但是，表格中已经清楚交代了数据来源，包括了各地统计局、CRIC 和易居研究院。结果，同事说上头通知，除非官方发布的经济数据或源自自媒体的信息，否则就不能用。

所谓官方经济数据，是指 GDP 等主要经济数据，从来不发房价收入比，到哪里去找呢？退一步说，即使是经济学者也不可能保证各地统计局或官方数据百分百准确。

那么，怎么判断数据是否权威可信呢？就以这个评论为例，CRIC 和易居研究院是房地产行业认可度非常高的民间研究机构。CRIC 初创于 2006 年，由克而瑞自主研发，以 GIS 地理信息技术、Intelligent Search 智能搜索、OLAP 海里数据挖掘技术构建房地产信息数据库，为房地产企业、基金、券商、政府相关部门提供专业研究资料。

也就是说，某种程度上，CRIC 或者中国指数研究院的 CREIS 等数据库权威性是没有任何问题的。如果一定要等官方自己发布，世界银行、IMF 等官方经济机构和福布斯榜、胡润榜等民间机构发布的数据就不能用。

当然，非官方的专业研究机构，其发布的信息是否权威，依然要仔细甄别。一方面，这依赖于记者自身的专业素养；另一方面，永远依赖于记者和编辑的质疑精神和核实意识。

新闻札记：对信息源要有怀疑精神（2016 年 7 月 25 日）

贵州省房地产研究院发布报告，说贵阳住房租赁市场仍处于低水准欠发达状态。该机构负责人说："从美国和英国的数据来看，住房自有率越低，住房租赁率越高，社会经济越发达，所以房屋租赁市场的成熟度是城市现代文明的显著标志。"其依据是，2011 年贵阳市的住房每平方米月租金均价为 21.21 元，2016 年 6 月为 23.34 元，5 年多只上涨了 10.51%。一般情况下，价格涨落只反映供需关系，并不是房屋租赁市场发达与否的标志。

这个报告笔者只能同意一半。从住房租赁服务来说，贵阳差距很大，不像珠三角租房时间长短随意，非常方便。

　　至于住房自有率,中国很高,和英美毫无可比性。况且,欧洲住房自有率也比美国高,难道欧洲经济社会就不发达? 欧洲住房租赁法规非常完善,倾向于保护租房者而非房东。

　　我们报纸曾连续做出数据分析,从租售比和收入租金比两个维度比较,证明贵阳房屋租赁价格堪比国内一线城市广州,甚至和国际大都市纽约、伦敦、巴黎差不多。近5年,贵阳房价不升反降,而租金价格反而上涨。那么,又如何得出贵阳房屋租赁市场低水准欠发达的结论??

　　有时候,民间专业组织可能是由于专业性不足而出错,也可能是暗藏玄机故意发布错误的信息来诱导舆论。21世纪初,珠三角经常出现"血汗工厂"的报道,其依据总是来自西方的民间劳工组织。客观地说,当时珠三角确实存在很多劳工权益受损害的问题,但是,西方劳工组织在发布的时机上是非常微妙的。最明显的是,只要出现"民工荒"、非典疫情或美国次贷危机等重大事件,西方劳工组织就跳出来指责中国工厂。其实,他们的真实目的是抹黑中国制造业,试图让制造业回流美国,为美国创造更多就业机会。在这种情况下,权威组织发布的官方信息,其权威性也要大打折扣甚至予以必要过滤。很不幸的是,有的媒体身为舆论引导者,却经常有意无意地充当了别人的舆论引导者。

专家的欺骗性

　　包括个体发布、个人专访、专家点评等形式在内,专家是媒体重要的高频率的信息源之一,有些相当活跃的专家比如"媒体经济学者"尤为突出。可是,他们经常是不可信的,至少,在他们提供的事实的背后总是存在明显的不同争议。

　　《〈华尔街日报〉是如何讲故事的》是一本长期畅销的新闻写作指南,作者布隆代尔在谈到第一步"怎么找到好故事"时提出一个非常有益的警告:"专家是指那种知道 123 种恋爱方法,却根本不认识任何女人的人,事实上,读者一般对他们态度冷淡。"

即便是在号称严谨的自然科学领域也不例外。日本学者本庶佑是 2018 年诺贝尔生理学或医学奖得主,他在京都大学召开记者招待会时直言,《自然》《科学》上的观点有九成不正确。他说:

> 关于研究,我自己总保持着一种好奇心,总想多知道点什么。还有一点,不轻信。媒体经常报道说,某个观点来自《自然》或是《科学》。但是,我认为《自然》《科学》这些杂志上的观点有九成是不正确的,发表十年之后,还能被认为是正确的只剩下一成。首先,不要相信论文里写的东西。对于研究,要一直钻研到眼见为实、让自己确信为止。这是我对科学所采取的基本做法。①

毫无疑问,本庶佑在科学研究中坚持"钻研到眼见为实、让自己确信为止"的基本做法,也应当成为媒体报道的基本做法。

很多时候,专家的身份是存疑的。所谓专家,恰恰说明其研究领域很狭窄,一个真正的专家应当是不轻易跨雷池一步。反之,如果随便跨入不同领域夸夸其谈,那他的言论专业性就令人生疑。笔者进入新闻行业不久时也曾对专家膜拜不已,然而,随着时间的推移,对那些无所不谈的专家就敬而远之。

我们应当记住一个原则,身份的权威性、信息的权威性,并非总是可以画等号的。笔者曾经采写过贵州第一颗"金钉子"报告文学。有一天,同事将一篇报道原稿发给笔者征求意见。文章写道,省古生物化石专家委员会某人表示,希望在三叠系地层中建立贵州省的第二颗"金钉子"。笔者看到这段表述后感到狐疑,对照地层表,三叠纪 7 个时期都已经命名

---

① 《本庶佑答记者问:〈自然〉〈科学〉上的观点有九成不正确》,陈力阳译,https://www.guancha.cn/TasukuHonjo/2018_12_23_484251.shtml,访问日期:2018 年 12 月 23 日。

了，那这个说法还有可能性吗？经咨询专家后得知，该说法不可靠。一方面，三叠纪金钉子已全部建立，国际地层委员会规定金钉子确定后，有效期至少 20 年，超过 20 年后除非有重大缺陷或重大研究突破，不然不会变；另一方面，贵州没有专门研究三叠系界线层型的人，也没有研究进展。"省古生物化石专家委员会"的名头看起来很权威，为什么还会出现这种低级错误呢？笔者想到通过知网检索论文看看该人士的专业领域到底什么。原来，该人士是地质部门从事找矿的，仅发表过 3 篇普通论文。可见，该人士名不副实。另一个例子来自英国著名记者兰德尔，他提醒："必须确保，你的权威来源真的很了解他们所说的事情。"他举例说，2006 年写了一篇关于伊拉克博物馆 3 年前的失窃案件，全世界都报道伊拉克博物馆有超过 17 万件物品被抢劫走，事实上只有 13864 件物品被盗走。"他们是从一个'博物馆行政官员'那里得到的信息，而这个官员后来被证明是一个病退的前工作人员。而我是从学术期刊那里得到的信息，那是由一位调查了那些盗贼的美国海军上校写的文章"①。

假专家是最恶劣也最应当防范的对象。2018 年 6 月，《环球时报》曾经揭露，一个自封的"首席经济顾问"差点把中国缅甸都坑了。美国彭博新闻社引述缅甸政府国务资政昂山素季"首席经济顾问"肖恩·特纳尔的话称，皎漂深水港项目将耗资 75 亿美元是"疯狂"而"荒诞"的，缅甸可能成为斯里兰卡的"翻版"。据《环球时报》记者了解，此人是澳大利亚悉尼市麦考瑞大学的一名学者，所谓"缅甸政府经济顾问"头衔完全是自封的，发表的言论更是漏洞百出。也就是说，在这个案例中，信息源的权威身份是假的，其发表的信息本身也毫无权威性可言。

真专家的话也未必可信，除了超越专业范围出现无知情形之外，还存

---

① ［英］大卫·兰德尔：《全球新闻记者》，邹蔚苓译，复旦大学出版社，2013，第 65—66 页。

在为了利益而扭曲专业性良知的情况。"媒体经济学者"尤其是"网红"经常发表耸人听闻的观点，其动机无外乎博取浮名虚誉或者扭曲市场信息从而牟利。然而，这些错误言论经常被传统媒体当作观点新闻报道。如，某号称年薪千万的"经济学家"经常吹嘘自己的预见性，理由是，2015年其提出一线城市房价要翻倍，基本实现了。事实呢？从2015年到2020年，北京、上海涨幅较高大概五六成，广州、深圳涨幅三四成。最重要的是，任何一个有经济常识的人都知道，2015年房价已经泡沫化，不能再让房价涨上去。反过来，另一位"经济学家"长期唱空楼市说不会涨价，年年落空。正因如此，2018年11月中旬，证券基金行业签署《首席经济学家自律倡议书》，要求"爱惜在行业形成的良好声誉，客观、专业、审慎发表研究观点，积极传递正能量"。

专家或者伪专家，说话不专业甚至不负责任的情况，比比皆是。2014年7月，香港经济学者郎咸平在贵阳发表演讲称，多米诺骨牌已轰然倒下，"中国经济陷入长期萧条期"。记者写的导语尤其吓人，"中国经济已经进入长期萧条，产能过剩、通货膨胀、政府债务危机、政府支出性腐败、国企效益下滑、银行钱荒危机等像多米诺骨牌般倒下，一一爆发；目前房地产业出现的问题，根源不是房地产本身，而在于银行业爆发的危机……"没有判断力的读者，会觉得中国陷入了绝望之中。笔者告诉记者，新闻不是有闻必录，时间会证明笔者是对的，何况我们不能加入当时西方媒体唱衰中国经济的队列之中。

有的媒体特别热衷于推崇公共知识分子并且传播他们的观点。本书无意于讨论知识分子如何参与公共政治生活，只是从信息源陷阱来考察媒体的缺陷。

法国国际战略关系研究所所长巴斯卡尔·博尼法斯（Pascal Boniface）揭露了造假的知识分子如何把持舆论。博尼法斯慨叹，像阿隆或萨特那样的巨人介入公共辩论时依据的是一个严谨的著作体系，而今天，某些人难道不是更重视媒体出镜而非真正的智性创作？与公众期待专家们指点迷津相反，"之所以'造假者'们得以在屏幕上露面，是因为他们说的是人们准备听到的话，他们顺溜了大众思想的混汤。如果一个'造假者'顺应公认的观念和统治的风向，即便他经常将自己打扮成反对政治正确，他也会显得特别可信。他的职责本应该毫不犹豫地破除那些错误观念，但他却强化这些错误观念，以便确保他的媒体地位，也为了重新被邀请出镜……"①

莱吉斯·德布雷在《法国的知识权力》一书中指出："大众媒体是重人物而非集体，重感官而非理性，重奇异性而非普遍性。这些新型媒体内在的三个特性根本上可归约为一个特性，从此决定了主流话语的性质，和操弄话语者的形象。"②布迪厄则提出，新闻界是一个被经济加以控制的场域，专家上电视所秉承的往往是"固有的思想"，即所有人业已接受的一些平庸的、约定的、共同的思想。对于中国媒体来说，牢记前述警告是有益的，我们应当克服大众媒体"重人物而非集体，重感官而非理性，重奇异性而非普遍性"的弱点，既要避免成为被经济控制的场域，也要避免被造假的知识分子裹挟成为"操弄话语者的形象"。

对记者来说，若不了解专家们平时的政治倾向是什么，和哪些利益集团互动紧密，在报道他们的言论时就不容易洞察背后动机。福柯说，当我们在谈论作者的时候，我们应该谈论的是作者功能。作者不应该只是指向他写出来的文本，他还要扮演跟文本有关的社会文化功能。作者的身份是建构的结果，而不是一种自然产物。因此，作者是一个极其复杂的问题，福柯在《事物的秩序》中提出了一个重要的问题——"谁在说话？"

---

① ［法］巴斯卡尔·博尼法斯：《造假的知识分子：谎言专家们的媒体胜利》，河清译，商务印书馆，2013，第 16—17 页。

② ［法］巴斯卡尔·博尼法斯：《造假的知识分子：谎言专家们的媒体胜利》，河清译，商务印书馆，2013，第 13 页。

总之，专家是否符合专业身份？专家在其专业领域的水准如何？专家的言论是否超越了本领域的界限？专家过往言论的立场及品格如何？专家此番言论的目的是什么？记者和编辑都要一一审视。如果我们不懂对方说话的目的是什么，想要达到什么的效果，媒体就会丧失为社会把关的公共价值，被牵着鼻子走。

榜单或民调背后的博弈

各种五花八门的榜单，是定向投喂给媒体的新闻饲料，甚至被视为权威信息加以宣扬。不幸的是，对于毫无分辨力的媒体来说，在这些新闻饲料面前，它们确实沦为榜单制造者眼里那些只顾埋头进食的牲口。

一份关于"县域经济发展报告"连篇累牍的报道堪称一个经典新闻笑话。

国家统计局发布过"全国县市社会经济综合指数前 100 名评比"，简称"全国百强县评比"，从 1991 年起，到 2007 年中止。而北京一家叫中郡县域经济研究所的机构，发布极易混淆的百强县评比报告。2011 年，新华社揭露，在所谓"全国县域经济基本竞争力百强县（市）""中国中部百强县（市）""中国西部百强县（市）"榜单中竟出现 17 个国家级贫困县，引发公众的关注和质疑。记者在"西部百强县"之一的开县发现，贫困情况触目惊心：一些村民土墙房有的已垮塌，有的积水、漏水严重；一些村民吃水难，仍靠自掘水池积雨水过活；公路不通，一些学生只能走路或骑马上学。开县统计局一位基层干部直呼评比是笑话："开县现有 112 个市级贫困村，占总数的 1/4，贫困人口 14.2 万人。"河南省固始县 2010 年本级财政收入 4.3 亿元，支出约 25 亿元，差额部分依赖中央财政转移支付。固始县财政局党委书记董平对该县入围"中部百强县"非常不解："如果没有中央转移支付，我们连公务员工资都保证不了，更别谈其他发展了。"

2018 年，在所谓全国综合竞争力百强县（市）中，贵州仁怀市排名第
35 位、盘州市排名第 56 位、兴义市排名第 62 位；在所谓全国投资潜力百
强县（市）中，开阳县排名第 14 位、清镇市排名第 19 位、兴义市排名第 46
位、仁怀市排名第 61 位。

尽管媒体早已揭露，"中郡所"只是一家普通咨询公司而非"研究所"，
不过是借排行榜为名敛财而已。可笑的是，打假 10 多年，这个"野鸡榜"
年年照发不误，而媒体也年年照发不误。2022 年 1 月 23 日 22 点，百度搜
索"中郡研究所"和"县域经济发展报告"两个关键词，得到 571000 个
结果。

笔者在负责一份经济报纸的内容期间，这种榜单没有容身之地，如果
媒体都自觉抵制那它就会被淘汰。然而，有更多更大的媒体还对这个野
鸡榜趋之若鹜，甚至有的县还提出将进入该榜单作为政府努力的目标。
媒体负责提供事实，如果明知不是事实还报道就是虚假新闻。同时，媒体
不监督地方政府拿财政经费买榜单反而配合宣传政绩腐败，这种做法有
违新闻良知。媒体终将为不爱惜羽毛而付出沉重代价。未来的人们，回
顾 21 世纪新闻史时，一定会对这个滑稽的插曲感到不可思议。

赛迪顾问城市经济研究中心发布《2021 城市综合竞争力百强研究》，
该榜单是按照地区 GDP 的绝对值来排序的。显而易见的是，该榜单标准
过于单一，存在多个不合理性。首先，榜单把不同级别的城市混在一起。
深圳、广州、杭州、南京、青岛等属于副省级城市，总体上当然要优于其他
省会城市和地级市，但也有的排名不一定比省会城市强。其次，榜单忽略
了人口因素，无法体现当地人均 GDP 这个衡量当地经济社会发展水平的
重要指标。比如，省会城市贵阳排名第 47 看起来居中，实际上它的人均
GDP（7.20 万元）还没达到全国平均水平（7.24 万元）；而排在榜单最后的
莆田市，人均 GDP8.23 万元，远高于全国平均水平。

对国内要小心榜单科学性，对国外要小心榜单政治性。比如，外交部

多次揭露澳大利亚战略政策研究所其实是打着智库幌子生产攻击言论的机构。

2016年3月，穆迪将中国主权信用评级展望从"稳定"下调至"负面"，新华社连续发文驳斥。一方面，中国财政赤字占GDP比重在3％以内，累计国债余额占GDP比重在20％左右，均在公认的国际警戒线内；中国外汇储备余额超过3.3万亿美元，远远超过正常水平。另一方面，穆迪作为国际三大信用评级机构之一，却长期对各国主权债务评级奉行双重标准。美国次贷危机诱发国际金融危机，主权债务数额占GDP比例远超国际公认安全线，穆迪依然给予其主权债务评级最高级别，给全球投资者提供错误信号。在雷曼兄弟倒闭前，穆迪给出的评级仍然是2A级，也就是仅次于最优的第二档评级。而雷曼旗下公司之一正是穆迪股东，穆迪的一位高管表示："为了赚钱，我们把灵魂卖给了魔鬼。"

类似的榜单或民调，即使打着联合国名义也未必可靠。每年3月20日是"世界幸福日"，2018年联合国发布《世界幸福报告》，中国大陆排名第86位，中国台湾地区排名第26，中国香港地区排名第76位。而战火纷飞的利比亚，反而位居第70名。这份由盖洛普提供（操纵？）的幸福指数排行引发网民嘲弄。更加离谱的是，中国排名连续下降，在2020年《世界幸福报告》中仅位列第93名，众所周知这一年中国取得了脱贫攻坚和疫情防控的双重胜利。

经济、科技领域的榜单，也不一定客观，主要取决于评比指数是否科学。英国路透社的母公司汤森路透（Thomson Reuters）发布的科技排名，就是其中的典型例子。2018年初，汤森路透发布的全球科技大厂百强榜，中国台湾有13家企业上榜，中国大陆仅中兴通讯、腾讯和联想3家企业入榜，有中国台湾媒体在标题中赫然称"13家台企把陆企打趴"。事实上，榜单以财务状况、投资人信心、守法情况、社会责任感、创新、环境影响、声誉、风险8大类指标进行评选，创新比重偏低。

西方智库对中国究竟是捧杀还是棒杀，的确需要我们加以小心分辨，以免被西方舆论利用。在智库光环之下，很多不科学甚至歪曲事实的论断，成为扰乱舆论场的源头之一。最好的办法，是由民间组织建立白名单网站及时对相关榜单或民调予以科学引导。对地方政府花公款买排名的做法，则应当予以揭露批评。当然，有的公信力很强的智库也会在关键时刻发布政治意图明显的结论，这仍然需要媒体从业者随时保持警惕。除了媒体需要规范相关的公开报道之外，还要注意从业者的价值观培养，至少应在公开报道和记者个人价值观之间建立防火墙制度。令人齿冷的是，有些媒体人对一些别有用心的榜单或民调奉为圭臬，丧失立场也丧失基本的是非分辨力，发布在个人的微博、微信等社交工具。

为什么媒体轻易沦为榜单炮制者的传声筒？综合上述情形而论，主观上，有的媒体从业者有榜单崇拜心理，或者出于地方主义虚荣心，不惜以新闻真实性让位于营造形象肥皂泡的需要；或者对国际上的榜单及民调缺乏政治防范意识，沦为他人的传声筒。客观上，媒体对所谓榜单及民调的科学性需要提高甄别能力，要善于分析，洞察其指标体系的科学性；同时，要按照平衡原则提供不同的科学意见，或者揭穿其政治虚伪性。

寻找高质量信息源

毫无疑问，一个或若干高质量的信息源会为一条高质量的报道提供有力保障。问题在于，什么样的信息源是高质量的？如何得到比较理想的高质量信息源？

富勒是一个经验丰富的记者和发行人，尽管如此，他也不免感叹：一个令人烦恼的方面是如何处理权威性的不真实的内容。新闻报道的基础是一种信任，它开始于记者与提供信息的人之间的信任，最终发展成为读者和记者之间的信任。然而，决定某件事是否可信是个很复杂的问题，没有所谓权威的规则能描述清楚。

富勒提供了以下四条建议。首先,经验是推断信息是否可靠的一个重要因素,经验能发出一种警告,即在内心深处产生一种紧张的感觉。其次,如果记者完全有理由怀疑某权威的论断,根据公开资料进行核实是有意义的。再次,在公开资料缺乏的情况下,大体上来讲私人的文献比口头叙述更可靠些。最后,当记者既没有公开的资料又没有文件资料进行核对,他必须决定是否只依赖某人的口供。在衡量什么人提供的信息时,记者应该考虑动机这一因素。动机是产生偏见的基础,是撒谎或有选择性地讲些真话的理由。①

大多数情况下,富勒的建议无疑是富有建设性的。然而,依据笔者的职业经验来看,即使你内心产生不安的警告,又该如何确定公开资料、私人文献和个人口供的真实性或者质量水准,依然是一个极不容易克服的挑战。

记者习惯性倾听并不专业的专家的意见,提供给读者的报道往往是错误的,即使是主流大媒体也不能例外。2010 年 9 月 15 日,《中国青年报》著名新闻栏目冰点周刊刊发特稿《石门坎往昔》,不少历史细节和历史评价并不符合事实。主要原因就是采访对象给出的信息有问题,有时把传说当成事实,有时事实被夸大,有时隐藏了背景信息,有时半真半假或亦真亦假。比如,"一名社会学家评价'石门坎现象'时说,这个'以苗教苗'的人才循环,与今天在西部比比皆是的人才困境形成了巨大反差"。这个"社会学家"所言并不符合事实,石门坎最早的主要教师恰恰是汉族秀才,学生当中也有不少来自彝族。

另外,任何新闻事件的当事人往往有自己的动机。只有寻求更权威的专家,或通过自己研读有关研究资料,最大限度还原真相,记者才能避

---

① [美]富勒:《新闻的价值》,陈莉萍译,新华出版社,1998,第 39—41 页。

免被劫持而陷入不可靠叙述的困境。我们也必须始终记住，专家并不总是可靠的，尤其是并未得到学术认可的地方专家，他们总是陈陈相因，经常贩卖一些经不起考证的想象性知识或想象性推论。

新闻札记：记者报道历史要有查证能力（2016 年 4 月 30 日）

我们常常说新闻是记录历史，所以务必严谨准确。建省 600 年时，媒体报道贵州人口迁徙历史以 5 次大移民为主要依据，引用的是贵州本土几位学者的说法。然而，对比李中清（李政道之子）先生等的研究发现，前说存在严重的错误。

举例来说，报道称，嘉靖（1507—1566 年）《贵州通志》记载累计屯军 20 万，如果一个家庭有四口人，那就有 80 万人。其实大谬。

明朝士卒大量逃亡，隆庆六年（1572 年）10 多万编制的屯军仅剩下 1.8 万人。80 万人的推测是难以成立的。万历六年（1578 年），距嘉靖朝不到 20 年，民户人口统计增长迅速，也只有 29 万人口。当时很多土著没有被纳入户口，起码有半数人口没有得到统计，即便如此，全省总人口也不到 100 万。

贵州媒体（包括政界、学界）习惯性的说法是，明清以来 5 次大移民，明清各笼统为 1 次，抗战以来反而 3 次。其实大不然，明清移民次数哪只是一次呢？媒体不准确，本土研究不扎实，会妨碍其他人的工作效率。

记者采访，不能只会听，还得有查证意识，而且要会查证。如查证不明白，还得再找专家请教反复核实。否则，以讹传讹，我们就愧对读者，人为制造考证困难，焉能自命为历史记录者？

专家出于某种动机说出某些话并不奇怪。有时候，他们的话是选择性的，就像有的新闻在事实上并无问题却是不折不扣的片面之词；有时候，他们的话违背常识，严重的情况下出卖良心；有时候，他们习惯于用差不多、好像是、依稀仿佛的表达方式糊弄记者，最后导致记者和媒体陷入被读者指责的被动之中。

新闻札记：宣传贵州气候要讲科学（2017 年 8 月 2 日）

把贵州的凉爽和森林覆盖率联系起来的始作俑者是权威的气象局，但这个因素，很不权威！和全国同一纬度省份中，福建森林覆盖率全国第一，江西第二，湖南、云南都在 59％以上，远超贵州。

海拔对气候的影响远远大于森林覆盖率，比如青藏高原就没啥森林。相反，热带雨林森林覆盖率高，但绝对热！媒体人不要搞贬低自己智商、贬低公信力的自杀式文章。

究其原因，气象部门大概想把气候凉爽和生态优势结合起来推介，以为这样做体现自己紧扣生态文明主旋律的"政治正确"。但是，新闻要准确科学，不能误导乃至欺骗贵州或其他地区读者。

如果一个新闻事件涉及的专业知识并不复杂，记者或编辑应当相信，通过查询有关专业论文，完全能自行获得正确答案。也许，贸然查询一个陌生领域的研究论文，新闻从业者并不清楚论文水准如何，或者担心论文的有关信息和数据存在偏差，那就不妨多查一两篇不同作者的论文作为比较。这是一个能够有效提高报道质量的可靠渠道。

新闻札记：我们并不了解自己生活的土地（2020 年 7 月 2 日）

今天赫章 4.5 级地震。一个常识是，世界各地每天都发生各种小地震。笔者查询研究贵州地震论文，得到一张贵州 600 年间 100 多次地震的分布图。历史上，贵州向来地震次数多、震级小，并不用担心。

江西老家的朋友说，还是老家安全。一查发现，仅 1971 年到 1990年，江西境内发生 2 级以上地震 461 次，3 级以上 92 次。也就是说，仅仅 20 年，江西地震次数是贵州 600 年的 4 倍。

为什么会这样呢？大多数情况下，我们并不了解自己生活的土地，同时又缺乏较真精神。区别在于，普通人可以不较真，新闻人必须较真。

依靠自己，超越专家，超越官员，这是笔者给采编人员的一条建议。尤其是一些地方性会议或者级别规格不高的论坛上，你会沮丧地发现，捧场性质的专家和官员居多，很难指望他们会给你带来新闻惊喜。

新闻札记：超越专家的话语陷阱（2019 年 9 月 2 日）

今天得空看了 4 万多字的一次会议记录，收获不大，有点失望。

外地专家云里雾里，满嘴跑火车，全世界东拉西扯，一看就是跑龙套的嘉宾；本地专家太过于实在，只说做了什么，缺乏提炼。这也是很多论坛的共同弊端。

如果只是机械被动地传播专家观点，写出来的报道，自然也会体现出同样的弊端。所以，笔者向来主张，记者一定要超越专家的眼光，不能跟着专家跳进他们的话语陷阱。

记者也一定要超越地方政府提供的材料，眼光要超越秘书的水平，要能帮地方政府总结出他们自己无法总结的亮点。

记者对权威信息源有一种习惯性的依赖，甚至可以说是新闻从业者自身不以为然一代代沿袭的职业病。悖论在于，媒体对权威未必可靠的信息困境是非常清楚的，但是，一方面是依赖权威的惯性，另一方面是放弃主观能动性努力的惰性。

李希光认为，记者在大多数情况下没有时间、资源和途径深入了解每一个信源，独立确认事实，通常是通过引用可靠的新闻源来建立事实。"所谓可靠新闻源，是指这种信源对记者说的话无需经过进一步调查核实就可以被认定为事实。事实的价值是根据信源的表面价值来确定。信源的可靠性是通过体制内承认的权威形式和知识形态树立的。"这就导致媒体被利用的情况在所难免，信源机构在新闻事件发生时指定发言人向新闻界透露消息，并不在乎这个人是否真的掌握事实真相。矛盾在于，许多记者经常抱怨他们没有获取信息的自由，但是，很少有记者通过获取和研究信源机构的文献来核实新闻，或者获取了有关文献也不认真研究。①

可怕的单一信息源

"反转新闻"和虚假新闻，已经成为新闻界的一大奇观，但我们并未看到新闻界因此而有所实质性的改进或者建立系统性的有效规范机制。

2022年1月，一个15岁的未成年人死于网络暴力。这个少年，出生就被父母抛弃，4岁失去养父母，寻亲成功后又被已各自成家的生父母二次抛弃。新京报报道生母指责孩子的不实之词引发新的网络暴力，生前即有抑郁症的孩子自杀身亡。

2020年4月12日，财新网刊发《高管性侵养女事件疑云》，将一个上市公司高管性侵未成年少女也是"养女"的故事，描述成是一个缺少关爱的女孩向"养父"寻求安全感的故事。在报道引发网民强烈的批判之后，财新网道歉并撤稿，事后记者离职。

2016年春节前后，网上出现一条"上海女孩逃离江西农村"的帖子称，一个上海女孩回江西农村男友家过年，因一顿年夜饭和难以忍受农村的贫穷落后，连夜赶回上海。这篇帖子挑起城乡差异、地域歧视等争论，瞬间刷爆朋友圈，成为春节期间最热话题。最终，该事件被证明从头至尾均为虚假炮制。

2014年3月10日，江苏多家媒体报道，一名浙江女子投富春江轻生，迷迷糊糊在300公里外的江苏泰州上了岸。警方嗣后调查表明，该女子和丈夫闹别扭，为吓唬对方写好遗书伪造自杀，其实悄悄离家。

2012年12月，《南方人物周刊》报道，一名男子自述为官员拆窃听器，称曾一周拆40多个。纵观全文，却没有任何一个当事官员接受采访

---

① 李希光：《新闻事实论》，《国际新闻界》2001年第3期，第67—68页。

证实事件真假。2015 年 4 月 2 日,澎湃新闻网发表《广东区伯 4 月 2 日凌晨获释,接受澎湃独家专访坚决否认嫖娼》,报道大量提及警方处理方式,却没有向警方核实。

类似这样的案例,每年都在新闻界发生,而且没有表现出新闻从业者在这一问题上的防范能力或防范程度有所进化。这些已被证明的虚假新闻或者令人惊悚的故事,都源于一个低级得不能再低级的错误,即信息源单一。记者倾听单方面的表达就形成报道,没有履行义务提供其他证据尤其是相关当事人的信息源,以供读者印证报道对象所说的真实性。

诚然,单一信息源造成的虚假报道,一直是困扰国内外新闻界的共同弊端。在新闻实践中,类似的案例层出不穷。

约翰·赫尔顿在《美国新闻道德问题种种》一书中为我们提供了令人骇然的多个经典案例。其中之一是,20 世纪 60 年代中期,美国派一支部队前往多米尼加共和国。记者不被允许现场采访,只能听美国驻多米尼加大使介绍情况。大使说,"共产党已接管了政权",街上充满了暴行,有 1000 至 1500 人被就地枪决了。记者们按大使所说向国内发稿,包括《时代》杂志、《美国新闻与世界报道》杂志以及广播电视的新闻节目等都照登照播无误。后来发现,所谓"暴行"的说法全系捏造。

在纽约爱蒂卡监狱骚乱事件中,媒体再度被利用成为官方制造谣言的传声筒。因犯人占据监狱大楼,并把许多哨兵扣为人质,官方决定派军队进攻监狱。全国各地的记者蜂拥而至,但他们被挡在监狱外,只能依靠州政府官员、典狱长及军官向他们传达情况。许多报纸还详细描述犯人把一些哨兵从墙头上推下摔死、割断喉管等恐怖的细节。战斗结束时,发现有 40 个人死了,包括哨兵和犯人。其真相是,那些人质是被进攻的军队开枪打死的,而不是被犯人杀死的。没有一个人的喉管被割断,也没有一个人被阉割。然而,等到这一切搞清楚时,已经过去两天了,那些假消息已经被报道了。

　　爱蒂卡监狱事件后,编辑记者们纷纷再次发誓,表示今后对注明消息来源问题一定要更加认真对待。然而,时隔不久,同样的情况再次发生。1972 年夏天,德国慕尼黑奥林匹克运动会比赛突然中断,一伙阿拉伯恐怖分子绑架以色列运动员作为人质,并且计划劫持人质登机逃跑。警察向机场外记者保证说,人质已被解救。记者纷纷发出快讯,消息在以色列引起一片欣慰的反应,许多人哭着做感恩祈祷。然而,数小时后真相传出,有一个狙击手太紧张过早开枪,最终所有人质都死了。

　　约翰·赫尔顿由衷感叹,新闻界由于揭露了水门事件,从而似乎可以表明它不愧为我们社会中的"第四等级",然而恰恰在这个时候发生了上述那些滥用秘密消息来源之事,效果极坏,至少给新闻界抹了黑,严重影响了其信誉。[①]

　　逃亡至韩国的朝鲜人申东赫声称,自己出生于朝鲜一处劳改营,曾告发母亲和哥哥导致两人被处死。然而,2015 年 1 月 18 日,申东赫公开发帖表示,先前所言并不完全真实,对此表示歉意。申的家人此前曾回应谣言,申东赫称自己出逃时腿上留下的伤疤其实是推矿车时所致,其母亲和哥哥也因触犯刑法而受到惩罚而非因计划出逃被处死。

　　类似的"脱北者"故事并不鲜见,国际舆论场上有相当多专门配合西方媒体提供虚假故事的"新闻演员"。就申东赫事件而言,有一点非常值得玩味,即记者对虚假报道的态度。美国《华盛顿邮报》的记者哈登采访申东赫后,把他的故事写成《逃离 14 号劳改营》一书,受到广泛关注。如今真相暴露,哈登声明,要找申东赫讨个说法,让后者解释"为何在采访中误导人"。这就令人非常纳闷,核实原本是记者应尽的义务,为何还理直气壮要求后者解释? 也许,正是这样一种将责任推卸给采访对象的态度,

---

① [美]约翰·赫尔顿:《美国新闻道德问题种种》,刘有源译,中国新闻出版社,1988,第115 页。

导致西方媒体对类似的"脱北者"单方叙事依然趋之若鹜。

在官方信息源提供相反事实而且是正确事实的情况下，媒体也可能选择过滤性做法，倾向于一贯有倾向性的所谓匿名信息源。《纽约时报》报道 TWA 800 次航班坠机事件时，曾听取联邦调查局的意见，相信该事件是恐怖分子所为，而没有注意国家交通安全委员会的意见，该委员会从一开始就怀疑坠机事件并非恐怖主义行为。最后，所有的调查者一致同意，坠机是由甲板上的燃料箱的自发爆炸所引起的。但是，有好几个星期，《纽约时报》的读者都以为是有人在飞机上安放了炸弹。后来，《纽约时报》的高级编辑斯蒂芬·恩格尔伯格恳切地承认了该报的错误："我们的报道仅听从专家和执法者的一面之词，在没有足够证据的情况下走得太远了。"研究者指出，"关于秘密犯罪的调查性报道经常会让记者依赖于有本能倾向性的信息源，他们通常是法律工作者、原告或辩护律师。他们的文化要求他们强烈地维护客户的立场，而不是审慎地探求复杂的事实"①。

然而，西方媒体单一信息源的虚假报道，并不是我们可以作为自我安慰的借口。反之，同样是轰动性的社会新闻，美国优秀报纸的做法是值得借鉴的。华盛顿邮报关于弗吉尼业埋工大学校园枪击案的一组报道获得 2008 年普利策奖，以其中一篇报道《32 人在弗吉尼亚理工大学枪击案中遇难，死亡人数成美国历史之最》为例，全文字数不足 2000 个英文单词，明显信息源有 25 处，这些信息来自现场目击者、联邦执法人员、校方官员、大学内部警局负责人、案件发生时在宿舍的学生、亲历者校方和医院、学生家长等。《恩里克的旅程》获得 2003 年普利策特稿奖，《洛杉矶时报》的这篇报道共计 3 万多个英文词，其中 197 条 7000 字注解占将近 1/4 的

---

① ［美］纳德·小唐尼、罗伯特.G.凯泽：《美国人和他们的新闻》，党生翠等译，辽宁教育出版社，2003，第 127 页。

篇幅。从引用的人物对话到罗列的统计数字，注解对文中所有细节的考证，巨细靡遗。《恩里克的旅程》这篇涉及未成年人的轰动性新闻，耗时两年修改 11 稿。所以，求快，从来就不应该成为媒体失德的理由。

单一信息源很难摆脱"霍桑效应"——当人们意识到自己正在被关注时会不自觉地改变自己的某种行为和语言。新闻从业者不仅要警惕叙事者存在的霍桑效应，也要警惕叙事者对其他当事人可能存在的掩饰、批评、赞美等动机。有研究者提出，在包含矛盾冲突的复杂报道中，"记者应采用三点定位法：即采访当事人、对立面、中立方，在每一点上都尽可能接触更多的消息来源，这样才能将事实多角度、多侧面呈现在受众面前"，从而对事实做到精确呈现、客观、全面、权威。①

单一信息源是孤证，对于任何领域的研究者或从业者来说，这都是还原历史事实或当下事件的莫大忌讳。求真，是新闻、学术、法律的共性，相应的求真方式上也有共性。梁启超在《清代学术概论》中总结清代乾嘉学派的治学经验，提出"孤证不为定说"的主张。"孤证不能定案"，也是我国刑事诉讼法中的一项重要原则。"孤证"包含三方面的含义，即单个证据、多个同源证据或多个孤立证据。也就是说，不专指"一个证据""一人之言"，也泛指不在真实的因果关系中的证据，即把特定关系中的事孤立起来使之成为无法定性的孤立事实。

新闻事实和法律事实不同，面临截稿压力，在极其有限的时间内提供多样性证据并形成证据链是一项不可能完成的任务。然而，一个常识是，新闻作为公共供给品的意义就是它基于真实报道而非传播流言。即使采编人员无法实现多样性证据的最优方案，也应当坚持补强证据、相互印证的次优选择，也就是寻找多个不同来源的信息，而且在后续报道中提供更多更强证据力的事实。尽管在司法实践中对孤证效力有争议，但是，司法

---

① 叶向群：《信息源使用与媒体公信力》，《新闻实践》2009 年第 12 期，第 26 页。

证据认定极其专业复杂并经过多个部门重复把关,而新闻机构并没有这样严格复杂的事实审查程序。

从文献依据来看,新闻界对信息源真实性的重视,至少有 200 年的历史。1836 年,创办于费城的便士报《公众纪录报》制定了一份职业准则,其中就包含了新闻真实的观念:

> 获取第一手资料和原始素材,如果不能,那尽你所能靠近。
>
> 重视正确,提供正确的新闻比快速提供假新闻好,旧新闻虽不好,但错误的假新闻更糟糕。
>
> 不要听信谣言,谣言只是供后续调查的一个引子而已。当你仅仅听说之时,不要妄言自己知晓。
>
> 一份深得公众信任和尊重的报纸必须提供值得信任的信息和建议。每一个观点的提出都必须有可信证据,特别是在指控他人之时。①

"信息源是社会真实的首要界定者",英国文化研究学者霍尔在 20 世纪 70 年代提出,新闻媒体无力单独制作新闻,多半受到信息源引入才能注意到特殊话题。美国新闻学者梅尔文·门彻认为"信息源是记者生命的血液,没有通过信息源得来的情况记者就无法活动"。

在虚假低劣信息源的沙滩之上,不可能构筑坚实的新闻大厦。记者从何处获得信息,如何辨别信息真伪,编辑部如何审核信息源的可靠性,都需要相应的采编行为指南乃至刚性的约束制度。遗憾的是,绝大部分媒体对信息源缺乏具体监管制度,有关信息源的职业操作规范建设依然是一个难以企及的理想国。

---

① 转引自郑保卫、李玉洁:《真实,一个被追求与被操纵的新闻观念:基于美国新闻史的考察》,《国际新闻界》2013 年第 5 期,第 87 页。

坚持未经核实不报道的原则

2016 年 4 月中旬，一名女子在河南郑州某酒店去世，警方认定系自杀，死者家属并无异议，遗体在殡仪馆等待火化。十几天后，各大新闻门户网站和媒体官方微博发布"花季女子在酒店离奇身亡，酒店老板竟私自火化尸体"的新闻，其实各媒体记者根本没有采访酒店或警方。反之，很多网民表示质疑，殡仪馆不可能在材料不全的情况下私自火化遗体。《环球时报》公众号"耿直哥"感慨，一条假新闻几乎让全国媒体沦陷！"讽刺的是，这些质疑声音大多来自普通网民。可是，面对新闻事件时，谨慎，理性与专业本应更多来自我们的记者和编辑。真是大写的尴尬。"

2020 年 4 月底，某知名记者发微博暗示某北方邻国的领袖死于新冠疫情。面对网友质疑，她坚称，"我只说事实""我从来不发假消息""一不辟谣，等着打脸，二不删帖，敢作敢当，三不禁止评论"。然而，5 月初该国领袖公开露面，当事记者道歉。

脱贫攻坚期间，某市长在和媒体座谈时说当地城乡差距很小。贵州城乡差距在全国首屈一指，假如市长所言为真，这可是大新闻。查询后发现，当地城乡居民收入差距超过 3∶1，高于全国平均水平！可见，市长也有想当然乱说话的情况。2020 年 5 月 31 日，笔者在山区采访听一名基层医生说，湖南农民大病医保报销比例不如贵州，一律 8000 元封顶。按理，医生是专业人士，信息应该是比较可靠的。然而，查证后发现，湖南大病医保报销规定如下：3 万元（含）以内部分报销 50％，3 万元以上至 8 万元（含）部分报销 60％，8 万元以上至 15 万元（含）部分报销 70％，15 万元以上部分报销 80％，年度累计补偿金额不超过 20 万元。20 世纪 80 年代，江西赣州有一位工程师龚良经说自己要到美国宣读论文，不少媒体捕风捉影盲目报道，当事人火速入党还被提拔为市科委副主任。实际上，这是轰动全国的虚假新闻典型案例。抛开地方政府不说，如果当时任何一家媒体能够坚持不核实不报道的原则，就不至于闹出这么大的笑话。

新闻界似乎对"快"有一种畸形的迷恋，尤其是所谓"新媒体"，一味求快实际上成了粗制滥造的垃圾新闻出口。快，不等于不核实，不等于少核实，不等于假核实。不能迷信消息源，过去没错，不等于永远正确。新闻的特殊性在于，每天发生不同的事件，就算同一个事件也在不断变化，所以，新闻真实性的授权只能是一次性产品，媒体对每一篇报道的真实性审查都是一次性的，而不是永久相信信息源。毛泽东曾经指出，"对具体问题要做具体分析，新闻的快慢问题也是这样。有的消息，我们就不是快登慢登的问题，而是干脆不登"①。如果事件缺乏更多证据，存在对被报道对象带来严重伤害等伦理挑战的情况，那就应当延迟该死的截稿时间。真实，善意，比快速更重要。

少数主流权威媒体为此建立相对严格的制度（尽管制度本身运行状况未必理想）。《纽约客》设立了事实核查部门。《广州日报采编业务准则》要求，应当向读者清楚说明消息的来源，每一个事实来源都必须做到有根有据，避免使用模糊的说法。路透社规定"只要可能应反复核实信息，两个或更多的信息源好于一个信息源"。路透社 2010 年颁布的《网络报道守则》首次对记者使用社会化媒体制定详细规范，对可能产生争议的信息记者要保存有关网页，使用从网络上获得的信息时必须清晰准确地说明，检验网上信息，必须谨慎使用那些由网民自发合作、匿名编撰而成的信息等。②

科瓦齐和罗森斯蒂尔在《新闻的十大基本原则：新闻从业者须知和公

---

①　中央文献研究室、新华通讯社编《毛泽东新闻工作文选》，新华出版社，1983，第193 页。

②　周逵：《〈纽约时报〉防止新闻失范的一些认识和做法》，《中国记者》2011 年第 2 期，第24 页。

众的期待》一书中,将"经过核实的新闻"列为十大原则之一,"无论如何,核实事实是新闻工作的中心"。李普曼也曾经表示,新闻核实最终是否能坚持下去取决于新闻工作者对这一目标的忠诚程度,只有他们才能生产出与其他更有权力的中介机构制造的说服性或操纵性信息相抗衡的信息。①

也有研究者提出,记者首先应该信任信息源,但是,只有记者搜集到足够的证据证实信息源值得信任,它才能用于服务公众。"信任,但要核实",必须成为记者面对信息源时放在首位的坚守。②

---

① [美]科瓦齐、罗森斯蒂尔:《新闻的十大基本原则:新闻从业者须知和公众的期待》,刘海龙、连晓东译,北京大学出版社,2014,第二版,第99页。
② 扈长举:《信任,但要核实——记者与信息源互动的原则》,《青年记者》2013年第23期,第5页。

第十二章 专业性危机：事物何以变形

　　2023 年初,媒体批评有的演员堪称"绝望的文盲",原因是他们对自己饰演的角色和时代背景一问三不知。不过,记者当中"绝望的文盲"也不在少数,经常不知道自己报道的内容是什么也不了解采访对象的基本情况。比如,照抄经济术语完事,编辑打电话过去问是什么意思记者也说不出来。囫囵吞枣,没有消化,就成为笑话。

　　知识经济时代信息更新太快。对今天的新闻从业者来说,他们遇到的专业性挑战远比过去频繁而沉重,甚至有人说人工智能写作机器会取代传统媒体。无法否定的事实是,新闻从业者对新事物学习的表现令人沮丧,很多时候对新事物基本涵义都没有弄清楚,就把生吞活剥的报道轻率地抛给读者。媒体在新事物报道方面麻木落后,无法良好地承担起教育读者的媒介功能,敲响了洪亮而令人倍感沉重的警钟。

　　我们不得不承认,尽管对传统的"传 受"模式存在不同看法,但大体上来说,传媒在过去是居于优势地位的,"传"的情况居多;然而,今天所谓的"传-受"模式发生了近乎倒置的现象,"传"的力量不足,甚至在"受"的那一端遭遇反弹。一方面,读者受教育程度越来越高,阅读写作能力越来越强;另一方面,传统媒体的秀才们具备的写作优势荡然无存,从业人员语文素养衰退同时科技等专业素养存在严重的短板,媒体已经很难生产出在可读性和可用性方面都能征服读者的优秀报道。阅读需求提高,新闻品质下降,在新闻报道和新闻阅读两者之间形成了巨大的认知"剪刀差"。

正如孟子所感叹的那样,"贤者以其昭昭使人昭昭,今以其昏昏使人昭昭"。记者理当成为昭昭贤者,才能胜任报道职责,更不能在读者昭昭的时代做昏昏新闻。

防范"于光远丢脸史"

马克·吐温在《我怎样编辑农业报》中描绘了一个无知而滑稽的新闻场景:

"你从前编过农业报吗?"

"没有,"我说,"这是我初次的尝试。"

"大概是这么回事。你对农业有过什么实际经验吗?"

"没有;可以说是没有。"

"我有一种直觉使我看出了这一点,"这位老先生把眼镜戴上,以严峻的神气从眼镜上面望着我说,同时他把那份报纸折成一个便于拿的样子。"我想把使我发生那种直觉的一段念给你听听。就是这篇社论。你听着,看这是不是你写的——"

"'萝卜不要用手摘,以免损害。最好是叫一个小孩子爬上去,把树摇一摇。'"

"喏,你觉得怎么样? ——我看这当真是你写的吧?"

"觉得怎么样? 嗐,我觉得这很好呀。我觉得这很有道理。我相信单只在这个城市附近,每年就要因为在半熟的时候去搞萝卜而糟蹦了无数万担；假如大家叫小孩子爬上去摇萝卜树的话——"

"摇你的祖奶奶！萝卜不是长在树上的呀！"

"啊，不是那么长的，对不对？哎，谁说萝卜长在树上呢？我那句话是个比喻的说法，完全是比喻的说法。稍有常识的人都会明白我的意思是叫小孩子上去摇萝卜的藤呀。"

于是这位老人站起来，把他那份报纸撕得粉碎，还拿脚踩了一阵；他用手杖打破了几件东西，说我还不如一条牛知道得多；然后他就走出去，砰的一声把门带上了。总而言之，他的举动使我觉得他大概有所不满。可是我不知道究竟出了什么岔子，所以我对他也就无能为力了。

现实中"还不如一条牛知道得多"的新闻从业者是不存在的（当然，牛对草的认识远远比大多数普通人更专业），这不过是夸张的幽默讽刺小说。

但是，在 1958 年的浮夸新闻中，却真实地出现了马克·吐温这种"萝卜长在树上"的荒诞小说场景。比如，苹果栽在南瓜上，用狗肉汤喂瓜，猪吃牛粪长肉快等，类似荒唐的报道在新闻史上留下不可思议的一幕。

于光远回忆 1958 年向毛泽东主席汇报时曾自我感叹堪称"于光远丢脸史"，原因就是把浮夸报道当事实。"我当时汇报的内容并不是我到各地调查看到的，而是靠各地上报的文件报告汇总的。其中有一份来自山东省的正式文件，说他们那里某地研究出一种嫁接法，把苹果和南瓜相互嫁接，结果南瓜有了苹果的味道，苹果能长得南瓜那么大。我堂堂一个搞科学研究的、被称为学者的人，竟不加分析思考，就根据汇报材料，将这些向毛泽东汇报了。这不是大大的丢脸吗？"于光远反思并提出，"我们国家应该建立一个科学检查监督机构，任何事物、任何观念一出现，都应该先放在科学的尺度上衡量一下。我的科学第一的观念，就是这样逐渐形成的"。

当然，于光远是有名的学者型官员，他会栽跟斗的直接原因是媒体报道出了问题。说到底，"于光远丢脸史"是"媒体丢脸史"，防范"于光远丢脸史"就是防范"媒体丢脸史"。

不可否认，当年进那种"放卫星"的反常情况如今是没有市场了。现代人掌握的知识是超过一条牛的，但在某个具体问题上，记者和媒体依然存在"还不如一条牛知道得多"的情况，应当把于光远"科学第一的观念"作为报道信条。

2015 年 3 月 28 日，国家发展改革委、外交部、商务部联合发布《推动共建丝绸之路经济带和 21 世纪海上丝绸之路的愿景与行动》。在这个18 省战略规划路线图上，西南地区唯独贵州缺席其中。一时间，有人担忧贵州被"一带一路"抛弃。

> 盛宴即将开席，但作为西南和西北 10 省市中唯一"缺席"的省份，贵州要想分享一带一路盛宴，还有更多的工作要做。
>
> ……
>
> 以交通为例，近几年贵州一直谋求开通黔渝新欧货运专列，加强与中东欧国家的交流。但这一规划面临着蓉欧快铁的竞争，有不愿具名的四川政府人士曾在一次会议上直接指出，"西南物流中心只有一个，就是成都，蓉欧快铁应该成为西南唯一的通往欧洲的铁路枢纽"。
>
> ……
>
> 自去年下半年开始，贵州省政府出台了一系列稳定白酒产业发展的规划，同时政府高层不得不亲自出面，带领贵州酒企全国卖酒，圈内人惊叹，"这在以前是很难想象的"。①

---

① 李超、宋旖：《贵州失落》，《经济观察报》2015 年 4 月 4 日。

蓉欧快铁不是阎锡山的窄轨铁路，和贵州开通中欧班列非但不存在竞争关系，反而是合作关系，记者的理解完全错误。尤为令人讶异的是，《经济观察报》将贵州推销白酒归结为产业失速，还对省领导推销白酒使用了"不得不"的字眼，这属于典型的主观推测。事实也证明，当该报记者写下这样的句子时，茅台市值仅 2200 多亿元，5 年后就暴增 10 倍，全国掀起酱香酒消费风暴。对事物之间的联系，对产业趋势的判断，这篇报道有违专业精神。

诚然，个案有很大的随机性，未必具备代表性。然而，媒体对中医药的偏见乃至攻击，足以说明媒体的专业素养（包括媒介的客观性素养和报道对象的知识性素养）令人扼腕。方舟子对中医药的恶意攻击，一而再再而三地被媒体所传播而误导读者，甚至连中央媒体也纷纷陷落。方舟子长期污蔑中医为玄学、巫术、伪科学。即使是屠呦呦因发现青蒿素而获得诺贝尔生理学或医学奖，方舟子也不甘心，继续在影响力很大的媒体上发表对中医药的偏见。毫无疑问，科学素养严重不足的大众媒介，如何被方舟子利用并以科学的名义兜售伪科学，是一个令人啼笑皆非的新闻故事，也是一个值得总结教训的研究课题。

2014 年，云南白药因被发现含有草乌（断肠草）成分而陷入舆论风波，遭遇媒体持续炒作。云南白药方面作出回应，药品配方中草乌所含乌头碱类物质的毒性已在加工过程中得以消解或减弱，产品安全有效。

日常生活经验告诉我们，蝎子是有毒的，但煎熟后却是一道美味。同样，中药也如此。比如说，细辛是一种有毒的中药，含有黄樟醚，这种物质会作用于人的呼吸中枢，阻止氧代谢，严重的会破坏肝细胞，引起肝中毒，甚至诱发癌症。但黄樟醚是一种极易挥发的物质，通过水煎煮 20～30 分钟，95％的黄樟醚都会挥发掉，不会因服用而中毒。事实上，除了加工方法之外，原材料的毒性多大，剂量多少，是一个非常严肃且严谨的科学问题。国家资深药典委员、北京中医药大学高学敏教授也对媒体表示，"毒性中药材一直都是中医药重要的组成部分，毒性中药材和药物有毒，完全是两个概念"。

反过来，方舟子和其支持群体以及媒体，完全不提西医药的毒副作用。事实上，中国对中西医毒副作用的案例有监测。国家药监局 2012 年统计显示，西药不良反应率占 81.6%，中药则占 17.1%。北京市药品监督管理局公布的 2004 年药品不良反应监测结果表明，在上报的 8275 份药品不良反应报表中，西药引起的不良反应占 87.1%，中成药引起的药品不良反应占 12.9%。不可否认，目前中国本来就是以西药为主，我们还要继续加深中西药单个药物毒副作用的概率比较研究。

一个被故意忽略的常识是，有的西药毒副作用极其严重。比如，海豹儿就是典型案例，这种婴儿样子很像海豹，没有胳膊和腿，手脚就直接长在身体上。从 1957 年到 1962 年，联邦德国有 5500 名海豹儿，还有相当多孕妇出现流产、早产和死产。英国发现的新生海豹儿达 8000 多人。科学家们经调查后发现，罪魁祸首是一种用于孕妇早期妊娠止吐的药物"反应停"，它的化学药名为"沙度利胺"。又如，绝大多数人都知道，服用四环素会造成牙齿发黑发黄。再如，2009 年 3 月，英国政府下属的药物安全管理机构（MHRA）发布消息，69 种常用感冒药可能会"引发过敏反应、导致幻觉以及干扰睡眠等副作用"，大多数感冒咳嗽药都含有 15 种可能导致副作用的成分，甚至会造成致命危险。

中医药的科学研究确实有待提高，然而，对中医药的偏见和非科学批评，莫名其妙地成为一个系统的整体的媒介现象。这不仅彰显了新闻记者在科学上的无能，也彰显了媒体缺乏客观性的职业道德困境。对每一个普通人来说，对每一个自诩为现代公民的读者来说，对每一个号称报道事实的新闻从业者来说，我们都不得不随时追问——是不是"还不如一条牛知道得多"？

想象的大数据

2013 年被视为"大数据元年",有人甚至欢呼,人类进入大数据时代。大数据作为一种重塑生产模式和生活方式的重要资源,甚至被视为新的生产要素之一。以美国为例,2012 年 3 月白宫科技政策办公室发布《大数据研究和发展计划》,同时组建"大数据高级指导小组",将大数据上升为国家战略。

其实,大数据并不是新事物。早在 1980 年,著名未来学家阿尔文·托夫勒便在《第三次浪潮》一书中,将大数据热情地赞颂为"第三次浪潮的华彩乐章"。大约从 2009 年开始,"大数据"才成为互联网信息技术行业的流行词汇。

大数据并不一定是数字,也不是数字化,更不是数据之大。大数据的真实涵义在于,人们挖掘海量数据,然后对这些数据进行清洗,在此基础上分析数据,总结出规律用以指导或改进人们的生产应用。但是,媒体关于大数据的报道却经常违背大数据常识。

例 1:看着大数据卖菜,这个菜市场方便实惠不是一点点

在位于鞍山二路的每日城运农贸市场,商户李先生每天收摊后他都会跑到市场监控室去看看大屏幕,市场上今天进了多少客,卖了多少水果,哪些水果好卖一目了然,给第二天进货做参考。在这里卖了 20 年水果的李先生说,大数据让他有了新"武器",减少了损耗,提升了品质,最终受益的还是顾客。(半岛新闻客户端 2021 年 11 月 3 日 19 时 42 分)

这条新闻的错误在于,把农贸市场电子显示屏的数据视觉化当成了大数据。而且,从大数据的应用来说,这样做未必科学,头一天水果销售情况很可能有样本偶然性,不一定就能"给第二天进货做参考"。

例 2：用大数据种菜、卖菜！贵安新区这样做

在大数据的帮助下，园区可以通过物联网，实时监测大棚内的生长环境变化，对作物进行精准培育，生产效率大大提高。（贵州网络广播电视台 2020 年 3 月 30 日 18 时 35 分）

这条新闻是把农业生产管理现代化当成了大数据。农业生产管理对温度、湿度、土壤酸碱度的监测早已有之，从手工记录转变为网络记录，只是手段变了，和大数据本身是两回事。

例 3：大数据卖菜！印江红萝卜日销千斤

拥抱电商，小产业对接大市场。有着得天独厚蔬菜种植优势的夫子坝，无疑成为印江电商云仓连接的农产品生产基地之一。经过考察交谈，夫子坝村 8 户蔬菜种植大户与贵州云上智慧集配有限公司签订了订单协议，并首批发展 200 多亩订单红萝卜。（铜仁新闻网 2021 年 1 月 19 日 17 时 44 分 34 秒）

这条新闻说的是网络订单和电商改变农产品销售渠道，不能把它说成"大数据卖菜"。

例 4：用人工智能去卖菜 大数据助力生鲜新零售

想吃美国车厘子、泰国芒果、澳洲牛排、挪威三文鱼、阿拉斯加帝王蟹……只需鼠标轻轻一点、在线下单，就可以在家等待食物"来敲门"。

"生鲜电商作为连接生鲜供应链各节点企业的信息平台，对数据的掌控力度最大也最为全面，电商企业的大数据应用具有先天优势。与会嘉宾均认为，以大数据完成逆向定制的农产品模式……"

"U 掌柜是全球首家将人工智能用于销售预测的生鲜电商。U 掌柜的订单处理、仓储管理、配送管理等系统都是自己团队开发。"U 掌柜副总裁汤君健说，"借助神经网络模型即人工智能后，U 掌柜的缺货率从刚上线的 20％下降到 5％以下，损耗率从 12％降到了 7‰"。（《新民晚报》

2017 年 12 月 28 日)

这条新闻主要写的是生鲜电商。虽然,正文内简要提及了大数据和人工智能,但是,语焉不详。特别是 U 掌柜的例子,并没有说清楚人工智能到底怎么把缺货率和损耗率降下来的,和传统生鲜销售模式有什么区别。如果传统生鲜销售能轻松实现这一目标,那么,所谓人工智能就很可疑。时间证明,距报道不到一年,U 掌柜就黯然退场,这足以说明所谓人工智能卖菜并不是决定性因素。

类似地,还有的报道把政府的数字化管理或公共服务信息化当成是大数据,比如出行服务平台、企业登记"一网通办"等。的确,大数据会依托数字化基础,但这两者之间的差别判若云泥。很多时候,通读人数据报道令人产生如身处云雾之感,新闻根本没有说清楚大数据是什么到底起了什么作用。媒体只是徒劳地展示拙劣的画皮术而已,外行人觉得可恶,内行人觉得可笑。

大数据和共享经济紧密联系,有的媒体错误地将共享经济理解为经济共享。"共享"是十八届五中全会的新发展理念之一,强调的是发展成果由人民共享,朝着共同富裕方向稳步前进。"共享经济"理念源自杰里米·里夫金的《零边际成本社会》,是指人们通过物联网分享产品,在消费和生产等经济领域带来巨大变革。从语法上来说,"共享经济"准确说是共享式经济,是一个专有名词,是偏正结构;而共享发展、共享成果或者共享经济,是动宾结构。

对于大数据的报道,还存在缺乏全球性视野的问题。比如,有人将贵阳贵安称为"中国数谷"。但是,笔者在报道中使用的是"数据之谷"。原因在于,前者反而约束自己,苹果和其他跨国公司已入驻贵州。大数据中心是对全球开放的平台,是世界性的数据中心基地,为谁服务都可以。再比如,新闻界有不少报道至今还在称印度班加罗尔为"亚洲硅谷",实际上这只是印度自我推销的口号,早已落后于中国。

新闻札记:谁是亚洲硅谷——不要神化班加罗尔(2018 年 7 月 10 日)

班加罗尔是印度 IT 业的一张名片。今晚值班,有稿件称呼班加罗尔为"亚洲硅谷",而笔者的看法是不妥,置北京中关村于何地?

公开报道表明,班加罗尔 IT 业占印度 IT 业 1/3。另据印度《经济时报》2017 年 1 月 22 日的报道,印度 IT 业年产值 1500 亿美元。也就是说,班加罗尔的 IT 业产值约 500 亿美元,换算成人民币为 3000 多亿元。

中国 2016 年 IT 业产值为 2.5 万亿美元,印度还不到中国的 1/10。而中关村的 IT 业产值已达到万亿元,两者根本不是一个量级。

再以软件为例,2014 年深圳软件产业产值达到 7298 亿元、业务收入 3912 亿元。也就是说,即使以班加罗尔最有代表性的软件业为比较,深圳也已超越班加罗尔。

不过,考虑到班加罗尔面积仅 174.7 平方公里,还是以面积 249.7 平方公里的中关村来比较更合适。

网友早就呼吁不要被所谓印度 IT 比中国强的谬论所忽悠。当然,也就不必神化班加罗尔。我们这样说并不等于要狂妄自大,但是,媒体肩负着传播事实的责任。更何况,作为对外招商和形象推广的名片,我们仍然要问问,谁才是真正的亚洲硅谷?

数字化生存的报道挑战

无论我们愿意与否,人类整体上已经进入数字化生存时代。必须说明的是,此处不是讨论新闻的数字化或数字化的新闻,而是数字化生存对媒体报道提出的挑战。这种挑战在于,媒体有无能力以监督互联网巨头(当然也包括各种形式的互联网流氓及窃贼)或互联网伦理建设等方式为人类数字化生存提供安全感。显而易见,面对如此挑战,媒体从业者自身就遇到了数字化生存的能力难题。

例5：全球200多处机密坐标泄露事件

2018年7月，来自69个国家的近6500位人士用双脚在地图上"丈量"出全球超过200处机密坐标，并同时暴露了自己的姓名、家庭住址——其中包括来自美、英、法、俄、荷等国家的军方情报人士。这是因为他们使用了芬兰Polar公司生产的穿戴式健身手表，并在锻炼身体时无意间对外泄露了数据隐私。

据法新社消息，荷兰和平公益组织PAX联手该国新锐媒体De Correspondent，并在8日于后者网站上刊登了对Polar公司定位系统漏洞的长篇系列调查报告。调查团队通过分析2014年以来的数据，在全球6460名Polar用户的健身资料中，还原出了超过200个"机密地区"的坐标：其中包括48处核武器储存所、18个情报机构、6处无人机基地、2处核电厂、2处皇室人员住所等。

调查团队首先在6月22日通知了荷兰国防部，并由荷兰国防部，向各国国防部门转达这则消息。而荷兰政府也在第一时间做出反应：该国的军方、情报人士被下令禁止使用Polar手机App。

为什么不在第一时间发表文章，调查团队希望"各国政府能有足够时间来通知那些被泄露机密的人士，以免发生不必要的安全问题"。

荷兰和平公益组织PAX和新锐媒体De Correspondent为新闻界树立了一个如何调查数字化生存时代黑幕的典范，而且，也是民间专业机构和媒体携手合作的完美典范。年轻记者应当跟上时代步伐，找出新鲜选题，不能重复老一套的陈旧选题和陈旧表达方式。在互联网时代，数字化生存越来越广泛、越来越深入，但在规则没有建立之前，问题也一定会集中暴露。因此，具备发现数字化生存黑洞能力的记者，将会成为新闻媒体内容生产队伍中的最稀缺的王者。

新闻札记：互联网罪恶成为最大新闻素材之一（2020 年 12 月 17 日）

笔者曾经在笔记中谈过，年轻人应该多关注新技术尤其是被新技术改变的世界。年轻人原本应该对笔者这种年龄的人具备知识反哺能力，遗憾的是，大多数年轻人往往对这种新问题表现得非常迟钝。

纪思道上周发表调查报道《被 Pornhub 毁掉的孩子们》，揭露 P 站上有大量的儿童色情内容。该网站的很多老用户都不知情，但纪思道通过特定关键词搜索发现了这个秘密。

就在两天前，12 月 15 日，日本"推特杀手"白石隆浩在东京地方法院被判处死刑。他在推特上引诱有自杀倾向的女子到家里，谎称一起自杀，实际上强奸后杀人劫财，9 人惨遭肢解被藏尸其屋内。

如今，在互联网完成的生产生活，也许占了人类活动的一半。因此，我们的报道视野不能止步于传统题材，更不应该让互联网罪恶成为被忽略的地带。技术之眼，将是新时代记者的必备素质。

新技术的出现，理论上应该为人类赋能，这是最大的善。但是，新技术也代表监管滞后，可能沦为恣意妄为的罪恶工具。如果人类要把传统社会的罪恶在互联网重新来一遍，那技术进步带给我们的，是地狱，而非天堂。

媒体应当监督互联网的罪恶，像监督现实社会一样监督虚拟社区。

2020 年 3 月，韩国"N 号房"事件也是典型案例之一。创始者赵博士等最初上传违法色情内容，后来冒充警察威胁逼迫未成年人成为"性奴隶"。警方所掌握线索的被害女性多达 74 人，其中 16 人为未成年人，最小年龄受害者为年仅 11 岁的某小学生。N 号房的观看者超过 26 万人，却对如此严重的性犯罪保持沉默，甚至参与上传色情视频。

该丑闻事件经媒体卧底调查而被揭露，数百万韩国人发起请愿，总统文在寅下令彻查。

N 号房的壮大,在某种程度上就是滥用科技手段的结果。随着信息技术的发展,虚拟世界的匿名性、私密性大大强化,犯罪者在虚拟世界中可以肆无忌惮、为所欲为,隐秘技术让参与者可以安心享受高度隐蔽的"安全感"。

问题在于,太多网络犯罪行为以及数量更为庞大的流氓行为并未引起媒体的重视,互联网的隐秘属性只是表象,关键是传统媒体从业者欠缺对应的必要能力。比如,2022 年 10 月,河南一位高中历史老师在网课直播后猝死,其间,有人闯入网络课堂捣乱谩骂。原来,网课破坏者自称"爆破猎手",一直活跃在互联网上,纯粹以捣乱为乐。然而,传统媒体除了陈述猝死教师家属说法和官方通告外,手足无措,不能提供更多有效信息。

新闻札记:什么样的本领恐慌(2018 年 6 月 29 日)

威锋网披露:"vivo NEX 火了,这次大家还是把所有的注意力都放在了它的升降式摄像头上,但不再是感叹它精巧的设计,而是为它无缘无故地升起感到气愤。当我们聊天、购物、浏览网页时,NEX 的摄像头一次次地偷偷探出看你一眼时,你会不会觉得瘆得慌? 那么究竟是谁让它升起来,升起来又是想'看'什么呢?"

确实,笔者也是最近在手机设置中才意识到,那么多软件居然都默认调用通讯录调用位置调用摄像头,这些软件开发商有多么无聊需要知道这些干什么?

在越来越深入的数字化时代,如何挖掘相关新闻题材,新生代采编人员逃无可逃。农耕文明时代,一切知识都是陈陈相因,表现出很强的延续性。工业化时代,人类知识分工空前专业化,各领域彼此如沟壑般难以逾越。进入后现代化时代,信息经济进一步升级为数字经济,其专业性相比于工业化时代是几何级的跨越提升。新闻从业者遇到了前所未有的本领恐慌。

在热兵器时代，即使能把抛石机练到百发百中的程度也注定是悲壮的失败结局，对手没有兴趣欣赏这么古老优雅的表演，呼啸的子弹已将操作抛石机的部落勇士打成筛子。

这些被披露的个案当然只是互联网违法犯罪行为的冰山一角。总的来说，和互联网无处不在的侵权、赌博、色情等犯罪黑洞相比，媒体表现得相当迟钝，辜负社会对它们应有监督功能和建设美好社会的期待。

生态文明的认识误区

生态文明概念最早出现在西方，但明确作为政府工作目标并且上升为新的文明形态的，中国是第一个。生态文明为什么是新的文明形态，它的内涵是什么？一方面，一种新的理论固然需要不断发展和完善；另一方面，客观地说，当前新闻报道存在诸多认识上的误区，不利于正确传播生态文明。

如前面所批评的那样，夸大事实是一种浮夸报道风气，这在生态文明报道中也存在。有的人急于求成，公开提出"零碳"等不现实或很难实现的目标，而媒体错误地宣扬这种不现实乃至错误的论调。事实呢，人类并不是追求绝对的零碳，人类生产生活不可避免地会产生碳排放。中国讲的是"碳中和"，国外讲的是"净零排放"，就是既有碳排放又采取平衡技术或措施维持在一定水平。有的企业迫不及待宣告要打造"零碳企业"，很容易误解为企业零碳排放，这是不准确的。即使企业真有这样的抱负，也应该是成为净零碳企业，"净"字表达碳抵消的过程，而不是望文生义以为企业没有碳排放。

什么是生态文明？它和过去的环保主义、自然主义有什么区别？很多采编人员回答不出来。既然连生态文明是什么都不知道，那怎么写清楚并且写好生态文明？媒体理解错了，就没法引导舆论引导社会；政府官员理解错了,就会导致施政措施有偏差。

生态文明贵阳国际论坛从 2009 年举办至今,2016 年中央批准贵州等 3 个省设立国家生态文明试验区,这给了笔者长期近距离采访和观察的机会。遗憾在于,包括中央媒体在内,很多新闻对生态文明的理解非常肤浅,离全面、准确、深刻三者都相距甚远。从概念范畴来说,主要是把生态文明错误地等同于自然环境,而忽略了这是对工业文明全面深刻的反思,是对人类生产生活方式再造。从思想层面来说,有人误以为要回归本原,重谈自然主义哲学。

有的学者说,经历原始文明、农业文明、工业文明,生态文明被视为人类社会发展迄今最高的文明形态。贵州被视为贫穷落后的代名词,却因工业化滞后,保留了较多的农业文明时期的自然生态和人文生态,所以,贵州是中国生态文明最早的觉醒者、先行者。这种说法错误地以为生态文明等同于农业文明时代想象中的田园牧歌。况且,既然说生态文明是当前最高形态文明,那么,较落后的文明反而自动晋级了吗?

还有学者说,从道家"道法自然"到儒道释均提及的"天人合一"的观念,都在阐述人与自然的关系,生态文明思想已根植于贵州当地人血液之中。这种理解也是错误的。一方面,这是对天人合一思想望文生义的错误理解。董仲舒以"天人合一""天人感应"为宇宙观和方法论,以"君权神授"为旨归,论证君权来源的合理性与合法性,便于西汉统治者实行中央集权。"说董仲舒的天人观,是阐述人与自然和谐的自然观,则是没有根据的。"[①]另一方面,生态文明、环保主义、自然哲学三个概念是完全不同的。新思想固然不是无源之水,一定是在人类过去的文明基础上推陈出新的,但不能错误地走到思想倒退的路上,把新思想等同于回归旧传统。

---

① 牟成文:《从"天人合一"的源处追寻其原初价值意义——兼评西汉大儒董仲舒的天人观》,《江汉论坛》2005 年第 7 期,第 58 页。

有的报道引述学者说法，把贵州当成生态文明的榜样，实际上犯了以偏概全的错误。生态文明包含的内容极其广泛，贵州在某个或某几个方面也许是榜样，但不能推而广之覆盖整个生态文明领域。那样，既不是事实，也会误导肩负建设生态文明职责的地方官员。以对国家统计局公布的《2016 年生态文明建设年度评价结果公报》报道为例，媒体突出报道贵州公众生态环境满意度排名第二的单个指标，却选择性忽视其他更多排名不理想的指标。实际上，贵州等西部省份绿色发展指数排名是中下甚至靠末，贵州增长质量指数排名居全国第 19 位，环境治理指数排名居全国第 19 位，绿色生活指数排名居全国第 26 位，资源利用指数排名居全国第 26 位。

有时候，媒体在报道绿色技术进步时，过分夸大技术进步的作用，也就是前面所提到的浮夸风气。实际上，我们对新事物既要欢迎肯定也要保持谨慎乐观。2021 年末，南方科技大学清洁能源研究院院长刘科在《文化纵横》刊发文章称，太多人误解"碳中和"，尤其是一些经济学家。刘科指出，我们在低碳减排、能源转型、雾霾治理等方面有六大误解：（1）认为风能、太阳能都比火电便宜了；（2）认为我们有魔术般的大规模储能技术；（3）我们可以大规模捕集、利用二氧化碳；（4）可以通过把二氧化碳制成各种产品来减碳；（5）提高能效可以显著降低碳排放；（6）电动车可以降低碳排放。然而事实上，尽管各种技术都有意义，但每一样都没有想象中的大规模作用，也各有各的问题。例如风能、光能的发电和成本都不稳定，而二氧化碳的捕集成本很高。

那么，生态文明到底是什么呢？文传浩等指出，生态文明建设内容不仅包括节能减排、减污控污、构建资源节约型社会的生态方式，还包括建设节约型消费模式、保护生态的环境友好型社会的消费方式，发展生态产业为主导产业并有效转变产业结构的循环型经济的增长方式，在全社会牢固树立生态文明观念、生态价值观念、生态伦理观念的全民生态教育模式等多领域、多层次、多视角的建设内容。① 李艳艳批评,目前的误区体现在,仅片面地看到生态文明的自然属性,忽视了生态文明的根本属性是社会性;仅从哲学角度认识生态文明,忽视了生态文明根本上是一个经济范畴;导致生态危机的根源不是现代工业文明,而是以营利为目的的现代资本主义工业文明。"根本途径是超越以营利为目的的资本主义工业文明,走向社会主义工业文明。"②

毫无疑问,我们应当摆脱人类至上和环境至上这两种极端的认识,相应地,生态文明报道就要对其做出正确的舆论引导。"生态文明建设应当破除非人类中心主义思潮所主张的以生态为本位的观点,定位于人类的整体利益和长远利益……在生态学马克思主义理论家那里,生态文明的本质并不是否定工业文明的经济增长和技术运用,而是通过变革其哲学世界观、自然观和价值观,从生产方式、管理方式和生活方式超越工业文明的新型文明形态。"③

2017 年 6 月 17 日,笔者在生态文明(贵阳)国际论坛采访期间,论坛秘书长章新胜曾经澄清生态文明的三个认识误区。遗憾的是,报社没有采纳这篇独家报道,现在,将其主要观点提供给读者。

误区之一是只把生态文明看成环境保护和生态保护。章新胜说,他到不少地方都会听到有人说,我们也搞生态文明,我们环保部、环保厅做什么,但这样的理解,实际上是把它窄化了。他说,中央已经明确提出来是"五位一体",首先是绿色经济、绿色发展。生态文明生产力的水平、文明程度的高低,第一个检验标准就是生产力水平,

---

① 文传浩等:《生态文明建设中的若干理论误区与实践问题》,《西部论坛》2010 年第 6 期,第 29 页。

② 李艳艳:《传统生态文明观的认识误区与反思超越》,《中州学刊》2012 年第 5 期,第 113 页。

③ 王雨辰:《论生态文明的本质与价值归宿》,《东岳论丛》2020 年第 8 期,第 27 页。

所以生态文明的生产力水平,一定会高于西方引领的工业革命以后的商业文明的生产力水平。

误区之二是没有完全弄懂生态文明和绿色发展、绿色转型。他批评说,有人误以为绿色发展、绿色增长很好但是成本太高,"这是一个很大的误区,生态文明贵阳国际论坛正在解读这个事,引导这个事"。经济学家等专业人士已经指出,绿色发展并不意味着成本更高,甚至相反,绿色发展必然带来更好的效率、更好的成果。

误区之三是没有看到生态文明非常重要的"文明"二字。会议期间,国际上最著名的国际组织、最著名的跨国公司企业集团领导人放了他们的PPT,显示了生态是一块,文明是一块。章新胜表示,全球面临第三次产业革命,"这次文明的转型,全球很多有识之士都和我们一个看法,中国几乎和西方处于同一起跑线。'一带一路'有很多硬建设,但是它需不需要软实力的支撑?非常需要,那就是生态文明。生态文明跨国界、跨不同的政治制度、跨不同的文化、跨不同的宗教,更重要的是,它跨不同的经济社会发展阶段,无论你是发达国家还是欠发达国家,无论你是发展中国家还是新型经济体,所以生态文明真是中国共产党了不起的贡献"。

综上所述,目前生态文明报道最大的弊端是过分突出生态本位或者自然环境主义色彩,突出自然属性而忽略社会属性,对绿色技术、绿色能源、绿色金融、绿色交通、绿色消费等生产生活方面,以及人类对自然伦理反思等无形的价值观层面,则知之甚少报之尤少。尤其重要的是,对生态文明诞生背景和工业文明危机的根源缺乏反思,换句话说,没有上升到中国共产党为什么"能"、马克思主义为什么"行"、中国特色社会主义为什么"好"的层面来讲好生态文明故事。

记者知识结构的内部挑战

媒体错误认知的典型例子，是无数次错误地把发电厂冷却塔当成污染源，或者说，它们从来没意识到冷却塔和烟囱有什么区别。不过，一方面考虑到篇幅所限，另一方面关于旧事物报道缺陷的批评已经不少，我们暂且把关注点仅仅锁定在典型新事物上。我们不得不面对这样的事实：大数据和生态文明可能是重塑人类文明的重大转折点，而新闻媒体的报道对如此重要的新事物依然表现乏力。

毫无疑问，媒体遇到了来自内部的严峻挑战——记者（当然不限于记者）的知识结构滞后于现实尤其滞后于未来的需要。面对人民日益增长的文化精神需求，媒体日益呈现出智识的短板。记者不但要在知识结构上更新，也要拒绝采访对象的陈词滥调。我们需要令人豁然开朗的采访，而不是难以吞咽的老生常谈。

如果说新闻界从未重视改善采编人员的能力提升，那是错误的。早在民国时期，戈公振就在《新闻学撮要》一书的序言中指出，"新闻学是与各种学问，都有密切关系的。报纸在社会上与任何方面都不能不接触的。所以新闻记者，因研究的学问很多，而可利用研究的时间很少。但是无论如何，我们却不能不寻出功夫去研究它。我觉得我们新闻界中人和有新闻记者志愿的人，不能因事实而轻视学问，亦不能因学问而轻视事实。最好有新闻记者志愿的人，一面读书，一面做事。已在新闻界的人，一面做事，一面读书。读书与做事，在事业的发展上，是永久共进而不能分离的"①。

民国时期的李公凡也指出，只要是新闻记者，就必须具备高等的常

---

① 戈公振：《新闻学撮要》，中国传媒大学出版社，2018，序言。

识、完美的德性、强健的体格。"所谓高等的常识，与专门学问固然不同，就是和普通常识也有异……新闻记者能对于某种科学有专门的研究固好，但却并不一定；新闻记者所需要的却是超于普通常识的高等的常识。专门的学者，可以任大学教授，而不能任新闻记者。因为他在专门的学问以外，社会上还有许多方面不为他所了解，他当然也就没有应付千变万化的人事的能力。新闻记者是要'眼观四面，耳听八方'的，只要是他的才力和时间的允许，新闻记者是没有理由可以使自己不活动的。因此，新闻记者最好是能有专门的学问，却更一定要有普遍的丰富的高等常识。"①

再以胡乔木为例，他在谈到培养新闻干部时强调，要吸收各方面知识才能成为优秀的乃至著名的记者。对《人民日报》，他要求每个编辑都要争取成为专家，"农村工作部应该多读农业方面的书。有关农业经济、农村合作、商业、土壤、种子、病虫害、水利、植物栽培、畜牧等方面的书，和各地比较详细的调查报告，都应该读。这样，在写文章和别人谈问题时，自己心里才有底子……不仅农村工作部的同志应该如此，其他部的同志也一样"②。胡乔木提出的专家要求，即使放在高等教育大众化的今天也会让很多新闻人员望而生畏，但事实上这样的要求应该是常识。罗马尼亚的《新闻法》规定从事工业报道的记者必须是工程师，搞农业报道的，必须是农艺师。日本大学没有新闻系，媒体缺哪方面报道的记者，就找哪方面专业背景的大学毕业生。

如果说当前新闻界对能力提升的关注方向存在误区，那是公允的。进入 21 世纪以来，传媒界日复一日讲述的是新媒体时代采编技能，却忘了起决定性作用的是我们对报道对象的理解能力。否则，一切技能都是镜花水月而已。

---

① 李公凡：《基础新闻学》，中国传媒大学出版社，2018，第 154—155 页。
② 《胡乔木传》编写组编《胡乔木谈新闻出版》，人民出版社，2015，第 172 页。

笔者曾经多次对团队成员讲过，宁愿他们去读"屎的历史"，也不要去读流行畅销书，尤其是小说等文学图书。没错，我们不能否认文学陶冶情操和提高文字表达能力的作用，但是，这对改善知识结构来说基本没用。如果一家大众媒体尤其综合性大众媒体（小众特色媒体不在其中）的团队几乎都是文艺青年，那是没有希望的，因为团队知识结构注定无法满足大众媒体读者的多样化需求。

反之，如果一个团队成员分别懂得各种稀奇古怪的东西，那他们关注的点就分散而不至于同质化，写出来的文章也自然妙趣横生。

新闻札记：宁愿读屎的历史也别读流行书（2021年10月28日）

笔者读书很杂。一方面，个人兴趣爱好广泛，游移不定，这严重影响笔者学术成果的早日产出；另一方面，也是职业所需，无论接触到什么报道领域，笔者都要事前事后学习该领域的研究状况。

新闻界长期有争论，记者到底是杂家还是专家。笔者的答案是，杂家是前提，专家是方向。不杂，不足以胜任随时变动的报道任务；不专，则一辈子没有建树。

既然要杂，记者的阅读方向就不能跟着流行的畅销书走。如果都读畅销书，你的大脑里装满的都是别人知道的东西，对任何职业来说都是悲剧，很难有独特的乃至创新的想法。大家脑子里都是一样的东西，那怎么百花齐放呢？团队的知识结构一定要互补，差异化发展，差异化选题。

所以，有时笔者会提醒记者，宁可读屎的历史，也不要跟风。法国人多米尼克·拉波特《屎的历史》并不是拘泥于那坨臭不可闻的东西本身，而是将权力与大粪重新建立联系。

仍以历史为例，笔者的建议是，千万不要读所谓通史。历史那么复杂，幻想读一本简明历史就搞懂一切，这不现实。魔鬼都在细节里，一定要读专题，越细越好。比如，史景迁的《王氏之死》，从一个小妇人的命运展开历史大背景的叙述，写作方式本身就值得借鉴。而且，每一个记者都要了解省情，那就必须读当地的历史，尤其是地方志。

笔者个人的历史阅读体验，除了吕思勉、钱穆、黄仁宇等人之外，也读乔尔·科特金的《全球城市史》、冀朝鼎的《中国历史上的基本经济区》、李剑农的《中国古代经济史稿》、何炳棣的《明清社会史论》、安德森的《中国食物》、王书奴的《中国娼妓史》和宗教史、民族史等专门史或专题史。此外，涉及欧洲中世纪史、希腊史、美国史、东南亚史、印度史等，还读一些趣味历史如《西方文明的另类历史》《乳房的历史》《动物园的历史》。

要想成为一个独特的人，那就去读独特的书，才能写出独特的新闻。

《纽约时报》之所以能够成为盛名不衰的百年大报，和团队的专业精神是分不开的。该报总编辑卡尔·范·安德曾在审稿中修改了许多科技文稿的错误，包括科学巨匠爱因斯坦的错误。撰稿人亚当斯教授和责任编辑都坚持没写错，但安德并未放弃，他亲自登门找爱因斯坦核实。爱因斯坦承认，亚当斯教授的翻译没有错，是他在黑板上抄写时把公式写错了。该报著名记者劳伦斯成为目击原子弹爆炸者的唯一记者，他是一位法学博士，但平时就很关注原子弹研究成果还说服总编辑发表有关报道。劳伦斯的报道引起国家安全部门的关注，他本人也被秘密调查。最终，劳伦斯获得军方邀请秘密进入"曼哈顿工程区"，成为可以了解一切细节的记者，还担负着原子弹研制工程官方历史学家的任务。

试想，如果《纽约时报》的采编人员都是一帮充满浪漫气息而缺乏专业性的文艺青年，怎么能创造发现爱因斯坦错误和见证原子弹爆炸的新闻佳话？又如何做到长期以专业精神吸引忠实的读者？美国著名作家马克·吐温曾经做过记者，他说，记者的知识库应该堆得满满的，并且经常要更新。

由于新闻采编人员的科学素养不足，必然会出现两种严重后果：一方面，"科盲"式报道屡有发生，严重影响新闻的准确性；另一方面，知识盲区决定了报道盲区，有价值的题材被忽视。

2018 年底，贵州华芯通公司宣布昇龙芯片实现量产，随后却匆匆退市。实际上，当时笔者已经通过对半导体行业状况的学习预知结局，该芯片存在技术路线的方向性错误。曾经有同行问贵州有什么新闻，笔者说芯片，他却不明白有什么可写。那一天，笔者对知识结构如何影响记者寻找新闻线索有了分外深刻的领悟。正如培根所言，人有多少知识，就有多少力量，他的知识和他的能力是相等的。

新闻札记：知识盲区决定报道盲区（2018 年 12 月 6 日）

贵州出芯片了，这原本是大喜事。今年以来，由于美国制裁中兴事件的爆发，半导体产业的任何事情都能刺激公众的神经。

但是，喜不起来，至少需要谨慎观察。贵州和美国高通合作开发的芯片建立在 ARM 构架之上，本意是为了反 Intel 垄断。问题是，ARM 服务器 CPU 因性能更差、价格更贵、产业生态构建难而前景堪忧。

总之，如果你的知识盲区太多，你的报道自然就会有很多盲区，自然也无法发现别人的报道盲区。

2022 年 9 月，中国破获美国网络攻击西工大的案件，这既是中美网络大较量的个案事件，也是中国网络安全实力的转折性事件。破案的曲折过程可以写成上万字的特稿，事后再扩展成一本非虚构写作的专题书，这就是典型的美国名记培养之路。可是，媒体披露的报告充满了大量的术语，而且缺乏详细过程。

事实上，大多数记者只是挣工分，把新闻当成谋生工具，对自己缺乏职业规划，也就不愿意花时间和精力去规划自己的研究方向。

"十月革命"以前，俄国"苏伏林派"新闻记者的座右铭是："记者如果不能事事都懂，至少也应当装作全都知道的样子。"尽管今天的记者编辑很少装作全都知道，但是，能负责任地说弄清楚自己所报道内容的记者依然是少数。媒体明知新闻产品连自己也不满意,但也别无选择,只能将粗糙的新闻早餐放在读者的餐桌布之上。几乎所有记者都喜欢在社交工具上哀叹新闻日益没落,但是,他们不愿意使尽浑身力气爬起来乃至改变这一现状。

新闻札记:为什么我们只能眼睁睁落后于时代(2019 年 10 月 18 日)

"一个程序员写了个爬虫程序,整个公司 200 多人被端了。"

程序员利用大数据窃取商业公司的客户信息,当然是违法的。不过,难免为传统媒体在报道这一领域的无能而叹息。笔者曾建议年轻记者要自学爬虫软件,这是用大数据获取独家新闻的核心竞争力。

笔者总是希望年轻人能跟上技术的步伐,写一些因新技术而产生的新事物、新现象、新问题。当然,这和媒体自身的工作环境有很大关系,大量指令性任务驱使他们面对的,恰恰是老旧的题材,老套的写法。

别里科夫——契诃夫笔下那个"装在套子里的人",害怕新事物,惧怕一切变革,成为阻碍社会发展的人的代名词。2019 年了,我们处于变革的时代,传媒不能自我隔绝于这个时代。

检索表明,20 世纪 80 年代初中期以及世纪之交两个时段,新闻界相对关注记者的知识结构问题。比如,张陆游《谈谈新闻记者的知识结构》(《现代传播》1981 年第 3 期)、孙世恺《试论当代我国记者的知识结构》(《新闻记者》1987 年第 11 期)、贾培信《编辑、记者的知识结构》(《新闻知识》1987 第 7 期)、宋梅《论新闻记者知识结构的四个层次》(《新闻知识》1998 第 1 期)、徐向明《知识经济对新闻工作的挑战》(《中国记者》1998 年第 10 期)、纪殿禄《论新闻记者的知识结构》(《记者摇篮》2000 年第 4 期)、江建飞《略论记者的现代知识结构》(《新闻实践》2001 年第 8 期)等。这种阶段性的讨论,应当和 20 世纪 80 年代国家现代化战略以及世纪之交的知识经济热潮有关。此后,新闻界似乎对记者知识结构的挑战问题兴趣不再,寂寂无声,在今日的转型喧嚣之下似乎对能力衰落无动于衷。

然而,对记者知识结构话题的讨论比较抽象,像陈力丹《经济新闻记者知识结构亟待更新》(《青年记者》2005 年第 4 期)这样具体指向的文章还是很少。总体来说,论者基本上是泛泛而谈地提出一些普遍性的要求,较少联系具体业务开展有针对性的讨论。

早在 1984 年,谭毅挺就敏锐地关注到记者专业性知识的短板。他认为,要大力宣传科技知识,新闻工作者必须掌握一定的科技知识。从事科技新闻报道的同志,很多是“科盲”。应有计划地改变编辑、记者的知识结构,组织现有科技采编人员学习科技知识,逐步培养出一批有较高专业科技知识的新闻工作者,使科技报道能向深度进军。[①] 我们不能轻率地以为如今新闻界不存在“科盲”式报道了。应当看到的是,科学技术是不断更新升级的,所以,“科盲”依然大量存在,科技报道向深度进军依然是一种难以企及的愿景。

1978 年,新华社国内部举办了一期新闻记者训练班。开学的第一天,举行了一次常识测验,考题涉及的范围很广。测验发现,有许多很普通的常识,把记者给难住了。到了 20 世纪 90 年代中期,新华社著名记者南振中撰文提出,除了知识的广度方面,记者在知识的深度、把握最新知识成果等方面存有缺陷。“社会生活是变动不息的,科学事业的发展速度越来越迅速。作为一个新闻记者,必须与时代并进,不断吸收新的知识,才能适应我们所处的环境。只有随时随地注视着人类社会各个部门知识发展的最新成果,才能在采访报道中获得真正的‘自由’。”[②]

---

① 谭毅挺:《新闻工作面临“新的技术革命”的挑战》,《新闻战线》1984 年第 5 期,第 8 页。

② 南振中:《不要掩饰知识上的缺陷》,《新闻爱好者》1996 年第 4 期,第 22 页。

　　新闻界一直对记者到底做杂家还是专家有争论，争论结果是，既要杂也要专成为主流观点。问题在于，既要杂又要专的要求过于抽象，到底要怎么做才能实现两者的平衡？吴晓春、闫春飞提出一个新的主张，"记者的知识结构应该动态建立，就是指记者根据实际需要，在具体的工作中学习和积累符合自己需要的知识，从而更符合新闻实践的需要，真正有效地提高记者的实际报道能力"①。根据报道需要动态更新知识结构，应当说抓住了问题的实质。如果说这种表述过于学术化，那么《美联社新闻报道手册指南》也许更为通俗易懂，"许多人在新闻这个行当找到乐趣的原因之一就是对于任何事情他们都能不间断地谈上四分钟。关键是不论写什么，都要使自己在那一天成为这方面的专家"。

　　总之，新闻采编人员无论面对多么宽广的报道领域也要同时力争成为某方面的专家。1960年5月，毛泽东视察郑州，《河南日报》承担了报道任务。有一天夜里，杨尚昆同志在审稿时问，《河南日报》编辑部有多少专家？有没有研究国际问题的专家？有没有研究日本问题的专家？他说："你们要注意培养各方面的专家，这样才能办出高水平的报纸。"有的老同志在回忆中写道："当时对我的思想触动很深，今天回想起来，感慨更多。回忆往事，难免有懊悔的情绪，但消极的追悔则是无益的。我们应当面对现实，面向未来，认真地思索杨尚昆同志这番话的含义，早日实现他的殷切希望。"②

　　也就是说，中国新闻界一直都面临着如何将采编人员培养成专家的挑战。是时候了，在一个高等教育普及的时代，生产高质量的专业性新闻不应该再成为难以企及的目标，新闻界不能还在懊悔中以报纸掩面而泣。

---

①　吴晓春、闫春飞：《论记者知识结构的动态建立》，《新闻界》2005年第5期，第60页。
②　王骏远：《毛泽东同志一次审稿的启示》，《新闻爱好者》1986年第4期，第13页。

UGC 模式的外部挑战和启示

2020 年 11 月，BuzzFeed 宣布收购大名鼎鼎的数字报《赫芬顿邮报》。尽管《赫芬顿邮报》如今江河日下几度被出售，但是，这不妨碍它曾经是 UGC 模式的最佳代表。

2006 年，《赫芬顿邮报》以区区 500 万美元投资起家。2011 年，网站独立用户月访问量突破 2500 万，超过百年大报《纽约时报》的网站，有人称"6 年战胜了 100 年"；2012 年，其独立用户月访问量达到历史峰值 4500 万，同年成为第一个获得普利策新闻奖的网络媒体，被誉为最成功的"互联网报纸"。

《赫芬顿邮报》成功的秘籍，在很大程度上缘于 UGC 模式。《赫芬顿邮报》2011 年有正式雇员 186 名，但拥有免费博主 3000 名和公民记者 12000 名，每个月投稿量更是高达 200 万条。这些博主都是各领域成功的领军人士，他们不计酬劳，但却定期为网站贡献充满深刻见地的评论。

当然，事实上美国数字媒体确实给新闻业带来了生机勃勃的新气象。除了《赫芬顿邮报》之外，20 世纪一群硅谷新闻记者集体内容创业项目 Salon，以及 Gawker、Business Insider、BuzzFeed、Mashable、Vice、Vox、Fusion 等都有过辉煌的成绩。

UGC 模式之所以引人关注，很大程度上是因为读者不满足于传统媒体的专业性缺失。国内的知乎、丁香园等网站能够崛起，也是读者尤其是分众读者群想要寻找更权威专业的答案的结果。美国主流精英媒体不能代表中低阶层的良心，此处略而不论。总之，在"传-受"双方认知"剪刀差"颠倒的大背景下，UGC 的现象成为新闻传播领域的一大奇观。新闻用户似乎在对媒体进行知识反哺，或者，不妨也可以理解为用逆向报道的方式嘲讽媒体。

　　诚然，数字媒体的 UGC 模式对传统媒体的威胁，存在被夸大的情况。即使是《赫芬顿邮报》处于如日中天的鼎盛时期，也有不少传统主流媒体坚信自己依然拥有专业新闻的质量优势。《纽约时报》网站被广泛认可为世界上最好也是最有创新的媒体网站之一。该报副总编辑乔纳森·兰德曼指出，这建立在《纽约时报》两大优势的基础之上：它所生产的一流的新闻，以及这样的新闻所吸引到的顶尖读者。"我们对高质量的主张是我们的核心所在。"[1]很多国外报纸都注意到，将报纸网站建成为公共论坛是必须直面的课题，但编辑们更倾向于将 UGC 视为专业新闻报道的辅助补充，他们对专业主义新闻报道在质量上优于业余个体生成的 UGC 这一点保有充分的自信。[2] 如今，《赫芬顿邮报》陷入"中年危机"，这个事实证明传统媒体编辑们的自信是对的。

　　尽管如此，新闻界依然不能对以 UGC 席卷天下的数字媒体掉以轻心。事实上，《赫芬顿邮报》陷入困境另有原因，和 UGC 模式本身没有关系。在修改规则之后，用户门槛提高，名人博主、专业博主获得倾斜政策，而普通博主则被边缘化。结果，《赫芬顿邮报》丢失用户市场，失去了社会化媒体属性，公民新闻也变得难以生产。目前，《赫芬顿邮报》正在经历从"内容聚合"向"价值再造"的涅槃过程，主要包括内容价值再造、用户价值再造、社会价值再造，"多就是好"的原则逐渐让位于"少就是好"，专注于提供"与读者最相关的新闻"[3]。

---

① 胡泳：《"报纸已死"还是"报纸万岁"？（下）——以〈赫芬顿邮报〉和〈纽约时报〉为例》，《传媒》2012 年第 7 期，第 58 页。

② 王嘉：《基于新闻专业主义框架基础上的温和变革——国外传统媒体新闻生产引入 UGC 的现实图景》，《传媒》2011 年第 5 期，第 70 页。

③ 参见洪成、李西铨：《赫芬顿邮报的衰落原因探究——内容生产模式分众化与专业化的矛盾》，《青年记者》2021 年 2 月上；虞鑫、董玮：《从内容聚合到价值再造："后社交媒体时代"与新闻消费模式的重建——以〈赫芬顿邮报〉为案例》，《中国出版》2019 年第 20 期。

　　有人说，现实中 UGC 新闻实践一再逾矩和失范，所谓"公民记者"缺乏基本的新闻学训练和素养，他们提供的资料也因此缺乏可信性。有些过分热心的人可能还会制造麻烦。有学者认为，即普通公民的新闻实践行为具有临时性、随意性、情绪化等特点，是自发而非自觉进行，缺乏基本的新闻素养和专业精神，并不能完全担负起职业记者进行深入调查和客观报道的全部工作，因而传播主体难以信任。

　　这种观点恐怕只能说，半对半错。首先，我们不应当混淆职业化和专业化两个概念，UGC 没有职业化训练是事实，但专业化未必输给职业新闻报道者。其次，要注意区分 UGC 中的群体结构。就普通公民而言，确实很难胜任长期质量稳定的报道任务，即使偶尔有很好的自发报道产品也终归是昙花一现；但是，UGC 中的精英群体因其专业性在事实报道方面具备准确优势，如果他们做到了客观性，就可能随着时间推移树立报道口碑。我们不能忘了，今天的传统媒体一样存在随意性和情绪化的问题，观点或倾向性大于事实的新闻例子比比皆是；更何况，100 多年前甚至几十年前的新闻媒体在伦理操守上的混乱令人触目惊心。UGC 也会经历一个市场自动鉴别淘汰的历程，让真正优秀的专业精英分子获得舆论场合法地位。

　　对传统媒体来说，一个好消息是，西方研究者认为从 2018 年开始我们逐步迈入"后社交媒体时代"。原因在于，用户正在远离充满虚假信息、劣质信息、煽情信息、冗余信息等噪声的社交媒体，转向高质量的专业内容平台。然而，值得我们注意的是，前提是媒体能够成为"高质量的专业内容平台"。

　　总之，要说数字媒体已经对传统媒体构成实质性威胁，恐怕言过其实。毕竟，数字媒体的专业化优点原本是传统媒体的优点，也应当继续成为传统媒体的优点。UGC 恰恰是瞄准了传统媒体专业性危机的软肋而出现，只要传统媒体意识到问题所在并采取行动，则亡羊补牢为时不晚。

因此,UGC 的幽灵能徘徊多久,取决于主流传统媒体愿不愿意拯救自己。

新闻札记:大转型前夜的专业精神危机(2018 年 7 月 25 日)

我们处于大转型的前夜,但笔者从来没有为将来如何转型焦虑,而是为当下如何做好焦虑。当下最突出的问题是专业化精神很差,这里讨论的不是西方新闻专业主义,而是专业化问题。

危机首当其冲地表现在内容上,对报道对象的内涵搞不清楚,不善于学习新事物,甚至矮化新事物。

以大数据为例,是不是用了数据就是大数据?地方政府或企业自我贴金说是大数据,真的是大数据吗?再以生态文明为例,人类社会发展至今,先后经历自然崇拜、自然哲学、环保主义、生态文明阶段。黔东南原始巫文化遗存的树崇拜等于生态文明吗?没搞懂,照样写,照样发,对错不重要,这就很要命。

做好一篇报道,需要下多大的工夫?笔者专门写了篇笔记,要看 10 倍的材料,挖掘 3 倍的一手素材。笔者做 1 万多字的转基因水稻调查,为了搞清楚到底有没有害,看了上百万字的材料;写无人机解密也看了几十万字,第一次知道发动机有涡轮、涡轴、涡喷、涡扇的区别。

笔者刚入行时,在美国新闻书籍中读到一个观点:妨碍真相的原因之一是记者的无能。笔者一直用来诫勉自己。是啊,与其指责外部,不如先提高自己。

做不好新闻,多反思自己。广电总局宣传司司长高长力在一次讲座中说:"不要因为没有艺术才华就怪罪题材不好……你是不想拍《摔跤吧!爸爸》,只想拍'过来吧,小姨子''别这样,姐夫'。"

无论转与不转,无论转向何方,好好做新闻,原本是常识。《新京报》原总编辑王跃春说,非常反感"人人都是记者"这一说法,人人都会做饭,就不要厨师了吗?笔者完全同意这种比喻,作为一个厨子,你的职业道德就是把菜做好。

　　上海作家金宇澄说，知识越来越细化，作者要打动读者越来越难，这世界的读者，往往比作者更专业。刘慈欣之所以能征服大家，也恰恰是因为他专业而不是梦游式的幻想。新闻也如此，以其昏昏不可能使人昭昭，更可怕的是，读者已昭昭，记者犹昏昏。

下编(第二卷)
事实哲学

第十三章　拼图幻觉:事实认定的困境

2003 年,一场奇怪的非典型肺炎疫情突如其来,这种可怕的病毒可以通过粪口传播。那时候,公厕普遍非常肮脏,也存在市民如厕后不冲厕所等现象。这是不是说明市民素质不好呢?笔者在电话中咨询一位社会学教授,希望引导市民改变行为习惯,他给出的回答让我记忆犹新。他说,人们的行为习惯不是一个因素决定的,不冲厕所不一定是素质差,也可能存在公厕缺水或冲水按钮太脏等情况。

没错。我们的确看到了某个事实,但是,事实原因也许不是想象的那样。换言之,当我们陈述几个不同的事实时,每一个独立的事实都是存在的,但它们之间未必有直接的因果关系。对事实进行认定,非常困难,必须谨慎,这就是笔者在报道中学会的一课。

严格地说,如果我们只是看到了某个孤立的客观事物,就算它是真实的,也只是某个实事,而非事实。只有弄清楚眼前事物之间的内在联系认识其本质,才能算是事实。维特根斯坦说:"世界是事实的总和,而非事物的总和。"①罗素说:"当我谈到一个'事实'时,我不是指世界上的一个简

---

① 　维特根斯坦:《逻辑哲学论及其他》,陈启伟译,商务印书馆,2014,第 7 页。

单的事物,而是指某物有某种性质或某些事物有某种关系。"①

为什么发掘事实尤其解释事实如此困难呢？因为我们所知太少,而且没有努力行动去知道得更多;即使我们知道更多的事实,也对事实与事实之间的联系缺乏正确的理解。"事实是人对呈现于感官之前的事物或其情况的一种判断,是关于事物(及其情况)的一种经验知识亦即关于客观事物的某种判断的内容,而不是客观事物本身。"②问题就在于,我们的判断以及为了呈现这种判断的内容的表述过程,出现了种种不可靠的情形。

新闻记者喜欢把还原复杂新闻事件称之为拼图游戏。这种想法过于乐观,甚至是对还原事实的亵渎。拼图游戏假定我们已经知道真实图案是什么,各个组成部分的形状也是既定的,要么严丝合缝,要么彼此龃龉,只要经过反复尝试总是能完成任务的。

然而,新闻的客观真实不像自然科学,它无法通过技术手段条分缕析而且面临极其有限的"截稿时间"。我们并不知道它的形状是什么,仓促之下了解到的新闻信息也不是标准化的零部件。况且,当拼图板块相似时,表象真实会欺骗我们。比拼图更为复杂的是,拼图是二维游戏,而充满复杂联系的事实是多维度的。

危险就在于,新闻记者自以为掌握了所有的信息碎片也了解信息碎片的形状。其实,他们只有在理想状态下才能获取大部分信息碎片,大多数情况下仅仅掌握一部分信息碎片而已,也不一定了解手头信息碎片的形状。这种还原新闻的困境,我们不妨把它称之为"拼图幻觉"。错误的认知导致错误的行动,因此,要摆脱这种幻觉状态,就必须放弃拼图游戏的错误认知,杜绝"苏伏林派"不懂装懂的作风。新闻界必须坦诚地承认,

---

① 罗素：《我们关于外间世界的知识》,陈启伟译,上海译文出版社,2006,第39页。
② 彭漪涟：《事实论》,上海社会科学院出版社,1996,第4页。

我们对即将报道的复杂事件一无所知，不带立场，不带假设，一切从零开始完成艰难的事实认定工作。

动态意识：事实并非静止

在一次讲座中，嘉宾说在飞机上查了广东和贵州的数据而深感悲观，贵州省居民人均收入和广东省相比依然很大，和改革开放初期相比，基本没什么变化。嘉宾并没有说谎，数据是真实的。完整的事实是，两省居民人均收入差距在 21 世纪初达到峰值，2010 年后差距开始缩小。也就是说，他看到的起点和终点没有什么变化只是假象。

错误在于，有些人缺乏动态观念，忘了事实并非永远处于静止状态。这就像一个外地游客，30 年后重归海边感叹，大海依旧是那么平静，而这 30 年之间早已经历无数波澜壮阔的风暴潮。记者也是一样，绝大多数没有动态观念，更没有意识到动态观念的匮乏导致他们经常报道错误的事实。比如，2008 年 2 月 28 日，国家统计局发布《2007 年国民经济和社会发展统计公报》，农村居民为七亿多。但是，媒体从业人员仍沿用"九亿农民"的过时说法。[①]

例 1：各地森林覆盖率比拼：福建高居榜首江西次之

《第一财经日报》记者通过对 2015 年各个省份的森林覆盖率的统计比较发现：

"福建以 65.95％的覆盖率高居全国榜首。之所以位居首位，改革开放以来该省的植树造林有关，数据显示，1981 年，该省的森林覆盖为 39.5％。经过不懈努力，20 多年来提升了 20 多个百分点。"

"当然并不是山地越多，森林覆盖率就越高。西南的贵州同样是以山

---

① 王卫明：《"九亿农民"说法早已过时》，《中国记者》2008 年第 11 期第 94 页。

地为主，平地比福建还少得多。但贵州的森林覆盖率却比福建少了 10 多个百分点。这是因为贵州是我国石漠化最严重的地区之一。"（《第一财经日报》2017 年 3 月 23 日）

报道数据本身没有错（姑且不说从 1981 年到 2015 年，历时 35 年，而非原文所说的"20 多年"）。这条报道之所以吸引笔者的注意力，恰恰是对福建省"之所以位居首位"的错误解读。

首先，福建和贵州的森林覆盖率起点不同。贵州 2015 年森林覆盖率为 50％，而 1981 年大概 12％。也就是说，同时期内，贵州森林覆盖率提高大约 38％，这比福建的 26.5％高多了。其次，福建和贵州营造林绝对数不同。"十三五"时期，贵州共完成营造林 2988 万亩，福建省共完成 3300 万亩，福建要略高一些。最后，两个省的土地面积不同。滨海省份福建土地总面积为 12.4 万平方公里，而贵州土地面积为 17.6 万平方公里。也就是说，在营造林面积绝对值同等的情况下，福建比贵州更容易提高森林覆盖率。

总之，通过仔细比较福建和贵州两个省的森林动态数据，我们得出的结论是：论目前森林覆盖率冠军当然非福建莫属，论森林覆盖率的快速提高则贵州远超福建。

值得注意的是，森林覆盖率的提高，并不是如报道所说的那样仅仅和植树造林有关，还包括了封山育林、森林抚育的方式。

事实上，同样还是森林覆盖率，笔者对埃塞俄比亚的认识有过一波三折的过程。那是 2016 年 7 月生态文明国际论坛期间，埃塞俄比亚驻华大使塞尤姆·梅斯芬说，该国转型进入低碳发展的道路，目标是希望能够在 2025 年之前，改善中等收入人群的生活水平，目标是实现零排放。其中，埃塞俄比亚在应对荒漠化和森林退化方面颇有成效，森林覆盖率已上升到 15.3％，25 年前这个数字只有 3％。

纵向对比，埃塞俄比亚这个成绩确实非常好，笔者打算作为一个例子引用到报道中。然而，当查询到 20 世纪初埃塞俄比亚森林覆盖率为 50％时，笔者又做出了放弃的决定。放在 25 年内看，埃塞俄比亚的森林覆盖率取得了从破坏到建设的非凡成绩；将时间拉长到百年，则让人心里产生沉重的失败感和复杂的滋味。

但是，过了一段时期，笔者再回头思考这件事又否定了自己的偏见。毕竟，埃塞俄比亚长期陷入内战状态，20 世纪 90 年代才建立民主联邦制。那么，放在 25 年内来看待埃塞俄比亚森林覆盖率提高的事实是合理的。一件事，放在某个时间段内是胜利，放在更长时间段内是失败。这个例子充分说明，参照物非常重要，它可能让我们得出完全相反的结论。在这种情况下，我们需要审视的是，究竟是不是选对了参照物，即使参照物本身没有问题也要考虑背后有无扭曲结论的因素。

正如前文提及，包括新闻从业者在内的绝大多数人，并不了解我们脚下的土地发生过多少次地震以及其伤害程度如何。同样，绝大多数人也不了解大地上的森林内部发生了什么，森林的扩张，林相的改造，群落的演化，物种的更替，一无所知。正因为世界比我们想象的复杂，记者永远应当谨慎地面对自己获取的信息，要仔细思考自己遗漏了哪些可能改变事实结论的信息，绝不能凭借想象闭门造车。

新闻札记：你收到的信息未必是事实（2022 年 4 月 13 日）

有人引用《参考消息》说，地球海洋中有 90％的塑料垃圾是通过 10 条河流进入的，而这 10 条河流全部位于印度、非洲和中国。

这条消息是 2017 年底英国媒体发布的，发布报告的是德国亥姆霍兹环境研究中心。问题就在于，新的研究指出了真正的罪魁祸首。

2021 年底，美国报告指出，真正的塑料垃圾头号大国是美国！美国塑料垃圾 2016 年约 4200 万吨，比欧盟所有成员国同年制造的塑料垃圾总和还要多。然而，美国一直拒绝加入《控制危险废物越境转移及其处置巴塞尔公约》等多边环境保护条约。

再仔细看《科学进展》发布的报告，美国塑料垃圾是中国的两倍。我们知道，中国人口是美国的 4 倍，也就是说论人均中国只有美国的 1/8。那中国人均塑料垃圾低得多是不是因为处于发展中国家水平呢？也不尽然，印度人口少于中国但塑料垃圾却超过中国，巴西人均塑料垃圾是中国的 3 倍。

美国《科学进展》杂志指出，美国塑料垃圾中只有不到一成被回收，海量垃圾被运往发展中国家，这一做法已有 30 年之久。幸运的是，2018 年起中国已拒绝接受洋垃圾。

很多时候，你收到的，仅仅是一个信息，一个真假未知的信息。但是，如果你盲目传播不真实的信息，它在舆论场产生的后果却是真实的。

信息是有时间属性的，所以有新闻和旧闻之分，以过去作为当下的论据要注意是否具备有效性。旧新闻或旧信息不会消失，但是，它们不会随着时间的流逝而自我更新。在这种情况下，如果我们根据旧新闻认识世界当然会落后于现实，现实可能变得更糟也可能变得更好，总之不会保持旧状态。另一种情形是，即使一切信息都是静止而且准确的，人类依然会面临不同时间中的认知偏差。比如，以今天的眼光来看 600 多万元绝对不算巨款，但在更早的时期就是绝对的巨款。有一位专家声称，原副省长胡长清涉案款总共才 600 多万元却被判死刑，大有为其叫屈或借以反讽当下反腐败的意思。他的做法，就是故意隐藏了经济社会发展的动态因素。20 世纪末，相当多工薪阶层月收入才 300 多元，胡长清的腐败金额抵得上 2000 个普通工人的年收入，这才是真相。再如，有时贫困户照片会引发公众质疑，看上去经济条件并不差，实际情况可能是多年前评选时确实符合贫困条件。在类似的事实认定中，如果新闻不能回到历史语境下就无法正确理解其真实意义。

总之，我们会发现动态因素让事件充满不确定性，无论单一事物在不同时间段的今昔比较，还是不同主体在同一时间段的彼此比较，都存在变数。动态曲线可能是哑铃型的，也可能是纺锤形的，或者其他形状，而结果取决于游移不定的坐标。显然，在这种情况下，记者无法事先知道所谓拼图的形状是什么，也无从知道手中的信息碎片到底该如何安放。

背离真相：被放大的偏见

李普曼指出，我们生活在一个由媒体传播的资讯信息所建立的"拟态环境"。问题是，媒体所塑造的拟态环境存在严重偏离真实世界的巨大风险。著名新闻学者黄旦感慨，媒体在"重构"中除了有诸多无法绕过的"简化"做法之外，还在重构过程中掺杂着种种危险的因素：偶然看到的事实，创造性地想象填补，情不自禁地信以为真。"新闻与真相不是一回事。新闻作用在于突出一个事件，真相的作用是揭示隐藏的事实，确立其相互的关系，描绘出人们可以在其中采取行动的现实画面，就像让你看见种子是如何在地底下生长然后又是如何破土而出一样。"①

毫无疑问，媒体在揭示真相和放大偏见方面可谓功过参半，无论它们是否意识到这一点或者是否愿意承认这一点。

地方主义的立场，是新闻报道过于片面的一大驱动因素，曹操墓真假之争是典型例子。从 2009 年末至 2011 年末长达两年的时间里，曹操高陵考古事件从原本严肃的科学讨论最终变成盲目质疑的娱乐狂欢。其中，两种极端化片面报道的媒体，都因此付出沉重的信用代价，即使表面胜利一方也难逃不够中立的质疑。事后对媒体报道的梳理发现，曹操墓新闻报道的消息来源有明显的偏向性，媒体阵营被一分为三：支持方基本

---

① 黄旦：《舆论：悬在虚空的大地？——李普曼〈公众舆论〉阅读札记》，《新闻记者》2005年第 11 期，第 70—71 页。

为中央和河南媒体，反对方基本为河北和安徽媒体，持中立立场的基本为没有利益之争的其他区域媒体。"在曹操墓考古发现这样重大而复杂文化事件中，应该以科学和真实作为衡量消息来源和新闻价值的标尺，而不应以地区利益和地方政府利益作为新闻价值的量尺。"①中国社会科学院学部委员刘庆柱教授在访谈中表示，学术问题要尊重科学，在必要学术规范中进行；对于历史名人墓葬地或故里的态度，不应以地域来模糊事情真实面貌，而应建立在科学考证基础上。

除了地方利益的考量之外，在各地媒体如何选择性突出当地成就的报道中，地方主义情结也体现得非常突出。各种片面性报道表现不一而足，或只看成绩，不看差距；或只看总量，不看人均；或只看数量，不看质量。以 2016 年国家统计局发布的《生态文明建设年度评价结果公报》为例，北京绿色发展指数排全国首位，公众满意度排倒数第 2 位；西藏绿色发展指数排名倒数第 2，公众满意度却高居榜首；贵州绿色发展指数排名第 17 位，公众满意度居全国第 2。那如何看待各地不同指标排名落差这么大的现象呢？官方解释，绿色发展指数是客观评价结果，公众满意程度为主观调查指标，两者反映的侧重点不同。但是，各地报道特别有意思，均选择性突出指标最好的一面，对不好的指标避而不提。严格来说，公众满意度主观因素太大，确实不太科学。然而，对于北京等东部发达地区媒体来说，公众为什么对绿色发展指数这么高的现实不满意呢，显然是值得调查以及引导的。反之，对西部媒体来说，绿色发展指数严重落后的原因是什么，这才是需要关注的。同样，在每年发布的各地旅游榜单中，各地媒体往往只看游客人数和旅游收入总量的排名结果。实际上，游客的平均旅游收入贡献被忽略，各地差距高达一倍以上；而且，入境游客数量以

---

① 熊英：《试论复杂事件新闻报道真实性的维护——以曹操墓新闻报道为例》，《新闻知识》2012 年第 6 期，第 26 页。

及过夜游客数量的多少，才是衡量一个地方旅游业发展水平的关键所在。

　　也许有人认为，这不是值得提倡的"正面引导"吗？不完全是这样。负面信息可能形成刻板印象，正面信息也可能形成刻板印象，它们都可能成为影响人们正确认知的偏见。媒体确实应当在尊重事实的基础上承担起正面引导的责任，但是，也不能忘记全面正确报道的职责，供读者尤其是投资者参考。试想，如果误以为旅游人次之高已达天花板，投资者会怎么考虑？反之，如果指出人均旅游消费偏低的结构性事实，投资者又会怎么考虑？可见，不真实的报道，既暴露媒体对事实的认知盲区也影响社会发展效率。

　　片面强调成绩，媒体是有过严重教训的。刘少奇曾毫不留情地批评某中央媒体在历次政治运动中起到了很坏的作用。1958 年秋天，毛泽东到河北、河南等地农村巡视，觉察到"大跃进"运动和人民公社化运动中存在严重问题。同年 11 月，毛泽东在约见吴冷西时指出："虚报不好，比瞒产有危险性，根据多报的数字作生产计划有危险性。做报纸工作的，做记者工作的，对遇到的问题要有分析，要有正确的看法、正确的态度。好事情不要全信，坏事情也不要只看到它的消极一面。如果别人说全好，那你就问一问：是不是全好？如果别人说全坏，那你就问一问：一点好处没有吗？……记者，特别是记者头子，头脑要清楚，要冷静。"①

　　缺乏结构意识，也是认识片面的原因之一。比如说，2020 年 8 月初，新华社报道"十四五"规划报告，称中国粮食缺口 1.3 亿吨。实际上，"十三五"规划报告也曾预计有 1 亿吨粮食缺口，但是，仅 2016 年一年进口的大豆和稻米就超过 1 亿吨。最重要的是，从国内粮食结构来说，中国主要是缺大豆和油料作物，主粮安全还是有基本保障的；从国际粮食结构来

---

① 中央文献研究室、新华通讯社编《毛泽东新闻工作文选》，新华出版社，1983，第212 页。

说,稻谷过剩,玉米麦子偏紧张。所以,对粮食缺口问题,国民大不必紧张。盲目报道,不说清楚缺什么和怎么解决,就很容易引起恐慌。

国民人均收入"被平均"的焦虑也是例子之一。对普通人来说,真正的参考数值应当是中位数而不是平均数。和外国比较时,"被平均"的焦虑情绪尤其强烈。其实,媒体忽略了中国是税后收入而欧美是税前收入的差距,也忽略了所在国物价收入比这一指标。

必须指出的是,我们不能误以为只有官方媒体才有片面报道的弊端。除了上述曹操墓报道的案例外,市场化媒体在最近一二十年的新闻实践中,"仇官""仇富""仇医""仇教"等一边倒的做法非常普遍。有些报道典型案例,既存在因被情绪裹挟而造成重大失实的问题,也存在严重伤害社会价值观的问题。

要反对片面的做法,就要坚持全面报道。问题在于,很多媒体从业者陷入了另一个误区,以为讲全面就是方方面面兼顾追求事物的全貌。实际上,胡乔木早就指出了"全面"的真实涵义。他说,全面并不是大全,不是上下古今全写。"所谓全面,就是两面,没有第三面,一分为二,如偶尔分为三,本质上还是二。全面者,两面也。要看到过去,也要看到将来;看到有利条件,也看到困难条件。但是两面并不等于两面相等,不是折衷。"①

相比于片面认知,偏见是影响我们正确认定事实的常见因素。偏见更为根深蒂固,导致我们只能看到自己所熟悉、所喜欢的景象,对那些与之相抵触的事实则视而不见。李普曼指出:

> 刻板印象的产生和再现是我们的认知过程中最难以捉摸,也最为普遍的影响因素。我们总是在亲眼观察世界之前就被预先告知世界是个什么模样;我们总是先对某一事件进行想象,然后再去切实地

---

① 《胡乔木传》编写组编《胡乔木谈新闻出版》,人民出版社,2015,第36页。

经历它。①

　　错误使用我们的感情,是新闻事实偏差乃至失实的另一个根源。被所报道事件或新闻人物的表面现象感动是危险的,一旦记者被情绪所左右,自然就会产生倾向性,从而在众多原子事实之间以及复合事实过程中做出错误的选择性处理。江西铅山县高中生失踪后死亡的报道,就是一个值得探讨的例子。央广网发表《记者亲历现场:胡鑫宇遗体发现地点距离致远中学步行仅 5 分钟》的报道,读完全文,这段距离描述不准确,好比到了喜马拉雅山脚下不能说到了珠穆朗玛峰。同时,何为现场? 何为亲历? 这样的表述都是非常不准确的。反之,红星新闻记者表现出更好的职业素养,记者实地探访发现:金鸡山可搜寻范围较大,山路狭窄,林木横生,树平均高度三四米,地上布满枯叶和荆棘,较难攀登,从校门口登上山顶需 20 分钟左右;而且,遗体位置在山后面,更难行走。显而易见,前者报道在感情支配下片面强调距离学校很近,而后者报道则有利于公众理解为什么遗体难以被发现。

　　由于知识结构的缺陷,加上情绪的裹挟,有些报道在转基因、三峡工程等专业性很强的科学报道中也存在一边倒的倾向性问题。最终的结果,不仅没有达到教育公众目的,反而还认识更加混乱。"很多时候,一个记者仅凭借一腔新闻热血,而缺乏所报道内容涉及的专业行业科学,他的报道就容易出现偏差,还很可能造成坏的影响。例如,被妖魔化的转基因、核电、PX 项目,民众都是众口一致的不理性的反对声,这与媒体的误导不无关系。"②2011 年,当时媒体普遍渲染转基因食品的安全风险,笔者和同事也决定赴湖北、湖南调查转基因水稻问题。在查看上百万字的报

①　李普曼:《舆论》,常江等译,北京大学出版社,2018,第 73 页。
②　刘桑:《试论记者科学素养的缺失对新闻客观准确性的影响》,《西部广播电视》2013
　　年第 13 期,第 41—42 页。

道和论文资料后，笔者发现，普通人根本没有足够的专业知识对争论的双方做出准确的判断。因此，我们的报道最终放弃安全争议，只针对监管失控导致转基因水稻违法扩散的这一硬事实。反之，如果因为自己缺乏有关专业知识却依然冒险做出倾向性报道，这是非常不明智的。南方报系某知名记者写了好几个倾向性严重的医疗事故，最终让自己陷入官司缠身的大麻烦。

更多时候，我们的偏见来自定势思维。一种观念一旦被接受，往往被认为是不证自明的东西，事实上它经不起推敲但人们缺乏意愿或能力去推敲。例如，人们总是想当然地认为，山区等于贫困落后，生长激素等于食品不安全，部落民族等于野蛮人，等等。美国新闻广播公司主持人约翰·斯托塞尔在其著作《隐蔽的真相：为什么你所知道的一切都是错的》揭露媒体传播了大量错误的偏见，尤其是消费领域的认知假象，令人叹为观止。问题在于，媒体原本应该帮助人们认识真相，然而，媒体恰恰在传播或者巩固这些偏见。斯托塞尔在全书的开头毫不留情地批评"无知的媒体"，报道者善于描述今天所发生的新闻，但是，"从科学、经济以及不同角度审视生活风险时，媒体所做的工作却又是令人失望的"[①]。这本书谈不上有什么理论或思想的创造性，不过，翔实的案例（案例分析未必没有缺陷）无疑是媒体工作者的有益指南。

新闻札记：走出喀斯特等于贫困的误区（2020 年 10 月 22 日）

麻山六县涉及 20 个乡镇左右（其中存在合并的情况），笔者我已经走了一圈，涉足大部分乡镇。然而，今天在继续深入思考麻山的反贫困问题时，一个疑问浮上心头，喀斯特山区一定代表贫困吗？我们是不是误解了贫困和喀斯特之间的关系？

---

① ［美］约翰·斯托塞尔：《隐蔽的真相：为什么你所知道的一切都是错的》，叶晶晶译，黑龙江科学技术出版社，2009，第 1 页。

　　喀斯特分布是全球性问题，查了查数据，笔者的怀疑得到了初步的证实。喀斯特面积占国土比例最大的地方是哪里呢？很多人一定想不到。答案是欧洲！欧洲是资本主义老巢，也是全世界最早富裕起来的地方。

　　法国的喀斯特集中在中央高原。笔者再搜索法国贫困群体的分布区域，结果完全出乎我的预料。法国贫困群体分布体现出明显的地域特征，总体情况是中部地区情况最好，越往南北两端贫困人口越多。法国贫困发生率大体在 13％ 上下浮动。但是，北部省（Nord）贫困率为 19.4％，而附近的加莱海峡省（Pas-de-Calais）则为 20.3％；南部的奥德省（Aude）为 21.4％，上科西嘉（Haute-Corse）则为 21.9％。也就是说，法国喀斯特区域的贫困状况反而是全国最好的！

　　俄罗斯的喀斯特地貌集中在乌拉尔山区，而乌拉尔工业区是著名的重工业区。当然，乌拉尔山脉是一条分界线，往东走靠近欧洲的区域更为富裕。意大利喀斯特地区位于东北部，曾经因农业困境而遭遇贫困困扰，但通过工业和旅游业完成经济转型，而意大利靠近海洋的南部却是欠发达地区。也就是说，欧洲的喀斯特地貌区域不一定经济欠发达。这真是一个有意思的发现。

　　对这个问题的回答，是观念上的挑战，也将重塑喀斯特地区脱贫报道的新闻表述方式。

　　兰德尔建议，一个成功的记者会避免有争议的故事。"当报道强烈指责政府行为时，当那些能够影响结果的人之间产生巨大和真实的分歧时，争论故事更多地见于记者虚构的一个戏剧性故事。某些事情发生了，或者某些人说了什么，记者就会打电话给那些知名的高声说话的人，通过这些人的谴责或者要求调查，起到帮助记者写稿的作用。结果就产生这些盲目预测的新闻故事，而这些故事的现实意义仅仅是填充了报纸的版面。"①在建构拟态环境中，记者和媒体的片面和偏见无处不在、无时不在。比这更要命的是，记者和媒体又依据他人的拟态环境对新闻事件建构新的拟态环境。换言之，这类新闻不过是以笔为枪，试图瞄准被水波和光线折射（甚至是多次折射）的信息来扣动扳机，自然无法击中真正的事实目标。新闻猎物被草木遮蔽而模糊不清，记者和媒体依然在恐慌驱使之下开枪，收获的可能是残肢断臂，而真相仍隐匿在暗处。

错误归因：不是答案的"答案"

有时候，我们无法否定两个事实之间存在微弱的相关性，但相关性还不足以成为直接因果关系。如果这种相关性的概率非常低，那就更不足以得出由此及彼的结论。不幸在于，媒体不恰当的介入，反而会将这种错误的声音放大，仿佛在舆论的池塘中丢了一颗炸弹。

白鹭/红嘴鸥成群翩翩起舞，会被全国各地媒体当成生态环境好转的事例加以报道。真相是，它们对水质要求不高，只要有鱼虾昆虫即可。历史记载表明，红嘴鸥向来就在滇池越冬，甚至可以追溯到汉代文献记载乃至更早的《诗经》。换言之，白鹭/红嘴鸥的出现不能直接证明生态环境好转，只能部分证明物种多样性有所变化。至于鸟的种群本身是在哪里扩大的，是否归功于当地生态环境好转，就更加复杂了。

弱相关性的另一个例子是关于普洱茶是否致癌的争论。2017 年 7 月，由中国科学院主管的知名杂志《科学世界》发表方舟子撰写的《喝茶能防癌还是致癌？》一文，称普洱茶霉变致癌。实际上，这篇文章在因果关系上存在多重错误。首先，有学者指出，一些论据针对的是不合规产品，而不是正常产品。其次，有的论文本身已指出，样品中黄曲霉素检出量均低

---

① ［英］兰德尔：《全球新闻记者》，邹蔚苓译，复旦大学出版社，2013，第 49 页。

于国家允许的最高限，但超出欧盟、美国和日本的安全允许值。再次，方舟子称，他引用了一个因喝普洱茶摄入黄曲霉素导致急性肝损伤的病例，但是，该案例并未发表在正式的刊物上。而且，方舟子显然有意忽略了概率因素，毕竟普洱茶消费者高达数亿人口。最后，"喝茶能防癌还是致癌"这个标题就已经暴露出严重的扩大化弊端，喝茶致癌的说法，和喝咖啡致癌、喝酒致癌、喝汽水致癌一样极端。退一步说，方舟子的文章针对的是普洱茶，而且是霉变的普洱茶，但标题会让人产生所有茶都致癌的错觉。关于标准，背后隐藏的是贸易壁垒的事实：几乎所有国家的进口标准都高于内销标准。一家专业科学媒体按理不应该刊发如此不严谨的文章。对这种无事生非的炒作，大众媒体本应谨慎，避免盲目挑起争论；也可以做充分采访，在严谨扎实的科学基础上批评这种伤害普洱茶经营者和消费者的行为。

甚至，原因会被异常扭曲而当成真实被接受。2020 年初，新冠疫情突然出现在武汉，当时病毒来源不明，而各种猜测已经甚嚣尘上。有人推测，这是中国人爱吃野味造成的，甚至以网红旅游博主吃蝙蝠照片为证，而后者澄清是在帕劳旅游期间吃的。尽管如此，《一只蝙蝠的自述》漫画席卷网络，连央视等中央媒体也加入转发队伍。在新冠病毒溯源尚未得出科学结论之前，抛开此举暗中妖魔化中国人不说，这种说法也毫无依据。一方面折射出包括媒体在内的公民科学素养的缺陷，另一方面也体现出缺乏因果关系的论证意识。另一个例子是，2018 年 7 月，电影《我不是药神》引发国民热烈讨论"救命药"的价格问题，有人以电影为噱头抨击政府。真相是什么呢？《大河健康报》记者采访医药作家刘谦说法称，中国每年进口抗肿瘤药约 300 亿元，按 4% 税率计算税费为 12 亿元，平摊到 430 万中国肿瘤患者身上每年仅 270 元。也有人声称，中国为什么不像印度一样生产仿制药？事实上，中国和印度一样是仿制药大国。区别在于，中国遵守国际知识产权法规定，只有在药品专利过期后才仿制，但印度不是这样。因此，把"救命药"价格昂贵的气撒在中国政府头上是毫无道理的。

在解释原因的时候，人们通常容易犯的错误之一，是把早已存在的某种常量因素当成理由。极端情况下，有些报道非常粗暴地将单一常量归结为原因，就像它们经常把单一信息源当成确定的事实一样。至于事件中不明显乃至隐藏的变量，或者某种变量引起常量共同作用达到事件临界点，记者和媒体则往往不明所以。

新闻札记：解释报道中的常量和变量辩证法（2020 年 1 月 13 日）

解答数学和几何题的时候，我们要通过已知数寻找未知数。当然，对一个记者来说，他要做的也是通过已知的常量来寻求未知的变量。

事实上，回答为什么，正是新闻五大要素（或六大要素）之一。甚至，原因（why）这个因素可以成为全篇报道的核心，比如解释性报道。

最近大家都很关心，澳洲大火为什么持续几个月不能消灭？我们就以这个例子来说明，如何寻求新闻事件的答案。

有人说，澳洲气候炎热。问题是，澳洲旱季一直就很热，这么严重的火灾有多少呢？火灾和气候正相关性的比例有多大？中国科学院的吕爱锋、杨佩国对天气温度和火灾关系有专门的定量分析研究，既有正相关性也有相反情况。华北、东北、内蒙古森林火灾和气温、降水都不存在相关性。原因在于，黑龙江在 1987 年特大森林火灾后加强了预防措施。

有人说，因为桉树特别容易燃烧。问题是，桉树才生长在这片土地上吗？

也有人说，澳洲有一种鸟叫火鹰，喜欢衔着着火的树枝到处飞，加剧了火灾。问题是，难道这火鹰才出现吗？统计表明，澳洲火灾人为因素占七成以上，指责弱小的鸟是不是有点政客式的冷酷？

所以，上面说的这些都属于常量，不属于变量。

笔者无意在此得出澳洲森林大火的答案。只是通过这个例子来提醒大家，如何改造我们的思维，以避免陷入极端片面的思维泥潭。2012 年底，笔者面对一群未经严格新闻训练的团队时，第一堂课就是讲改造我们的思维。

在原因不明的情况下，媒体匆忙做出裁决，可能酿成无法挽回的严重后果。1979 年 11 月 25 日凌晨，"渤海二号"石油钻井船在迁往新井位的拖船过程中翻沉，造成 72 名职工死亡，直接经济损失达 3700 万元。事故经历三次原因认定，得出三种不同结论。第一次，石油部提交的调查报告称，强大风浪导致意外事故。因事故重大，石油部反对公开报道。第二次，国家经委、劳动总局、全国总工会等单位组成的联合检查组得出结论为"严重违章指挥"，媒体做了充分报道，将矛头指向石油部的"官僚作风"。第三次，最终原因被认定为"船体设计严重缺陷"，但媒体只字未提。这条船是从日本进口的二手船，该船在日本使用期间就曾出过事故，被卖主刻意隐瞒下来。

刘宪阁在研究"渤海二号"这个案例后指出，追溯事故思想根源的做法，显然有"文革"时期的印记。本来记者有很多次机会可以往更加符合实情的方向去报道。辩护律师曾要求法院对第二次鉴定结论进行再审核等问题，不过，当时很多记者似乎都没注意到这些可能的突破点。遗憾的是，很多记者基本无条件地认同调查报告，宁肯信任并非专业人士组成的调查组的结论，而不相信专业的海洋局和石油部的解释。"按理说，新闻记者在进行报道时，应该尽可能在各方之间保持中立和平衡。而不是出于个人的偏好喜恶乃至为社会流俗与群体情绪所牵引，以致偏听偏信。但是在渤海二号翻沉这件事上，新闻职业的这种独立判断好像有所迷失。"①

再举一个例子。

《中青年科学家由于过劳接连离世,学者撰文呼吁关注科学家"早夭现象"》

3月17日,清华大学自动化系党委原副书记程朋逝世,享年48岁;3月17日,著名的分子反应动力学专家韩克利因病逝世,享年59岁;3月20日,山东省立医院临床医学检验部副主任白晓卉因突发疾病抢救无效去世,享年42岁;3月27日,血液病学专家周剑峰逝世,享年56岁。

十天内多位正处壮年的中青年科学家传出不幸消息,令人扼腕。

上述讣告经媒体报道之后,国内科技界近日再度关注科学家早夭话题,并呼吁"对科技工作者的尊敬不应只停留在意向与宣传层面上,而应该实实在在地关注他们的工作状况以及心理健康状况,从制度安排上为他们松绑。"

澎湃新闻记者注意到,《民主与科学》杂志2021年04期刊发的一篇文章《为什么科学家早夭现象值得我们关注》近期在科技界广受关注、转发……(澎湃新闻2022年3月30日)

从公共利益角度来说,科学家早逝当然是国家和社会的损失。但是,新闻要实事求是,他们是不是死于过劳应当准确,需要统计数据支撑。如果科学家过劳死的概率并不比普通人高,那么,单独突出某个群体将面临违背生命平等的伦理挑战。

初步查找公开报道,白晓卉心源性猝死和过劳可能存在直接关系,其他几位直接死因是疾病,在没有其他依据支撑的情况下不能和过劳划等号。澎湃新闻没有履行好新闻媒体提供事实的职能。再看论文引述部

---

① 刘宪阁:《被思想根源所遮蔽的新闻事实——渤海二号沉船事故报道的再审视》,《新闻界》2018年第1期,第52页。

分。实际上，澎湃新闻这篇报道主要在复述《民主与科学》杂志 2021 年第
4 期刊发王珂、李侠的文章《为什么科学家早夭现象值得我们关注》。请
注意，新闻记者并非直接援引学者意见就能当事实，而是要对学者提供的
意见做出事实审查，在认定为事实之后才能报道。《为什么科学家早夭现
象值得我们关注》这篇文章的科学性到底如何呢？原文分析样本为 12
个！全国科研工作者数以百万计，如此少的样本，结论完全没有可靠性。
事实上，原文作者将文章发布在科学网博客上，多人留言指出，缺乏群体
横向比较，缺乏可匹配的对照组（注意，对照组可能是不同群体，也可能来
自同一群体），缺乏对照组数据。作者在跟帖中回复说数据不好找，这种
理由一点也不陌生，记者总是说他没找到要找的事实。也就是说，这篇文
章虽然是学者写的，但是，所谓"早夭现象"完全缺乏依据。一次死亡有很
多种可能性，如社会事件、生物事件、医学事件、司法事件等。作者连医学
上的必要考察都没有做，也违背样本数量和结论科学性存在正向关系的
研究常识。在找原因的时候，作者又拍脑袋称，"不客气地说，这些因素的
叠加无异于拿生命在做研究"。更离谱的是，文章提出"从制度安排上为
科技工作者松绑"的荒唐方案。我们不妨反过来想一想，是不是不给科技
工作者任何压力就没人早逝了？再退一步，哪个国家能用什么样的制度
做到没有科技工作者早逝？一个原本不存在的问题就是伪命题。

　　遗憾的是，澎湃新闻在报道科学家早逝问题时，并没有对个体因素、
当事人工作量（包括横向比较其他科学家工作量）、引用文章的可靠性等
方面做调查，只是把各地零星散发的个案当成现象，把研究有缺陷（甚至
很难说是学术研究）的杂志文章当成结论。

新闻札记：新闻要重视归因的逻辑性（2021 年 6 月 10 日）

　　复旦大学数学老师因未续聘杀人，有的媒体和网络文章把矛头指向
青年教师"非升即走"的选拔制度。这对不对呢？

很显然，归因错误。况且，同样都是影响因素也有程度差异，有的是充要条件，有的是充分条件，有的是必要条件。如果媒体抓住一个次要乃至很不重要的因素无限放大，显然是舍本求末。站在嫌疑人的角度来说，媒体应当探究是什么让他心理扭曲。毕竟，外因还要通过内因起作用。

令人可悲的是，没人站在死者及其家属的角度来想想他们的痛苦。聘任结果并不是由被害人个人决定，无论如何，被害人是无辜的。媒体不能凭想象或者立场先行武断归因。退一步讲，即使事件和聘任制度存在因果关系也不能推导出杀人有理的荒唐结论，错误归因的背后折射价值观误区。

再如，有人一件衬衣穿了二三十年还舍不得丢，是不是等于贫穷呢？不一定。也许是质量非常好，也许是有特殊意义，也许是个人节俭习惯，等等。除非确实穷得没有其他衣服，否则，不能认定一件衣服可以见证贫困。

如果没有基本的归因能力，新闻报道就必然发生偏差，轻则事实偏差，重则价值偏差。

2021年10月，内蒙古额济纳旗暴发疫情，大量游客滞留，给当地疫情防控支出带来了很大的经济压力。有原媒体人声称，额济纳旗穷得揭不开锅，"这里的揭不开锅可不是形容词，而是真的连请客吃饭都请不起"。理由是，额济纳旗去年一般财政收入3亿余元，支出高达18亿余元！其实，这是把公共财政和经济水平混为一谈。西北地广人稀，基础设施建设支出占了非常大的比重。事实上，额济纳旗2020年人均生产总值高达19.7万元，比北京还高！全旗居民人均存款10万元，接近北京上海。即使按照常住人口计算，额济纳旗的人均生产总值和居民人均存款依然处于全国较高水平。

讨论到这里，我们再来回答，什么是事实？事实从来不是一堆杂乱的信息，而是事物与事物之间的客观联系。事实必须是真实的，正因为这样，人们才把真实性视为新闻生命。如果信息与信息之间是无关的，也就是媒体报道的并不是事实，而读者在信任新闻是真实的这一心理基础上错认为媒体报道是事实，这就是不负责任！

罗素提出，事实只有一个；命题有两个：一个是真的，一个是假的。对媒体来说，要命的就是如何判断真假命题，应当报道真命题那个事实，而不能把假命题当事实。在理想状态下，媒体负责报道事实，读者会得出自己的判断。但是，在事实都没有的情况下，怎么判断？没有事实，又哪有导向可言？

据说，马斯克基于物理学的科学方法论如下：

1. 问一个问题。

2. 收集尽可能多的证据。

3. 根据证据发展可能的公理，尝试计算每一个公理是真理的可能性。

4. 得出结论：这些公理正确吗？他们与问题相关吗？是不是能严格推出这个结论？有多大的概率成立？

5. 证伪这个结论：找到别人对这个结论的批驳，打破自己的结论。

6. 如果没有人能否定你的结论，那么你很可能是对的，但你不一定绝对正确。

无疑，马斯克的方法论对我们求证新闻事实一样有借鉴价值。提出一个问题，尽可能地收集证据，根据证据推导出可能的真相。当你以为找出了真相时，要用不同的证据尝试证伪，如证伪是成立的就说明你尚未找到真相。

比如说，有杭州官员声称，房价大跌受害的是百姓，政府"救楼市"不是为了救房地产企业，而是为了救经济、救银行、救百姓。真是这样吗？

有学者根据格兰杰因果关系检验方法得出结论,地价是房价的长期格兰杰因,而不是其短期格兰杰因;而房价既是地价的长期格兰杰因,也是其短期格兰杰因。可见,官员的说法很可能是为了救地价(也就是救财政)。

格兰杰因果关系检验是 2003 年诺贝尔经济学奖得主克莱夫·格兰杰提出的一种分析工具,用于分析经济变量之间的格兰杰因果关系。格兰杰因果关系检验分四种情形讨论:(1)x 是引起 y 变化的原因;(2)y 是引起 x 变化的原因;(3)x 和 y 互为因果关系;(4)x 和 y 不存在因果关系。

格兰杰本人曾声明这种方法在应用中的局限性,仅适用于计量经济学的变量预测,不能作为检验真正因果性的判据。有人举例说,如果夏季伊利诺伊州和印第安纳州出现干旱,那么艾奥瓦州的玉米价格可能会上涨。但是,推广使用地下水灌溉技术之后,天气影响就不那么明显了。尽管如此,笔者仍要向媒体或者对事物因果关系感兴趣的人推荐这种方法,有一个不太完美的工具总比没有工具好。至少,它能够帮助我们快速检测报道罗列的事实之间究竟有无必然的因果关系。

对话-倾听能力衰退

或止于静态,或失于片面,或误于归因,媒体报道在事实认定中存在的类似问题难以尽述也难以详述。问题的一大共性在于,媒体正在失去并且仍在失去对话-倾听能力,局限于对话场域中"我者"或"他者"一端,忘记了这是共同完成叙事的领地。

对话-倾听能力衰退的困境,不能单纯指责从业者本身,而是由于媒体从来就没有进行过相关的能力训练。新闻从业者自进入这个行当开始,就一直被媒体急功近利的短视做法所困扰,不断采访、不断写稿,从来没有人指导他们该如何提高对话-倾听的艺术。没有良好的对话-倾听能力,就不会有好的采访,也就不会产生有质量的报道。

米哈伊尔·巴赫金的对话理论称,任何话语都是在对他人的关系中来表现一个意义的,话语是说话者与对话者之间的共同领地。受巴赫金的启发,我们应当将新闻视为报道者与被报道者之间的共同领地。既然是共同领地,新闻就不应沦为单向传输的放送器。当然,我们必须明确,报道者从来不是指个体的记者而是代表公共发问的记者。

除了暗访等极端情形之外,被报道者很清楚他/她的发言和行为都将成为新闻,报道者将不得不面对霍桑效应的陷阱。如果报道者缺乏必要的清醒意识,不能把握平等的对话关系,就会从共同领地之中退出,而共同领地成为被报道者独自表演的舞台。反之,媒体不是舆论法官,报道者不能以法官自居而居高临下讯问被报道者。

美国俄勒冈大学新闻传播学院教授肯·梅茨勒在其著作《创造性的采访》一书中,对采访做出如下定义:代表背后的公众,双方以对话的形式来交换信息,以达到任何一方都无法独自达到的知晓程度。梅茨勒指出,当你确切地知道你想从采访中得到什么样的信息时,新闻倾听就产生了。但这种倾听并非无意识的,而是当新闻故事在倾听中发生时报道者必须能够立刻认出它们,明白那就是自己要找的东西并抓住它。消息来源本身并不总是知道什么是有价值的故事,他们只是说说而已,得出报道者自己来区分可引用的故事内核究竟是什么。所以,倾听不是一种被动的活动,而是"积极倾听",尽管这个词看起来有点矛盾。采访者必须努力抓住对方所说的话的意思,通过自己的反应鼓励对方,无论口头上还是非口头上。好的倾听者,会随时审查发言者所说的话并想象接下来会说的话,在字里行间暗示未直接表达的想法和态度。而最糟糕的听众则倾向于倾听事实,而没有太多考虑它们的含义,甚至经常被一些噪声信息等小事分散自己的注意力。梅茨勒提醒我们,倾听也需要勇气,代价之一是你的想法可能需要改变。你通过倾听他人学到的东西可以改变你的生活,敞开心扉,接受我们的一些想法是错误的可能性。

　　和肯・梅茨勒提出"积极倾听"相似的是,也有的学者提出"创造性倾听"的主张。在讲到如何改进我们的访谈时,沃尔科特援引已故教育历史学家克里敏的主张——"要意识到倾听是积极的、创造性的。"沃尔科特说,自己是个倾听者,但这跟创造性倾听者不同。"创造性倾听者! 这里面当然包括了专心倾听的含义。它更意味着倾听者能够扮演互动的角色,从而让说话的人说出最有用的话来。"①

　　国内著名记者郭梅尼也曾有过类似的观点,她说:"我体会,采访绝不是你说我记,我问你答的工作关系。采访是记者和采访对象之间思想的交流,感情的交流。既是交流,就要求感情达到同样的水平,否则,光是他流向你,你不能流向他,也就谈不上交流。"②

　　同样,陈向明谈社会科学研究方法时也特别注重倾听,专门用了一章的篇幅来谈"访谈中的倾听"。她说,在一定意义上说,"听"比"问"更加重要,因为它决定了"问"的方向和内容。访谈者应该注意倾听他们的心声,了解他们看问题的方式和语言表达方式。③

　　陈向明提出,认知层面上的"听"可以分成"强加的听""接受的听"和"建构的听"三种情况。"强加的听"指的是访谈者将受访者的话用自己的意义体系来理解,并且很快做出自己的价值判断。比如,当听到教师说"我们班上有 1/3 的学生是差生"时,访谈者脑海里马上出现大声吵闹学习成绩差的学生形象。而这位教师所说的"差生"可能指的是考试分数在90 分以下(该学校片面追求升学率学生考试分数在 90 分以下便被校方认为是"不及格")。"接受的听"指的是访谈者暂且将自己的判断悬置起来,主动接受和捕捉受访者发出的信息,了解他们建构意义的方式。比

---

① [美]哈里・F.沃尔科特:《田野工作的艺术》,马近远译,重庆大学出版社,2011,第94 页。

② 郭梅尼:《挥笔写人生:郭梅尼人物通讯选》,人民文学出版社,2003,第 607 页。

③ 陈向明:《质的研究方法与社会科学研究》,教育科学出版社,2000,第 195 页。

如，一位北京大学的研究生在谈到报考原因时说，他认为北京大学代表的是一种"知识品牌"。访谈者立刻就这个概念向对方进行追问。对方将知识比喻为"商品"，牌子越响，价钱就越高。当你是名牌大学毕业时，知识品牌可以转化成钱，也可以转化成权力。访谈者用接受的态度倾听对方，比较准确地了解了这位学生的心态。"建构的听"指的是访谈者在倾听时积极地与对方进行对话，在反省自己的"倾见"和假设的同时与对方进行平等的交流，与对方共同建构对"现实"的定义。①

当然，新闻采访和社会学的田野调查有很大的区别，报道目的性和针对性都很强，更倾向于是或不是的闭合式访谈，而田野调查更多的是开放型访谈。然而，无论创造性倾听，还是"接受的听"和"建构的听"，目的都是让说话的人说出最有用的话来，最大限度地解决"已知的未知"和"未知的未知"事项。而"强加的听"则是最糟糕的，非常容易对"未知的已知"事项错失正确的信息。尤其令人遗憾的是，肯·梅茨勒关于倾听需要冒着改变自己想法的勇气的建议经常被新闻采编人员置若罔闻，因偏见而主观臆测的情绪化报道成为新闻界的一大病症。

法拉奇是一个值得学习的榜样。1985年，她在专访邓小平时演绎了一个报道者如何做到"创造性的倾听"，而邓小平也改变了她头脑中"已知的已知"。根据外交部原翻译施燕华的记录，法拉奇称西方有人说邓小平是中国的赫鲁晓夫，邓小平听后并无怒意反而报以大笑，说把他比作赫鲁晓夫是愚蠢的。而法拉奇认为赫鲁晓夫反斯大林，是英雄，与邓小平争论起来。最后邓小平一针见血地回答："我要告诉你，我们决不会像赫鲁晓夫对待斯大林那样对待毛主席！"邓小平指了指法拉奇的笔说，请你一定要把这句话记卜来。

1986年9月，美国记者迈克·华莱士采访邓小平时谈到台湾问题。

① 陈向明：《质的研究方法与社会科学研究》，教育科学出版社，2000，第197页。

邓小平说，美国应该在这个问题上采取更明智的态度。华莱士追问什么态度？当邓小平说美国特别是里根总统，在台湾问题上是能有所作为的。华莱士又追问他们在这个问题上能有哪些作为呢？可见，华莱士随时在捕捉谈话者潜在的信息，更多的是采用了"接受的听"的认知方式。

反之，如果不善于做到"创造性的倾听"而只是被动记录，轻则降低报道质量，重则产生严重后果。比如，在死于网络暴力的刘学州事件中，《新京报》记者问刘母为什么要拉黑儿子，刘母的理由是他打破了自己平静的生活。显而易见的是，刘母在转移焦点以逃避自己的责任；而记者没有就其真实用意追问她如何履行母亲的义务并对当年抛弃儿子的行为承担责任。用语篇学的观点来看，该报道在提问与回答之间并没有建立起来语义之间的相关性，因而是假性连贯。假性连贯的表现之一就是闪避，即以逃避方式有意答非所问，与问题在语义上不相关或至少不密切相关，但在语用上闪避回答与问题仍存在一定关联，形成假性连贯。一言以蔽之，闪避回答是指有意在回答中不提供提问者所期待的全部信息。闪避有改变问题的语境、改变问题的中心、改变问题的中心及语境三种方式。[①] 正是记者不善于倾听，为读者提供语篇上假性连贯的误导，一定程度上给少年刘学州的死亡悲剧带来负面影响。

在类似的道德失序事件报道中，如果记者及所在媒体实现了"创造性的倾听"，不仅为公众呈现事件真实面貌，还能以新闻形式推动问题的解决，而不是将包括当事人和读者在内的人们推入纷扰不休的舆论噩梦。正如巴赫金所言，"单一的声音，什么也结束不了，什么也解决不了。两个声音才是生命的最低条件，生存的最低条件"。

---

① 陈丽江：《政治语篇的假性连贯与语用策略》，《湖北师范学院学报》（哲学社会科学版），2007 年第 6 期，第 58 页。

第十四章　实事求是的世界观

实事求是是中国共产党的优良作风,毫无疑问,也应当是社会主义制度下中国媒体的优良作风。实事求是体现在党风,体现在学风,也体现在文风上,新闻报道无论从政治立场、调查研究态度还是稿件编写来说都应当贯彻这一要求。

实事求是的前提是,我们要报道的事件是什么。换言之,核心事实才是新闻报道首先要搞清楚的方向,用哲学术语来说就是分清楚主要矛盾和次要矛盾,分清楚主要矛盾的主要方面和次要方面。这说起来很容易,也不存在理解障碍,然而,不少报道尤其是争议性报道总是陷入局部或细节是非纠葛之中,"明足以察秋毫之末而不见舆薪"的做法是舍本求末。《礼记·中庸》提出,"致广大而尽精微,极高明而道中庸",新闻也应如此。

实事求是也要求我们的新闻要找出事物之间的联系乃至规律,事实不是孤立的事物呈现或者多个事物的孤立呈现。采写新闻既要注意横向的联系也要注意纵向的联系,也就是新闻的深度和广度,只有这样才能做到发现全面、完整、本质的新闻事实。反过来,有的记者和媒体,往往迫不及待地抛出一个爆炸性的事件片段,以追求轰动为目标而不是以发掘事实真相为目的。

实事求是，先见"事"，后见"是"；"事"是前提，"是"是关键；"事"要实，"是"要求。实事求是，并不反对新闻的倾向性，事实本身包含倾向性，"是"作为事物发展的规律更反映了倾向性。恰恰相反，既然实事求是就应当弄清楚新闻的倾向性是什么，否则，就不可能真正搞明白新闻"来自谁""依靠谁""为了谁"。新闻是认识世界的工具，更是改造世界的工具，它的任务是让世界在符合绝大多数人利益的前提下变得更加美好。就这点而言，实事求是的新闻价值观、实事求是的新闻媒体、实事求是的新闻制度体系，是中国之幸。

报道硬核事实的优先原则

2007年5月，在第60届戛纳国际电影节上，有31位电影大师出席发布会以庆祝这一盛典。意想不到的是，不少记者偏离发布会主题，反复纠缠于数字时代的影院如何发展这一问题。波兰名导演罗曼·波兰斯基一开始还耐心与记者争论几句，认为影院不会被新媒体所淹没，可是，一些记者还是翻来覆去提出无关痛痒的问题。波兰斯基当众发飙说："这么多重要的导演聚在一起，这是千载难逢的宝贵机会，你们的提问却如此贫乏差劲、毫无意义，真让人丢脸。我认为，正是现代电脑让你们媒体的素质降低，只剩下这么点水平。你们的兴趣根本不在电影本身。"随后，他摔下话筒，拂袖而去。

新闻永远要争取抵达核心现场，捕捉核心事实。硬核据说是摇滚乐的一种。我喜欢这个词，但和音乐无关，只是借指坚硬的核心事实。写作应当遵从一个原则，即再柔软的文字外壳也必须包裹着坚硬的核心事实。这个硬核，顶在读者心坎上，百味杂陈，或哭或笑，亦哭亦笑，那就成功了。好题材一定能找到硬核，找不到硬核就是烂题材。如果没找到，那就继续找；实在找不到，那就别写。

新闻札记：我们是如何失去调查能力的(2021 年 6 月 4 日)

前几天,有主管部门官员发问,是不是调查写作能力存在问题？笔者没有说话。这显然不需要回答,真正的问题是,我们是如何失去调查能力的。

今天,读了北京师范大学全球共同发展研究院王宏新教授团队《消除人象冲突重在突破体制障碍》的文章以后,似乎勾起了笔者回答的欲望。毫无疑问,这篇文章是目前关于云南野象为何北上给出的最好答案。

某种程度上,这也是一篇调查范本,和新闻调查的区别不过是文本形式的外壳而已。很显然,这篇文章也映衬了今天的新闻困境,媒体已经失去了这种持久深入的调查作风以及调查所需要的专业知识。

实事求是,就是要找出"是",也就是找出事物发展的规律。亚洲野象为什么走出保护区,迈入险象环生的人类活动区域,是公众极为关心的问题,也是解决问题的终极答案。然而,在亚洲野象北迁的报道中媒体不厌其烦地追踪野象每天的行程。正如此前在新闻要素的章节中讨论的那样,不同新闻要素的重要性在不同报道中是不一样的,因事而异、因地而异、因文而异,都是可能的。就亚洲野象北迁的报道而言,原因要素至关重要。王宏新教授团队指出,一方面,保护区天然森林保护良好,郁闭度增加,森林过于茂盛导致野芭蕉、棕叶芦等野象食物逐步减少；另一方面,天然森林覆盖率持续下降和经济林快速扩张,迫使亚洲野象走出保护区。亚洲野象走出保护区,就需要迁徙通道,然而,悲剧在于天然的迁徙通道几乎消失。原因在于,基础设施建设工程缩减并割裂亚洲野象的栖息地,亚洲野象栖息地严重破碎化和岛屿化,亚洲野象被迫与人类接触。真正令人困惑的在于,王宏新教授团队一年前就在云南两度调研,媒体没有利用好现有的采访资源,失去了做出深度调查报道的机会。

亚洲野象北迁案例还有一个值得新闻界探讨的问题,即我们如何理解新闻现场？亚洲野象迁徙路线的动态地点，固然是地点要素的直观表现。换一个视角，如果我们认同迁徙原因是比迁徙路线更重要的核心事实的话，究竟哪个地点才是现场就发生了变化。研究团队指引我们把视线移向真正的新闻现场，从迁徙路线的途经地点变成未知的森林深处。某种意义上，短暂迁徙路线的途经地点只是第二现场，消失的天然林和保护过度的天然林才是第一现场。

2020年，财新网关于鲍某性侵案报道是核心事实缺席的典型案例，存在信源单一只采访嫌疑男子、"谴责受害人"的偏见、报道倾向与维护社会公序良俗背道而驰等问题。报道触发网民强烈反弹，关键因素是核心事实不准确。

《南风窗》微信公众号最早发布这一道德失序事件，标题《涉嫌性侵未成年女儿三年，揭开这位总裁父亲的"画皮"》显示了强烈的倾向性和情感色彩，网民对鲍某表达了巨大的公愤。财新网记者随后推出跟踪报道《高管性侵养女案疑云》，长达8000字的全文内容来自此前拒绝《南风窗》采访的鲍某一人，文章断言，"这更像是一个自小缺少关爱的女孩向'养父'寻求安全感的故事"。本来就处于愤怒之中的公众批评该报道涉嫌为鲍某洗白，甚至指责这种做法体现了该刊物背后既得利益阶层的无良观念。

任何一个正常人都会产生本能反应，既有证据可以确认，这是一起严重的乱伦事件。同时，性行为发生在女孩未满14周岁时（事后调查表明实际出生时间早于身份证登记时间），鲍某有强奸嫌疑。也就是说，即使鲍某行为是否构成犯罪尚需核实，但严重失德的行为是可以确定的。正因如此，《南风窗》报道基于道德层面指斥鲍某行为，而财新网称之为"性侵养女案疑云"则容易给读者产生否认性侵性质的印象。

事实上，财新网记者的报道并未否定"养女"关系也未否定"性侵"行为，"疑云"一词显得自相矛盾。受害女孩表现出一定的人格复杂性和心情摇摆，这被当成是有所怀疑的依据。专业人士从心理学分析，这种现象在性侵案尤其是未成年人受害者当中属于正常现象。鲍某对弱势方的女性存在污名化动机，也就是闪避策略。女孩的细节表现，从来就不是事件核心。顺藤摸瓜的目的是摸瓜，而不是无休止地展示顺藤的过程。就算是一个复杂故事，也应注意细枝末节是为核心事实服务，是为了以细节丰满主题，以细节真实性印证事物内在联系的总体真实性。反之，对证据足够有力的核心事实视而不见，以自诩真相姿态纠缠于次要事实（何况证据未必充分），显然是欠妥的。

因此，媒体应当树立优先报道并且重点报道硬核事实的原则，凸显事情的主要矛盾以及主要矛盾的主要方面，而不是喋喋不休却始终抓不住讨论重点。退一步讲，即使次要矛盾和矛盾次要方面有一定的价值，但对媒介自身和社会效能来说，也要考虑如何节约成本，更要考虑避免无谓的成本。

虚张声势的空包弹新闻

大多数情况下，记者找不到事实硬核的原因只有一个——工夫不到家。我们不能否认，如今媒体对调查新闻极不友好。然而，一旦决定调查一起新闻事件，那就必须花足够的时间来收集足够的信息。

新闻札记：新闻工夫的 10 倍和 3 倍（2018 年 7 月 23 日）

一篇报道好不好，取决于你做的工夫有多少。那么，要下多大工夫才算到家了？

笔者的看法是，除了极少数动态短消息之外，调查研究性的报道，看的材料至少是 10 倍，采访的一手素材至少是 3 倍。

这 10 倍的材料哪里来？采访对象的过往报道，同一行业或同一领域的过往报道，原始文件等资料，以及相关专业论文，要读的资料往往是报道体量的几十倍。

仔细研究资料,反复琢磨,什么是重复的,什么是被忽略的,报道才能找到新的突破口。所以,一篇看起来很独到或独特的文章,背后往往是下了很大的隐性工夫,而不是光凭借才华、运气就行。

3倍的第一手素材当然靠记者采访完成。材料看得多,自然问题就多,采访时才不会出现冷场的尴尬。很多记者采访本空空如也,见了面不会提问。比如说,全世界的观众都会觉得记者是不是有点白痴,总是问"你有什么感受"之类的雷同问题。提的问题本身就是大路货或者多余,那么,写出来的东西当然就是大路货或者多余货。

也有的记者,往往是根据领导安排任务的字数要求,看看本子上字数差不多,就丢下采访对象撤了,而不是坚持、再坚持、多挖掘、多观察。这样的记者,是在考虑如何完成任务,而不是如何做好报道。

也许,正因为缺乏硬核事实,媒体相应地表现出虚张声势、咋咋呼呼的弊端。于是,舆论场看起来热闹非凡,实际上有价值的信息不多,笔者将其命名为"空包弹新闻"。前面讨论的"泡芙式新闻",即用浮夸方式包装的空洞新闻,这里要讨论的是媒体过分追求乃至炮制事件的轰动性。两者的共同性是缺乏硬核事实,区别是报道方式不同,舆论场的效应也不同。

空包弹只装火药不装弹头,有声光,没有杀伤力,或射击训练,或军事演习,或警戒时进行吓阻,或礼仪需要等。有的轰动性新闻实际上没有提供核心事实,和空包弹非常相似,形成一种虚张声势的氛围。它们比的是,谁能往平静舆论场扔一颗深水炸弹换来关注,谁就是发行/流量英雄。那么,这和虚假报道有什么区别?虚假报道是明知信息不真实甚至故意炮制虚假信息。"空包弹新闻"可能最终沦为虚假报道,但大多数情况下报道以质疑名义出现,看似讨论公共问题其实如发疯一般无来由地大喊大叫。

在 2010 年曹操墓考古报道中,媒体可以说是大面积沦陷,发布了数量可观的虚假质疑报道。这起媒介事件足以折射出,媒体在证据评估和事实推理方面是如何集体性崩溃的。考古是典型的专业新闻类型之一,记者总体上无法承担起独立的报道重任,只能被动依赖于专家。在曹操墓考古报道中,很多媒体的信息源集中来自一位名叫"闫沛东"的所谓民间专家。不幸的是,该专家身份最终被揭穿,其真实姓名为胡泽军,因涉嫌诈骗早就被警方列为网上逃犯。在未核实所谓民间专家身份的情况下,媒体无视真专家意见,反而纷纷采纳伪专家凭空臆测的观点。甚至,当河南媒体发表揭穿假冒专家身份时,河北媒体针锋相对称《质疑"闫沛东"身份,把水搅浑》。比如,深圳某电视台播出收藏家马未都的质疑,认为将盗墓者手中文物当成鉴定依据没道理。然而,实际情况是,除了盗墓者所交出的 1 个石牌外,还出土 7 个"魏武王常所用"石牌。在这一事件中,中国新闻评论暴露了不采访就盲目发布个人观点的弊端。如,有媒体发表《曹操墓会不会是另一只周老虎》,"人民时评"发表《曹操墓真伪之争,为真理还是为钞票》,一家党报社论称曹操墓之争无关学术只关利益,有媒体人士感慨这场报道风波是"一场有罪推定式舆论审判"。尤为极端的是,在其逃犯身份早已被揭穿的情况下,有的评论宣称"安阳联合邺台警方通缉闫沛东是选择性执法",有的评论称是安阳警方公报私仇,有的知名时评作者妄言"骗子"也有权质疑曹操墓真伪。

在这场人为推波助澜的大面积虚假报道风波中,媒体无视证据,把臆测当事实,甚至不惜维护面子而继续坚持骗子的怀疑(注意:不能称之为质疑)立场,事后也未向公众检讨和承诺改进措施,种种表现,令人惊骇。曹操高陵墓葬考古队队长潘伟斌表示,闫沛东一开始就是来历不明的神秘人物,试图通过"激将法"把事情搞大,借机达到不可告人的目的。

2008 年,当美国次贷危机演化成金融海啸并冲击中国时,媒体前期的报道一片哀鸿遍野的悲观情绪。东莞樟木头的合俊玩具厂倒闭被视为金融海啸登陆珠三角的标志性事件,笔者曾亲历这一事件报道,事实上倒闭原因很复杂,然而各大媒体依然着力于渲染金融海啸这一因素。当时珠三角小企业主问笔者的看法,笔者的回答是,珠三角有全球最完善的产业链足以抵御危机,如果珠三角都不行了那就全球同此凉热,也就没什么好担心的了。港台商人——笔者当时报道的重点群体——也表示,订单是有的,主要是市场信心不足。

遗憾的是,在盲目跟风盛行的心态下,媒体对事实的把握能力在很大程度上已经丧失,因为他们追逐的唯一动机就是所谓最大的新闻点——金融海啸,其他事实或真相都可以为此而牺牲。社会弥漫着恐慌情绪,新闻界则加剧扩散这种恐慌情绪而不是安抚市场。时任国务院总理温家宝呼吁,信心比黄金还重要,此后媒体才转向正面鼓励为主。作为对照的是,西方媒体表现极其诡异。"对于发端于家门口的金融海啸,西方媒体却'心平气和',过于'理性'。另一方面,某些西方媒体却把灾难性报道突出在亚洲,甚至作出不负责任的预期,给亚洲有关国家和民众信心造成打击。对比西方媒体在金融危机中的差异化报道,需要透过危机本身看清其真实心态。"①

有的媒体不愿虚心听取真正的权威意见反而热衷于耸人听闻的言论。在金融海啸之后的若干年内,香港某经济学者长期鼓吹看衰论调,"未来和下一代很悲惨""银行不堪重负就可能发生第二次金融危机",资源过剩、产能过剩、中国债务危机、通胀危机、民营企业危机、银行危机、房地产危机和消费危机等八大危机"是中国经济的一座活火山,目前正是暗潮汹涌,就待某一天,从地底喷薄而出",等等。2010年,云南学者和官员当场反驳该学者不懂国情不尊重学术;有人发表尖锐的评论,认为该学者"种种违背常识的所谓学术观点,不仅不能拯救我们,反而会加重我们的

---

① 方家喜:《把握金融危机报道的主动权》,《中国记者》2009年第2期,第22页。

苦难"。可惜,当时这样的报道极其稀缺,要是全国媒体多点这样独立的
声音就不会屡屡沦为笑谈。有研究者称,学术场域内有一大批急于寻求
突围的不自觉"知识分子",获取自己想要的"传媒资本"。专家学者应回
归本身的研究任务,电视邀请专家学者参加节目并不能成为长期的发展
模式。

　　诸多案例都可以说明,媒体经常表现出惊人的反智倾向,只要有足够
的尖叫声,事实如何反而不重要。尤其奇怪的是,事后有足够的证据表明
有些专家尤其"媒介经济学者"是错误的,理论上他们早已信用破产,为什
么媒体依然如逐臭之夫? 正是因为这些所谓公共知识分子看准了媒体哗
众取宠的报道心理,新闻界在自律和他律的机制上也不够完善,报道争议
越大,"专家"和媒体反而越起劲。郎咸平从不讳言自己成名的动机和明
星般的享受。2004 年,郎咸平曾反问《南方人物周刊》记者:"你相信真的
有那么多巧合吗? 你有没有想过这是我精心设计的结果呢? 我为什么不
甘于只做一个教授呢? ……目的就是想引起政府的震动。"①

　　2020 年初,新冠疫情在武汉暴发,各种谣言(传言)四起。其中,所谓
殡仪馆地上扔满无主手机的谎言广为流布。值得注意的是不少媒体一样
加入了传播队伍,同时其他媒体对这一谎言保持沉默而不加以批驳,反而
是由网民完成辟谣。没有证据,也能掀起舆论波澜,这的确是舆论场一大
怪相。

　　回顾 21 世纪以来的诸多热点新闻,彭宇案、唐慧上访案、宜黄拆迁
案、"缝肛门"风波等,都存在把传言、个人叙事或推测当成事实来报道的
致命弱点。无论如何,这种空包弹新闻形成的舆论污染,将公众陷入一惊
一乍之中却是真实的。甚至,有人故意制作空包弹新闻,追逐这种爆炸效

---

① 《郎咸平:我的意见不能成为主流那是国家的悲哀》,https://tech.sina.com.cn/it/
　　2004 - 09 - 24/1249431385.shtml,访问日期:2004 年 9 月 24 日。

应,我们难以排除这种可能性却在监管上显得束手无策。

走出客观性与倾向性对立的误区

既然"空包弹新闻"以质疑名义登上舆论舞台,质疑理应被鼓励,然而大多数情况下却走向滥用怀疑的极端化。质疑是客观的,以事实对质,疑而有据;怀疑则是主观的,情绪化的臆测居多,疑而无据。世纪之交是舆论监督的黄金时期,当时的监督报道非常强调采访扎实和证据充分。"空包弹新闻"在一定程度上是舆论监督式微的产物,尽管它也高举监督旗帜,但缺乏硬核事实和充分证据,和真正的批评报道不可同日而语。

我们并不反对质疑。在霍姆斯看来,质疑是一种优良的品质,是一个文明人的标志。然而,质疑不等于怀疑更不等于乱怀疑。正如研究者指出的那样,质疑是一种合理性的、健康的怀疑论,不是否定一切的激进怀疑论,也不同于"发难、挑剔、抵制、驳倒"这一片面误解。质疑是有理由、有依据的合理性怀疑,而不是随便的怀疑。质疑是一种积极的、建构性的怀疑论,不是为了怀疑而怀疑,而是为了求真,是一种获得证据或充足理由支持的怀疑。[①] 总而言之,怀疑是一种心理,甚或情绪化;而质疑是一种能力,以质证释疑。遗憾在于,在当今中国舆论场包括新闻界一些自命为调查记者的群体中,不举证乱怀疑的不健康风气非常盛行,往往对公共资源产生极大的浪费甚至造成群体撕裂。

没有客观性的倾向性,是不可取的;没有倾向性的客观性,是不存在的。中国新闻界有一种错误的观点,认为讲客观性就是要反对倾向性。20世纪80年代初,徐铸成就指出,"要注意政治倾向性和客观性的结合。这一点写新闻和标题都不应忽视。报纸,总有它一定的政治立场、观点。

---

① 于辉:《案件事实论证:一种批判性思维的研究进路》,法律出版社,2018,第71页。

资产阶级报纸标榜客观主义，谁都知道，这是一种欺骗。但我们反对客观主义，并不等于反对新闻的客观性。如实地反映事实，加一定的分析或判断"[1]。令人哭笑不得的是，有些受西方客观主义理念影响很深的新闻从业者，一方面反对官方报道的倾向性，另一方面却允许自己片面质疑一切的作风。

例如，在鲍某性侵案中，有人提出新闻的价值判断违背客观报道新闻事实的疑问。沿海某知名记者宣称："我在这场讨论中看到，价值问题取代了事实问题，道德评判压倒了专业分析，说谎者变得神圣不可侵犯，谁质疑李星星谁就是站鲍某，谁站鲍某就等于支持权贵、欺负弱者，公正输给了立场，理性输给了情绪，专业输给了业余。"讽刺在于，财新网记者对该案的报道并非没有价值判断，她在朋友圈称"一个13岁的小女孩傍上了美国归来的 sugar daddy 很八卦"。她的错误价值判断建立在错误事实之上。事实上，最高检后来发布的通报表明，现有证据不构成法律上的犯罪，但在道德上鲍某依然应该被谴责。

鲍案本身就是一个包含价值判断的事件。公众之所以充满愤怒，是因为这不同于普通性侵案。性侵是一个违法（犯罪）事件，性侵养女是一个乱伦的严重失德事件，这起违法和失德的复合事件本身就既包含事实也包含价值。《南风窗》记者在陈述事实时，确实使用了褒贬色彩非常明显的词汇，于情于理并无不妥。从文本叙事来说，新闻的陈述性事实本来就有鲜明的情感色彩和价值判断。"陈述性事实就是在认知的'真'和评价的'善'的基础上所作的一种'美'的陈述。这种'美'主要是指陈述与所陈述的内容具有一种逻辑上的和谐性，也即是对事实意见的一种'艺术化'的表达。"[2]因此，公众力挺《南风窗》立场鲜明斥责鲍某的报道，并且

---

① 徐铸成：《下笔应有神——谈谈新闻标题》，《新闻战线》1980年第1期，第33—34页。
② 秦志希：《论新闻事实的确立与意见的生成》，《新闻大学》1997年第3期，第20页。

指责财新网报道同情施害者而不是受害者，实际上是社会大众对新闻事实做出公共的价值判断。反之，谁要求新闻报道在这种情况下必须冷静理性，未免过于迂腐。从传播效果来说，新闻原本就承担着引导并呵护社会价值的功能。新闻学者杨保军指出，新闻正义在本质上是一种社会正义。"它从新闻传播的价值取向上约束着传播者合目的性的追求，它不拒绝传播者在再现新闻事实时可以从自己的立场出发表达一定的倾向性。但它以'道德律令'的形式要求这种立场、倾向必须是'正义'的、公平的、大公无私的和合理的，是社会公众期待新闻应当达到的一种状态。"[①]从事实哲学来说，价值判断和事实判断的二分法早已被证伪。普特南在《事实与价值二分法的崩溃》中对这种观点做了彻底反驳，他指出，事实和价值相互缠结而不是豆剖瓜分，没有价值的存在就无所谓事实。所以，价值判断并不必然欠妥，关键在于，媒体的价值判断是否准确。

杨保军指出，新闻"倾向性"包括客观倾向性和主观倾向性，主观倾向性包括立场、态度、思想感情等；客观倾向性指事物本身具有不以任何人主观意志为转移的利害作用。不管人是否意识到，事实倾向先在于、外在于任何人，事实倾向性是客观的，不依传受者的意志而改变。当然，"传播倾向性"是主观的，是传播者凭借新闻事实所说的"话"，甚至是违背事实本来含义所附加的"话"。[②]

新闻的评价性意见是如何在事实认定过程中完成的？秦志希指出，客观主义的错误在于将主客体、主客观对立、割裂开来，是一种机械唯物主义的表现。"在新闻事实的发现、确立过程中，新闻事实与传者主要有三重对象性关系，从中我们可以发现三种不同的事实。新闻事实一是作为主体的认识对象而存在，这种关系中的事实可称为认知性事实。一是

---

① 杨保军：《新闻事实论》，新华出版社，2001，第88页。
② 杨保军：《新闻事实论》，新华出版社，2001，第36—37页。

作为评价对象的存在,这种关系中的事实可称之为评价性事实。一是作为陈述对象的存在,这种关系中的事实可称之为陈述性事实。可以说,整个新闻事实的发现、确立过程,实质上是一个认识、评价和陈述的过程。传者的意见也主要是传者在对事实的认知、评价和陈述过程中生成的……传者的意见主要表现为对事实价值的评判及其对事实的处理态度上。由此我们可以发现,受众所接受到的新闻事实,不仅包容了传者的认识性意见,同时还渗透、包容了传者的评价性意见。"①可见,客观事实外在于人,而新闻事实是人认知和评价(无论自身意识到与否)的结果。正因为如此,"对新闻事实的再现不只是简单的对新闻事实的再现,同时也是对传播媒体及其记者、编辑自身新闻观念、价值取向、新闻形象等的再现"②。

　　美国新闻学者当中,有人把媒体的偏好当成倾向性,如班尼特《新闻:政治的幻象》认为美国媒体倾向性体现在个人化、戏剧化、片段化等问题。这和我们讨论的立场倾向性不是一回事,它更接近于波兹曼《娱乐至死》的批评,共性在于,他们都很关心新闻"求是"的功能。"传播学者山特·杨格认为,信息的倾向性造就的是'插曲式新闻'而不是'主题曲式新闻'。'插曲式新闻'把记者和受众空投到一个已然的情境当中,关注的是矛盾、冲突之中的人。与此相比,'主题曲式新闻'则突破眼前的戏剧场景,挖掘造成新闻报道中所涉及问题的根源,剖析更深层次的社会、经济或政治背景。杨格的研究表明:新闻报道中,特别是电视新闻报道中,最常见的插曲式新闻,让人对世界的了解很肤浅。"③可见,即使是西方新闻学者也意识到,新闻应当追求客观倾向性而避免主观倾向性,这种倾向性的目的是

---

①　秦志希:《论新闻事实的确立与意见的生成》,《新闻大学》1997 年第 3 期,第 16 页。
②　杨保军:《新闻事实论》,新华出版社,2001,第 81 页。
③　[美]W.兰斯·班尼特:《新闻:政治的幻象》,杨晓红等译,当代中国出版社,2005,第 63—64 页。

为了突出社会主题曲。

　　新闻报道不是纯粹的自然科学，新闻事实和新闻价值（value 而不是 worth）必然纠葛在一起，价值是不可避免的。新闻报道对一件社会极其关注的热点事件，同时做出事实判断和价值判断，不但是可能的，也是应该的。一方面，这在认知哲学上不存在悖谬之处，事实和价值是统一的，新闻报道没必要堕入休谟"是"或"应当"的形式逻辑陷阱之中；另一方面，媒体天然肩负着呵护社会公共价值的责任，对这一点留待以后讨论。最重要的是，报道永远不能搞错核心事实，否则就会削弱乃至失去依附于核心事实的核心价值。事实没有好坏之分，价值有好坏之分，我们可以讨论宣扬哪些更好的价值而不是一概拒绝价值。如果我们拒绝谈价值就很容易沦为不分是非，那就是否定了新闻的导向功能。显而易见，无论哪个社会或国家的媒体都不可能没有导向，区别在于，进步价值多一点还是少一点而已。

　　顺便要指出的是，西方客观主义和客观性不同，它表面上强调客观实际上是对美国政党报刊黑暗的自我纠偏。然而，在后来的新闻实践中，美国媒体又意识到纯粹客观性不但做不到而且更容易被政客利用，于是解释性报道取代客观主义。此处略而不论。

山脊原理：叙事的尺度

　　新闻要讲时、度、效。很多报道之所以无法体现实事求是的精神，就是没有把握好尺度的界限，也就很难达到应有的效果。过犹不及，如果说官方媒体在独立调查方面做得不足的话，那么市场媒体往往偏执地相信自己调查的信息而拒绝整合官方披露的合理事实。

　　如何把握好新闻叙事尺度而不至于沦为偏执狂？笔者在此提出一种可能的叙事策略——"山脊原理"。山脊代表新闻的骨干事实，两侧的阴阳坡面提供更为丰富多样的细节。没有山脊就不存在坡面,只描写某个坡面,必然走向极端化。我们知道,高海拔的山脊往往会出现阴阳界现象,一边晴空万里,另一边云海茫茫。原因在于,山脊阳光直射面和背阴面的温差非常大,阳坡热空气膨胀上升,水蒸气翻越山脊的分界线时遇到阴坡冷空气就凝成水滴,于是就形成了云雾。反之亦然,阴坡的云雾被风吹过山脊时遇到阳光后蒸发扩散,于是阳山一面就晴空万里。精准叙事的尺度就是追求在山脊上行走的艺术;越往两侧的坡面下滑,就离事实面貌越远,这也是为什么同一件事情在立场迥异的新闻报道中呈现出两副面孔的原因。当然,同一件新闻也会呈现出"横看成岭侧成峰"的情况,这是由于视角变化带来的结果。无论峰还是岭,它的轮廓都由山脊塑造。也就是说,新闻角度的变化并未改变事实的山脊,却让一件新闻变得丰富多彩。

任何比喻都是蹩脚的。我们必须牢记,新闻的山脊并非直观摆放在记者面前,如果真有这么容易窥见事物面貌,媒体也就没有存在的必要。新闻事实是在文本建构中完成的,在文本建构中采编人员必须非常小心地找准山脊并保持山脊行走的姿势,避免滑入两侧阴阳斜坡,以致偏离事实乃至堕入失实的深渊。毫无疑问,阴阳两个斜坡各有其风景,记者要防止的是迷醉于局部风景而宣告发现山峰全貌。

例如,2017 年 6 月 6 日,笔者写了一篇贵州从严重的酸雨城市转变为空气清洁榜样的报道。有一位久未联系的老同行问,是否美化了,话是否说太满了。于是,我专门写了一篇新闻札记解释如何做到正确把握事头的尺度。

新闻札记:事实的度在哪(2017 年 6 月 6 日)

事实的度如何把握,确实是媒体尤其是党报必须解决的难题。一项工作是不是进步了,先纵向比较,看自己的进步有多大;再横向比较,确定自己的进步到底有多大,如果别人进步比你还快,那就不宜大张旗鼓。双管齐下,基本能做到确保信息的准确权威。

贵州空气治理的进步,无论纵向还是横向都是巨大的,事实经得起考验。此外,还有历史基础的因素不能忽略。比如说,论空气质量,贵州确实还不能和西藏、海南比较。这样比,是公平的,但不公正。西藏几乎没有工业,当地地貌破碎也不容许发展工业;海南呢,不但没有工业,还有海风帮忙。

正确认识一个地方的成绩,确实非常难。多方比较,立体思考,那就八九不离十。

三维定位,可以让我们准确判断自己身处何地;叙事尺度的三维定位意识,也可以当作建构新闻文本的标准。经过三维定位认清一个事物之后,还要看到事物的两面性,正如山脊两侧的阴阳坡。

是不是不说谎,摆事实,就一定代表把握好了事实的尺度呢?未必。如果是选择性过滤,只讲好的,不讲不好的,那就不能说是把握了尺度。媒婆靠三寸不烂之舌吃饭,可以想出让瘸腿男子骑马、豁嘴女子拈花微笑的相亲歪招,媒体不能挖空心思做这种媒婆式新闻。林迈可是英国友人,1940年担任英国驻华大使馆新闻参赞,后来在新华社创立英文部以便"让世界听到延安的声音"。他在回忆录《抗战中的中共》中提到,曾多次同中共领导人探讨如何改进对外新闻报道,"不断地对政敌使用辱骂性词句的习惯对海外听众是有副作用的,反对国民党要用可靠的事实讲话,有说服力的论证比简单而过激的陈述更为有效"。1944年,林迈可把自己的批评写成长达50页的《延安哪里有缺点》的内参,抄送中央领导。他批评,新华社的一些对外新闻看上去"使人觉得这不过是宣传者有意挑选有利于自己的事实"。客观地说,媒体至今还或多或少有这种弊端。一说到某项工作成就,介绍的都是最好的例子,没有走访中等或下等的样本。媒体不要低估读者,他们能够依据生活经验评判,文章究竟有没有刻意挑选事实。笔者在工作中要求记者,有些不太好的东西不是非报道不可,但是,必须掌握全面真实的情况。这样,才能做到下笔心中有数,避免过分溢美之词。

记者之所以容易偏离事实的山脊,一大因素是片面化的情绪。新闻界对叙事文本的情绪认识至少有三种误区,报道频频越轨也就不足为奇。首先,有人称煽情新闻为一种游戏,甚至上溯到宋朝诋毁蔡京的邸报。这显然是一种误解,把煽情文字的游戏等同于近代新闻事业。其次,有不少人认为,新闻要做到完全客观很难,文字难免有情绪,甚至宣称煽情是"新闻报道的第二种表达"。这也是一种误解,错误地把文章的情感等同于情绪化。最后,煽情主义的幽灵总是不断游荡在新闻界,挑战规范。我们不能忘记,从便士报出现至今,新闻媒体200多年来一直在和煽情主义做斗争,通过严格的规范化将新闻区别于坊间八卦,让新闻获得真实权威可信的地位。事实上,煽情主义并不反对新闻真实性的要求,而是错误渲染不宜宣扬的真实细节。即使这样,西方批判者也不赞成煽情做法,将其斥为"白痴文化"或"没有灵魂的新闻"。限于篇幅,笔者无意在此讨论写作风格上渲染离奇情节的煽情主义,而是关注情绪如何妨碍正确叙事。记者一旦沦为情绪动物,就会刻意偏离叙事山脊往阴坡狂奔。他们总以为,阴影之处隐藏着更多秘密,忘了山脊才是准确的分界线。

在深圳"缝肛门"虚假报道中,媒体表现出近乎暴躁狂的情绪,以致到了无视事实的程度。陈某因妻子产后两天没大便,肛门疼痛且周围有一圈缝线,主观推测因红包给太少被助产士报复。众多记者单方面采信陈某说法,指控涉事医护人员,报道引起全国网民的愤怒。专家调查结论为"肛门未被缝合",缝线源于剖宫产手术后处理并发痔疮所需。几乎所有报道媒体都放弃了"节制报道"的原则,有的记者坦言自己的判断来自陈某的判断;有的记者既不接受主管部门的调查结论,也不接受第三方的法医鉴定;有的电视台还将产妇臀部及肛门以大特写镜头播出。实际上,孕产妇痔疮比例高达75％，产后两三天不排便是正常的。如果记者找中立的行业人士核实一下，就能避免这起沸沸扬扬的虚假新闻风波。

好的情感应用，的确会增加文本可读性，引起读者或观众的共鸣。但坏的应用，不仅会遮蔽事实，还会导致人们在错误的认知下迷失改进的方向，而以事件推动社会进步恰恰是我们追寻真相的最终目的。在极端恶劣的情况下，媒体为了吸引读者，褒贬无度、翻云覆雨。

在夏俊峰杀害城管人员的事件中，部分媒体采用单方叙事将夏俊峰塑造成大义凛然的侠客，俨然成为广大街头小贩等弱势群体的精神领袖，占据社会公共道德的制高点。媒体将夏俊峰的儿子渲染成"天才画家"。在这场舆论战中，媒体丧失客观性，充当争议一方的代言人，无视对事件中另一方造成的舆论不公。戏剧性在于，夏俊峰被执行死刑后，夏的儿子被曝抄袭几米画作，其妻子也被指责利用他人落泪照片博取同情等。"造神之后再毁神，原本就是媒体所擅长的手段，媒体神话产生的速度越快，被毁誉的速度也就越快。此前，夏俊峰被视为英雄，而英雄应当在道德上是完美的，因此，当张晶及其子的神话被戳穿，夏俊峰的神话也自然被摧毁。"①对夏俊峰案的报道，有人在事后总结中激愤地指责媒体丧失人格，以"话语强奸"折腾广大受众的眼睑和耳膜。

《南方周末》一度被视为中国新闻理想的标志，一些优秀记者也多次谈到如何在叙事中把握好情绪问题。"我是不会带着情绪去调查和写作新闻（正义、愤怒、悲伤等），我采访时会像一名外科医生一样——零度情感……一名记者应该学会与采访对象交流时能够迎合对方的情绪（但你自己内心是没有情绪的）。"②在调查胡曼莉慈善骗局时，记者表示从一开

---

① 凌燕、李正国：《新媒体时代的"民意"建构——对夏俊峰案报道的舆论传播分析》，《当代传播》，2014年第6期，第39页。

② 谢春雷：《揭开真相——〈南方周末〉知名记者报道手册》，浙江人民出版社，2004，第150—151页。

始都是用中性的眼光看待胡曼莉的，没有任何的偏见。"记者在没有获知事实之前，没有推定的权力。"①"文章确实很煽情，而且我承认文章中有修辞，比如说对比，拿过去与现实对比，生前与死后比，但这些都是事实。死者家属说的话我不加任何修饰，全部是白描。记者只是个记录者。"②然而，《南方周末》这种好经验并未长期地很好地坚持下去，经常受到信息源单一、预设叙事框架、情绪化或立场先行等做法影响。仅以医患关系报道为例，在 2005—2014 年的 10 年间，《南方周末》104 篇报道大多持消极负面的立场，正面典型报道只有 5 篇。其中 36 则新闻来源单一，占报道总量的 36%，其他以两个信息源居多。从大小标题分析来看，偏爱用文章中采访对象的语句（一般较尖锐）作为标题或部分标题要素，这些有倾向性的标题间接表达了记者的态度。在报道失实方面，2015 年 1 月 29日，中国记协发出媒体 3 起虚假事实报道通报，其中包括《南方周末》刊发的《"疯子"医生：你砸医院招牌 医院砸你饭碗》《"创收"院长》《公立医院创收潜规则》3 篇报道；除"缝肛门"事件外，2014 年 8 月《ICU 病人周龙英之死》在无调查结论的前提下将全部责任推向医生，导致舆论纷纷指责医护人员漠视生命。③

　　避免主题先行，是记者在把握叙事尺度时必须牢记的一条教训，否则，这种做法只会让我们成为文字的奴隶。各地或不同政府系统的官方报纸对同一工作内容的报道总是表现得惊人一致，因此，经常有人笑话，只要把过去的报道翻出来替换时间、地点、出席人物即可。极端情况下，

---

① 谢春雷：《揭开真相——〈南方周末〉知名记者报道手册》，浙江人民出版社，2004，第24 页。
② 谢春雷：《揭开真相——〈南方周末〉知名记者报道手册》，浙江人民出版社，2004，第262 页。
③ 刘萌璐：《风险社会视阈下〈南方周末〉医患关系报道研究（2005—2014）》，硕士学位论文，河北大学新闻与传播专业，2015，第 12 页、第 31 页。

媒体甚至不惜把揣测之词当成新闻事实写进报道，以满足自己预设的叙事框架之中。比如，在贵州茅台公司宣布公款消费比例已经小于1％的情况下，媒体依然声称："推动茅台酒价格和销量暴涨的推手是什么？是公款消费还是个人购买。华商报记者梳理诸多数据，依然无法找到较为明晰的答案。但是，可以肯定的是去年茅台酒年产8554万瓶，在市场上却一瓶难求，肯定不全部是被个人消费者买去，或多或少都有公款消费的影子。"这还是按照21世纪初对贵州茅台酒是"腐败酒"的叙事框架进行的有罪推定，一方面说"无法找到较为明晰的答案"，另一方面又使用"肯定""或多或少"这种臆测的措辞。

令人忧虑的是，叙事框架有很强的惯性或者说记者对此体现出很强的惰性。一种叙事框架即使已经被证明存在失实的可能性，也未必就会自动退出新闻场，甚至在舆论场不断地极化而得到巩固。

一个典型例子，历经近30年舆论博弈，克拉玛依特大火灾事故报道"让领导先走"的谣言依然未能自动净化。1995年1月10日，《中国青年报》刊发《人祸猛于虎——克拉玛依"12·8"惨案的警示》一文，文内有关"同学们，让领导先走"的表述迅速引发争论。2006年12月，《南方周末》推出《一个轮回后的真相 1994－2006年：克拉玛依大火》，报道再次出现了这一说法。疑问在于，这两家在当时影响力巨大的媒体，都没有在报道中提供确切的来源。有一种说法称，演出前主持者说"演出结束后，同学们不要动，让领导先走"，结果被记者移花接木为火灾发生后所说。我们可以发现，无论从信息源还是证伪手段来看"让领导先走"的传谣难以证实，为什么官方原罪的叙事框架牢不可破？

《中国教育报》原驻新疆记者李葆华是这场事故的详细记录者之一，他在1995年就批评了这种把流言当事实报道的做法。幕布起火后引发爆燃导致现场人员窒息死亡，生死之间只有两分钟的时间窗口。而官僚主义不是悲剧的决定性因素，事实本身最有说服力，自治区教委和区人民政府等有关部门的干部遇难 17 人,教师遇难 18 人。"一切在场人们的或高尚或卑下的行为都难以产生了,对任何人的歌颂和谴责都无从谈起。其实,那些关于火灾中对教师和官员的表现猜想,只是某种社会层面的观念借火灾的折射。""你站在山旮旯里报道说,世界就是山旮旯这模样,谁也不敢说你报道的不真实,如果你站在山顶去看山旮旯,就会是另一个样子了。虽然是另一个样子,但还是那个山旮旯。你站在什么地方,就有什么地方看到的真实。这种真实还不够,还要走到记者的心里,多了一层记者的思索对它的包孕。我所说的'思索''包孕',都是指观念的东西,是第二性的,被'旮旯'所决定的东西。我们千万别犯唯心的毛病,不要因为观念委屈了生活的真实,委屈了'旮旯'。'旮旯'永远是第一性的,决定的东西。"①

闫岩和张皖疆在研究克拉玛依大火的网络记忆后提出,数字技术开启集体记忆的大众书写时代。但是,民间记忆是一种对抗性书写,旨在解构知识与社会权力之间的关系。"让领导先走"历经十余年的民间想象,在数字空间中通过吧友的加工与创造,最终成为大火的主流记忆! 在讨论后期,"让领导先走"的生产者依然掌握核心话语权,而求证者则退出争夺,捍卫者也随之退场。"在这个特殊的案例中,核心记忆的生产、对话、协商和争夺并非围绕——甚至也并非为了接近——历史的真相,即克拉玛依大火的现实是什么;而是围绕着历史的幻相,即《中国青年报》报道中的'让领导先走'之真伪是什么。"②

应当说明的是,上述研究已经包括《南方周末》报道固化这种网络记忆"历史的幻相"在内。然而,我们不妨比照研究结论提出一个反思性问

---

① 李葆华:《克拉玛依大火报道后的思索》,《新闻爱好者》,1995 年第 7 期,第 11 页。
② 闫岩、张皖疆:《数字化记忆的双重书写——百度贴吧中"克拉玛依大火"的记忆结构之变迁》,《新闻与传播研究》2020 年第 5 期,第 92 页。

题,《中国青年报》报道真实性可疑的问题在当时就已被指出,为什么《南方周末》在 11 年之后重新报道时不但未能还原事实反而固化流言,甚至有意将"让领导先走"放在导读以及报道开头加以突出? 很大程度上,市场化媒体自身需要这个叙事框架,既符合当时弥漫网络的仇官情绪,也符合提高报纸销售量的需要。因此,媒体不是缺乏在事实的山脊上行走的能力,而是主动偏离叙事尺度的山脊,有意选择山脊一侧的阴坡。围绕"历史的幻相",书写对抗性记忆,成为市场化媒体和非理性网民的共谋。最终,《南方周末》因这种想象性的文本建构方式付出报道失实的代价。

如果说新闻记者想要挺起理想的脊梁,那就应该始终战战兢兢地行走在山脊之上,事实有所出入固然难免,但真相的缓冲地带不会很宽。只有在山脊之上,才能准确观察左右两侧的坡面,避免滑入单方叙事的陷阱。一切叙事框架都值得警惕,尤其要警惕故作清醒独立的姿态,那可能是一剂后果严重的毒药。

罗斯林:实事求是的世界观

在此,笔者要诚挚地向读者推荐汉斯·罗斯林(1948—2017 年)的《事实》一书。汉斯·罗斯林生前是瑞典卡罗林思卡学院的国际卫生学教授,曾担任世界卫生组织、联合国儿童基金会和其他援助机构的顾问,他同时研究非亚拉经济发展与健康之间的关系。为了促进以事实为基础的世界观察,他和儿子、儿媳基于环球工作经验一起撰写了《事实》这本书,笔者认为它对新闻工作者来说也是一本很难得的好教材。

我们对世界的认知太少。在对世界发展状况的认知测试中,包括世界领袖在内的精英们的正确概率,并不比大猩猩随机选择的正确概率更高,罗斯林问"我们为什么没能比大猩猩做得更好"? 尽管世界已经取得了很大进步,但人们的印象依然停留在负面思维和根深蒂固的错误信息之中。他认为,过分情绪化的世界观给我们带来的是压力和误导。中国媒体滥用情绪的情形,我们已经在上面有所分析。

巧合的是,罗斯林批评媒体无限放大恐惧感和怀疑的做法,这和前文提到的"空包弹新闻"现象是一致的。"在当今社会,对这些危险的恐惧会触发我们的恐惧本能,而你很容易从每天的新闻报道中发现能够激发我们恐惧本能的类似故事。媒体绝不会放弃利用我们恐惧本能的机会,因为这是一种最容易获取我们注意力的方法。而最大的新闻往往是那些能够同时激发我们多种恐惧本能的故事。比如绑架或者飞机坠毁,都会同时激发我们对物理伤害的恐惧和对受困的恐惧……然而这里出现了一个悖论:当现实世界变得前所未有的和平和安全的时候,我们看到的却是铺天盖地的关于各种危险的报道。"①"误导性的以偏概全,以及极端典型,都是媒体善用的手段,因为这样他们可以很轻松、很快速地沟通。我从今天的报纸上随便挑几个案例给大家看:乡村生活、中产阶级、超级虎妈和黑帮成员。错误的归纳分类就会导致我们脑海中形成错误典型。比如说,人们经常提到种族和性别的错误典型。这样就会导致许多问题。错误的归纳分类方法将会使我们无法正确地理解事物。"②

人们通常认为记者见多识广,然而,罗斯林证明记者在认知方面并不比公众做得更好。"结果是灾难性的,看起来这些记者和电影制作人并不比一般的大众知道得多,他们的答案也并不比大猩猩更好。当他们在悲伤的钢琴曲的背景音乐下,用严肃沉重的语气向我们介绍人口危机、自然灾害或者两极分化的世界的时候,他们自己对此是深信不疑的。他们本身并没有任何恶意,也没有想故意误导我们,所以责怪他们是没有任何意义的。他们只不过和我们大家一样,都对这个世界产生了误解而已……不

---

① ［瑞典］汉斯·罗斯林等:《事实》,文汇出版社,2019,第128—129页。
② ［瑞典］汉斯·罗斯林等:《事实》,文汇出版社,2019,第175—176页。

可能指望媒体来给你提供实事求是的世界观。"[1]

为了帮助人们发现自己的偏见以及如何走出偏见,罗斯林分享了他和学生们分析不同国家儿童死亡率的故事,随着数据分析的全面和深入,人们的认知发生了戏剧性变化。

> 当我向他们提问:"谁能告诉我沙特阿拉伯的儿童死亡率是多少?"
>
> 所有的学生异口同声地回答:"35‰。"
>
> "没错,是 35‰。大家回答正确。这就意味着每一千个儿童中,就会有 35 个儿童在年满 5 岁之前死亡。那么谁能告诉我马来西亚的儿童死亡率是多少?"
>
> "14‰。"所有人异口同声回答道。
>
> 当他们把数字回答给我的时候,我就用一支绿色的笔,把这个数字写在一张透明胶片上,然后通过幻灯片把它投射出来。
>
> "14‰,没错。"我说,"这个数字比沙特阿拉伯的儿童死亡率要低。"
>
> 我继续问道:"巴西呢?"
>
> "55‰。"
>
> "坦桑尼亚呢?"
>
> "171‰。"
>
> ……
>
> "这些数字本身也许并没那么有趣,但这些数字背后反映出来的现实生活是非常有趣的。"我继续对大家说,"请认真看一下这些不同的数字,14‰、35‰、55‰和 171‰,这些不同国家的生活,一定存在巨大的差别。"

---

[1]　[瑞典]汉斯·罗斯林等:《事实》,文汇出版社,2019,第 257 页。

我拿起了笔,对大家说:"请告诉我,沙特阿拉伯35年前的生活是什么样的? 在1960年,沙特阿拉伯的儿童死亡率是多少? 请查阅第二列数字。"

"242‰。"

当学生们说出242‰这个数字的时候,他们的声音明显变低了。

"是的,沙特阿拉伯的社会取得了巨大的进步,难道不是吗? 儿童的死亡率从242‰降低到了35‰,而这仅仅花了他们35年的时间。这个进步的速度远远比瑞典快,我们用了77年才取得了同样的进步。"

罗斯林提醒我们,要想避免对事物重要性的误判,最重要的事就是不要只看单一数字。永远不要认为单个数字本身就有很大的意义。当你看到一个数字的时候,你应该马上想到用它和其他的数字做对比。比如,2016年全世界420万婴儿死亡,这个绝对值看起来巨大,事实上,这个数字处在世界历史上的最低点。一年前这个数字是440万,两年前这个数字是450万,1950年这个数字是1440万,比现在多了1000多万的死亡婴儿。从比例上来看,医疗卫生的进步就更加巨大。1950年,新生婴儿有9700万,而死亡婴儿1440万,这代表15%的婴儿死亡率;2016年,新生婴儿人数为1.41亿,而婴儿死亡人数为420万,婴儿死亡率为3%。

如何改造我们过于情绪化的世界观呢? 罗斯林开出的药方是诉诸数据和理性。诚然,数据和理性确实能够改善我们的偏见。问题在于,理性何来呢? 如果拒绝理性就算有再多真实的数据又如何呢? 因此,必须坦率指出的是,世界观依然要从世界观本身寻找答案,那就是新闻价值的观念发生了偏移。在最后一章,我们将简要讨论奥威尔"为什么证据如此之多而我们所知甚少"的疑问,更深入、更全面的新闻价值哲学,则只能留待以后再讨论。

但我们应当和罗斯林一样期待,建立起实事求是的世界观的愿景。"相比过分夸大的世界观,它不会给我们制造太多的焦虑和绝望。这是因为过分夸大的世界观总是太过负面和可怕。当我们拥有了实事求是的世界观的时候,我们就会认识到这个世界并没有像它看起来那样的那么糟糕。我们也会认识到,我们需要做些什么来使这个世界变得更好。"①

史家传统的借鉴价值

实事求是,在哲学认识论上要坚持马克思辩证唯物主义。比如,同样是 1851 年法国雾月政变事件,作家雨果《小拿破仑》谴责政变时描写了一些混乱残酷的社会现象;普鲁东《从十二月二日政变看社会革命》一书认为,革命的出路是把资产阶级与无产阶级融于小资产阶级;马克思在《路易·波拿巴的雾月十八日》中指出,"我则是说明法国的阶级斗争怎样造成了一种条件和局势,使得一个平庸而可笑的人物有可能扮演了英雄的角色"。鉴于本书主题需要和篇幅限制,此处略而不论。

除了罗斯林诉诸数据和理性的方法,还应当从中国史家传统中汲取智慧。新闻界向来自称今天的新闻是明天的历史,准确地说,新闻充其量是历史的草稿,而且只有少数有历史价值的新闻能够成为历史的草稿。幸运的是,中国有悠久的历史书写传统,在辨别事实方面前人早已总结了更加可靠的考证方法,值得新闻界借鉴。

首先,坚持司马迁"不虚美,不隐恶"的史家立场。这符合孔子执两用中的"中庸"理想,避免极端化或者二元对立的叙事框架;和马克思主义新闻观"实事求是"的要求相比,两者在内在逻辑上也是一致的;和西方新闻理论的"客观中立"学说相比,两者在表述客观上也是一致的(但在事实客

① ［瑞典］汉斯·罗斯林等:《事实》,文汇出版社,2019,第 310 页。

观上有根本差异）。如果预设立场，新闻从业者核实新闻信息源的时候，自然就无法做到客观公正，而是倾向于选择性处理。

需要说明的是，通常人们把"不虚美，不隐恶"当成两个独立的分句来理解，笔者更倾向于以双起分承的方式辩证理解。既要"不虚美"也要"不虚恶"，既要"不隐恶"也要"不隐美"。也就是说，一方面，要反对前面讨论的"泡芙式新闻"现象，坚持"夸而有节，饰而不诬"的原则，实践证明脸谱化写作的传播效果并不好。另一方面，也要反对"坏消息就是好消息"的西方新闻理念，不能因为"不隐恶"的批评主张而有意隐匿美的一面，这种片面做法违背全面真实的客观性要求。如果不能统筹兼顾好"美"与"恶"的关系，就很难说我们的新闻做到了实事求是。

史家立场也再次说明事实和价值统一的基本原理。杨保军指出，以往人们把真实、客观、全面、公正、快速等放在同一层次上作为新闻报道的基本原则，"要深化对这些基本要求的认识，就应对这些要求从理论上做出属性上的区分和层次上的厘定。我们认为，真实、客观、全面属于事实原则，公正、有立场等属于价值原则"①。

其次，坚持勾推法，扩大信息源。包括新闻在内的纪实性写作，采用勾推法，能够获取多方面、多层次的证据，避免单一信息源带来的真实性风险。

勾推法在新闻中的应用，源于毛泽东的推荐。1958 年 11 月 11 日，毛泽东同志在与时任新华通讯社社长、《人民日报》总编辑吴冷西谈话中讲到，"记者头脑要冷静""记者到下面去，不能人家说什么，你就反映什么，要有冷静的头脑，要作比较"。他举例说，唐朝有一个太守，他问官司，先去了解原告被告周围的人和周围的情况，然后再审原告被告。这叫做"勾推法"，在比较之中探求、考核，在探求与考核之中深究、推论，毛泽东

---

① 杨保军：《新闻事实论》，新华出版社，2001，第 82 页。

告诫记者"要善于运用这种方法"。

勾推法和调查记者"外围突破"的习惯性说法有异曲同工之处。李珍东提出,运用"勾推法",可把采访分为两个部分:一部分是记者对已经确定的新闻事物进行采访,另一部分是记者为了鉴别、确定客观事物能否成为采访对象的采访。前者是为报道而进行的采访,后者是为采访而进行的采访。[①]

最后,多层次求证,确保真实性。司马迁的《史记》被后人称赞,"其文直,其事核,不虚美,不隐恶,故谓之实录"。也就是说,司马迁"不虚美,不隐恶"的立场可嘉,最重要的是建立在"其文直,其事核"这一关键前提上。"其文直"是行文风格,难点就在于,如何才能做到"其事核"?

新闻信息源的复杂性在于,除了新闻事件的当事人之外,有时不是来自人而是资料,资料可能是历史的也可能是当下的,资料可能来自当事双方也可能来自第三方,如何甄别信息真伪极度考验采编人员的求证能力。在这种情况下,勾推法存在局限。勾推法只能保证我们获取多个证据。然而,"多个孤立证据"彼此之间不一定构成事实关联性,何况多个证据未必都是可靠的。证据科学学者张保生指出,"在事实认定中总会存在证据多寡、真伪等方面的问题,事实认定者运用证据推理获得的'事实真相',是其头脑信息加工过程而形成的认识成果或'思想产品'。由于事实认定者无法将历史事实作为观察对象或比对样本,只能通过证据信息的加工在头脑中重建历史事实,这会使其对'主观和客观的符合度'(事实真相与历史事实的符合度)失去判断能力"[②]。显而易见,新闻事实也面临着历史事实研究的相同困境,即如何认定证据,并避免在重建事实中对主客观

---

① 李珍东:《学会"勾推法"》,《新闻战线》1990 年第 12 期,第 29 页。
② 张保生:《法学与历史学事实认定方法的比较》,《厦门大学学报(哲学社会科学版)》2020 年第 1 期,第 3 页。

符合度失去判断能力。

我们要另寻他路,多层次核实证据真实性及其效力如何。笔者认为,顾炎武的考证态度和方式可以作为新闻事实审查机制。《四库全书总目提要》评价顾炎武说:"每一事必详其始末,参以证佐,而后笔之于书。故引据浩繁,而抵牾者少。"顾氏这种严谨的历史书写态度应成为新闻机构核实事实的黄金法则,可称之为新闻的顾氏定理——"详其始末,参以证佐,引据浩繁"。"详其始末"就必须挖掘背景信息,在更长的时间段和更宽广的视野下立体地审视报道的事件,避免孤立地、片面地得出狭隘的事实结论。"参以证佐"则需要多层次、多途径核实援引证据的真实性,在确认每一个原子事实的真实性基础上建构总体事实的真实性。"引据浩繁"就必须注意证据的多样性,既包括数量多也包括信源多。

叶舒宪梳理了国学考据的证据法研究,从 20 世纪初期的二重证据说,到 20 世纪 90 年代的三重证据说,再到 21 世纪初的四重证据说。王国维率先提出,用"地下的材料"即甲骨文来印证"纸上的材料";顾颉刚提出,实地考察,为历史提供证言或旁证;叶舒宪提出,比较图像学或图像人类学的材料为第四重证据。① 学者对多重证据法的观点存在差异,但是他们的主张都说明审慎地多方求证事实是何等重要。假如我们用新闻的语言来解释多重证据说,那就是,既要有现实材料也要有背景材料,既要书面材料也要实地走访,既要注重人与事的直接材料也要注重观察物等环境信息。

记者探寻事实的过程,犹如在黑暗深海中游弋的潜艇。潜艇密闭性很强,它没有办法像正常人和普通设备在光线良好视野开阔的环境下作业,如果没有准确识别目标的能力,不但自己会成为"水下的瞎子"而危机

---

① 叶舒宪:《国学考据学的证据法研究及展望——从一重证据法到四重证据法》,《证据科学》2009 年第 4 期,第 389—404 页。

四伏,而且也很容易成为被对手悄然攻击的对象。潜艇要实现探测、搜索、跟踪、攻击等能力,就必须有目标融合识别系统,综合利用潜望镜、声呐和雷达等探测设备。在目标识别系统中提取多信息源的目标信息后,根据目标特征信息给出结果可信度,再通过加权融合最终确定目标身份。同样的道理,新闻采写如果只有单一信源或者单一层次,那就必然成为"真相的瞎子",应当多途径、多层次建立事实的融合识别系统。

  总结起来,在新闻事实认定的准确性方面,我们可以推导出一个基本的公式:新闻事实＝史家立场＋勾推法＋顾氏定理。

第十五章　新闻视野下的奥威尔问题

为什么同样一个事件,在不同媒体的报道中会呈现出巨大的差异甚至完全相反? 那些令人尴尬乃至愤怒的新闻翻转事件,真的只是被新证据推翻而已吗? 为什么明明中国取得了巨大的成就,对外传播(包括一定程度上的对内传播)却陷入"有理说不清"的挨骂困境? 身为一个资深媒体从业者,笔者经常为此深感困惑。毫无疑问,会有更多的普通读者比笔者更加困惑。

这和前面讨论的事实认定话题有直接关系,本章是对上 个话题的延续,但又有区别。对事实的认定,的确存在一些技能、认知、表述等方面的障碍因素,问题在于,我们如何从哲学上解答本章开头所提出的困惑。

绝大多数情况下,新闻媒体面对的信息已经足够多,但是在记者有意识或者潜意识支配下呈现给公众的报道却大相径庭。笔者不同意"后真相时代"这一概念,从逻辑上来讲,它意味着还存在"前传言时代",这太荒谬;更重要的是,很多新闻翻转事件并不是因为发现新证据,而是记者及其所在媒体陷入一种想象的叙事框架之中,拒绝履行新闻核实的义务。

信息一样如此多,而事实却不一样。面对这种新闻困境,不能不令人想到奥威尔问题——"it is the question how do we know so little given that we have so much evidence(为什么证据如此之多而我们所知甚少)"。

新闻的奥威尔问题

什么是奥威尔问题？学者对此有不同的解释。按照论文发表时间的先后，笔者在此将四种代表性解释罗列如下。

第一种解释称：

> 柏拉图问题：人类在有涯之年获得无涯的知识，这一古老的论题对经验主义者来说是毫无逻辑的。奥威尔问题：人类在漫长的一生为什么对世界了解如此之少。这一论题对柏拉图式的理性主义来说同样是毫无逻辑的。严格来说，这两个问题构成了一个"悖论"，即有关多与少的悖论。[①]

第二种解释称：

> 奥威尔曾提出疑问："为什么人对事实似乎知之甚少，尽管现实中的证据是如此丰富？"[②]

第三种解释称：

> 乔姆斯基在给一位中国学者的交流中，对奥威尔问题进行了这样的界定："It is the question how do we know so little given that we have so much evidence"，即，为什么已有这么多的证据，而我们知道得还是如此之少。

---

① 张晓鹏：《柏拉图问题（Plato' Problem）还是奥威尔问题（Orwell' Problem）？——对第二语言习得的重新审视》，《和田师范专科学校学报》2007年第5期，第134—135页。

② 单波、李加莉：《奥威尔问题统摄下的媒介控制及其核心问题》，《上海大学学报（社会科学版）》，2008年第4期，第74—82页。

乔姆斯基的弟子、哈佛大学语言学教授黄正德将乔姆斯基提出的"奥威尔问题"说成是："罪行证据比比皆是，我们为什么仍视而不见？"前面引文中乔姆斯基的话是从认识论角度来界定"奥威尔问题"的，而黄正德是从政治学视角解释的。正如黄正德所解释的，乔姆斯基本人确实是从政治学视角为"奥威尔问题"反复举证的。①

第四种解释称：

"为什么事实证据如此丰富而我们有关世界的知识却那么少？"这就是乔姆斯基所说的"奥威尔问题"。②

第一种解释有点含糊，略而不论；剩下的三种解释，除了语序的差异之外，总体意思基本是一致的，即证据之多与所知之少的悖论。区别在于，对知道的对象究竟是什么有所分歧。第二种解释将知道的对象界定为"事实"，第三种解释只用了"知道"一词，第四种解释将知道的对象界定为"有关世界的知识"。

尽管这个问题被命名为"奥威尔问题"，但我们要理解它的真实涵义，却还得回到命名者乔姆斯基身上。乔姆斯基是有名的政治批评家，他当然是非常关心世界的，这一点毋庸置疑。不过，乔姆斯基原话中的 know 不等于 knowledge，所以，证据如此之多而我们有关世界的知识如此之少的解读，并不严谨。最重要的是，这种解读会让我们对何为知识产生困惑。在传统的知识论中，"知识"（knowledge）被定义为"得到辩护的真实信念"（justified true belief，简称 JTB）；也有其他的定义方式，如知识是观念的总和，再如卡尔·波普断言知识即假说或猜想。

---

① 刘晓东：《论"奥威尔问题"》，《学术界》2010 年第 11 期，第 15—23 页。
② 陈文荣：《美国的奥威尔问题：乔姆斯基论美国"民主"》，《东南学术》2019 年第 3 期，第 155—162 页。

乔姆斯基的学生黄正德教授基于政治学视角将其解读为,"罪行证据比比皆是,我们为什么仍视而不见"? 很大程度符合乔氏的风格,即长期抨击美国政府在海外的罪行,并且炮轰美国主流社会尤其是美国媒体对罪行视而不见的"舆论的暴政"。

1983 年,苏联播音员丹契夫在英语播音中,悄悄地在审定稿件中夹杂了自己的观点,谴责对阿富汗发动的侵略战争。在苏联内部还未发现的情况下,美国等西方媒体率先报道了这一不寻常的事件。乔姆斯基指出,美国媒体的潜意识中渲染了某种"自我庆祝"的调子:这一事件不可能发生在美国。然而,他指出其中存在的悖论,一方面在美国蔑视政府无需多大勇气的,另一方面在美国没有把侵略称为"侵略"而被送到精神病院的丹契夫。可是,当人们进一步探讨为什么会这样时,问题就出现了。一种可能的答案是,记者和知识分子对美国教条体制表现得如此驯服,以至于当美国是侵略者时,他们根本不可能把侵略者看成"侵略者"。他举例说,此前 22 年中,要在美国主要报纸杂志中寻找哪怕是一次有关对越南"侵略"的报道,都是徒劳的。承认这样的事件,不需要勇气,仅需要诚实,但是,在美国的体制中这样的"侵略"事件是不存在的。"虽然公开的暴力很少使用,但政府需要的是某种更加深层得多的服从形式;国家教义不一定公开表达出来,但是,它却预设了'头脑正常'的人们的讨论框架。显然,这是一个有效得多的思想控制技术。对于美国这样'神圣的国家'来说,认为它会发动什么侵略的看法,完全是难以接受的,而且应该加以压制。"①

美国"舆论的暴政"现象不是乔姆斯基的发明。托克维尔早就指出,在美国,多数在思想的周围筑起一圈高墙,作家在高墙内可以自由写作,

---

① 陈文荣:《美国的奥威尔问题:乔姆斯基论美国"民主"》,《东南学术》2019 年第 3 期,第 157 页。

如果敢越雷池一步就要倒霉。面对成为众人讨厌和天天受辱对象的严重后果，作家只好让步，最后完全屈服，保持沉默。显而易见，良心被监控，沉默的帮凶被体制化，这正是奥威尔所担心的极权世界。乔姆斯基对时事政治保持着非同一般的热情和敏锐，热切关注"奥威尔问题"，其意义恐怕也在于此。

毫无疑问，奥威尔的问题和他的媒体从业经验不可分。在西班牙支援游击队战斗期间，他看到弗朗哥政府和游击队以及双方支持者都在大量发布虚假新闻，产生了事实严重脱离现实世界的强烈感觉。如，报道某地发生激烈战斗，事实根本没有战斗；英勇作战的军队被指责为懦夫与叛徒，而没有上过战场的人却成了英雄。更可怕的是，当时多数新闻媒体争相转载这些虚假新闻，而许多知识分子也对这些虚假报道信以为真。因此，奥威尔在文学创作中激烈地抨击媒体这种毫无底线的做法。

不过，笔者将"奥威尔问题"引入新闻讨论，重点不在于讨论新闻政治（尽管我们很难否认新闻是政治组成部分这一事实），而是寻求媒体为何在报道客观事实方面经常表现欠佳的解释。有人认为，信息爆炸时代让我们陷入选择困境。实际上，真正的问题在于，可供我们选择的事实太少。

不确定事项的四象限

在涉及事件的关键事实方面，新闻报道也好，法律裁决也好，都面临一个义务——谁主张谁举证。在求证事实的过程中，我们所面临的任务是如何处理那些已知信息和努力访问寻求潜在的未知信息。

对已知和未知的关系，著名哲学家齐泽克做了一个类似四象限法则的精彩分析。

2002 年 2 月，时任美国国防部长唐纳德·拉姆斯菲尔德曾在已知与未知的问题上，作了一番准专业的哲学思考，当时他说："世上有已知的已知（known knowns），也就是我们知道自己已经知晓的东西；此外还有已知的未知（known unknowns），就是我们知道自己并不了解的东西；然而除了二者之外，还有未知的未知（unknown unknowns），亦即那些我们甚至不知道自己对其一无所知的东西。"

当然，拉姆斯菲尔德这么说的目的，是为美国即将对伊拉克展开的军事行动辩护：我们知道某些事实（例如，萨达姆·侯赛因是伊拉克总统）；我们还知道自己对许多事并不知晓（例如，伊拉克到底拥有多少大规模杀伤性武器）；但还有许多事我们甚至不知道自己一无所知——萨达姆·侯赛因是否还隐藏着其他秘密武器？不过，拉姆斯菲尔德似乎忘了加上第四种状况："未知的已知"，也就是那些我们不知道自己已然知晓的东西——这正是弗洛伊德意义上的无意识，也是法国精神分析学家雅克·拉康所谓的"不自知的知识"。（在拉康看来，无意识并不存在于前逻辑或非理性的本能空间，相反，它是主体遗忘了的，由符号所表述的知识。）①

有趣的是，马丁在不确定事项类型界分中探讨了四种不同的不确定事项（见表1）。本质上，"已知的已知事项"是指调查者们明确知悉的已知事项，如确凿的证据；"未知的已知事项"可以视为调查者试图证实的事项或根据调查情况，直觉感知的事项；"已知的未知事项"是指调查者已经意识到尚未知悉，但试图探究的事项；"未知的未知事项"是指只有随着调查的进行才可能会被调查者察知的未知事项。②

① ［斯洛文尼亚］齐泽克：《事件》，王师译，上海文艺出版社，2016，第 10—11 页。
② 博汉仕：《"魔警"徐步高案中不确定事项的分析》，陈波、谭程予译，《犯罪研究》2015 年第 1 期，第 101 页。

表 1　不确定事项类型的四象限

	已知	未知
已知	已知的已知事项（确证事项）。如：被害人和罪犯都已明确，且罪犯认罪的确凿案件。	未知的已知事项（隐性认识）。如：根据罪犯的行为可以认定一类人。
未知	已知的未知事项（意识无法认识，但是可以猜测的事项）。如：被害人已知，但罪犯未知。	未知的未知事项（无意中忽略的事项）。如：尚未被发现的犯罪、罪犯和被害人。

　　拉姆斯菲尔德不过是玩弄文字游戏，配合内心微妙的美国民众做一场并不高明却可以获得心理暗示满足的欺骗性表演。这不能说明拉姆斯菲尔德的能量有多大，而是缘于美国精英长期操纵政治的传统，"未知的未知"就是那根牵动木偶的提线。对这种手法，中国人并不陌生，无论拉姆斯菲尔德如何修饰言辞其本质和秦桧的"莫须有"是一样的。

　　的确，人们总是天然倾向于未知的东西才充满不确定性而令人忧虑。对于所有负有调查职责的人员来说，无论身处哪一种行业，他们都将重点调查未知的事项（包括"已知的未知"和"未知的未知"）。因此，所有传授调查技能的文章都会强调如何查明有待查明的信息。不过，在面对当事人死亡或者沉默的极端情形下，调查者不得不对未知事项做出大胆假设，否则追求无懈可击的确定事项反而会令人陷入僵局。

　　然而，已知的（包括"已知的已知"和"未知的已知"在内）陷阱却鲜有人关注，新闻界甚至从未有过这样的警惕意识和讨论。

　　齐泽克说，拉姆斯菲尔德认为，与伊拉克开战的主要风险来自"未知的未知"，也就是萨达姆可能掌握的秘密武器；相反，在关于事件的讨论中，困难来自"未知的已知"，亦即我们不愿承认的下意识的信念与假设。当然，齐泽克所言为哲学意义上的事件，"并非任何在这个世界发生的事都能算是事件,相反,事件涉及的是我们借以看待并介入世界的架构的变化"①。即使我们从观念的世界回到现实之中,新闻报道中关于公共事件的已知信息也可能是靠不住的,因为报道呈现给读者看待并介入世界的架构存在明确的未知风险。

已知也许比未知更难相信

第一种情形,断章取义。"已知的已知"之下存在"已知的未知"陷阱,"我爸是李刚"是这类陷阱的典型案例。

2010 年 10 月 16 日晚,李某酒后驾车在河北大学撞到两名女生,致一死一伤。此后,几乎所有媒体的报道和评论都渲染"有本事你们告去,我爸是李刚"的说法,而这一说法来自网络帖子,对信息真伪并没有经过严格核实。值得注意的是,在这个事件的报道中,包括国内享有盛名的某调查记者也成为传播传言的关键人之一。无论在记者圈子内还是网民传言中,有一种版本认为:李某的确说过"我爸是李刚",但并非像报道所说的那样嚣张,而是表示"我爸是李刚,我不会跑"。

有研究者深感失望,批评传统媒体在未调查清楚之前纷纷引用传言,并将矛头指向李某父子的行为,与媒体应该具有的专业精神背道而驰。李某是在什么样的情境下、出于何种动机说出了这句话? 是不是喝醉酒头脑不清醒的缘故? 他的性格如何,是否符合网友所说的嚣张跋扈的"官二代"形象? 在很长一段时间里,没有媒体试图去还原"我爸是李刚"的语境。在网络舆论和传统媒体的夹击下,李某被塑造成视人命如草芥的"官二代"。②

① [斯洛文尼亚]齐泽克:《事件》,王师译,上海文艺出版社,2016 年,第2 页。
② 吴丹:《传统媒体网络时代新闻报道观分析——以"我爸是李刚"事件为例》,《东南传播》2011 年第 5 期,第 64—65 页。

一个独立的句子,不足以构成完整的事件,甚至不足以表达完整的意思。"我爸是李刚"这句话是"已知的已知",当事人在什么语境下说这句话是并不难调查的"已知的未知"。然而,语境的缺失造成信息不连贯,未知的信息给我们判断真相带来了困扰。"在语言处理过程中,理解句子结构本身并不是目标,它仅是获取意义过程的一部分。而且语篇中各个句子的意义还必须组合和递加起来,才能知道说话人究竟想传递什么。由此可见,语言交际不是通过孤立的句子或语段来实现,而是通过句子或语段构成的连贯的语篇来实现。"①

对传统媒体记者来说,当他面对网络帖子时是读者(也包括听者),当他执行报道时又成为作者。这样的双重角色,要求记者在恢复语篇连贯的能力方面必须保持双重警醒。一方面,要懂得和对方提供的明确信息之间建立联系,在信息裂缝时做出合理的搭桥推理;另一方面,要站在读者角度思考如何建立有效正确的联系,避免掉入信息的裂缝之中。在入侵伊拉克事件中,拉姆斯菲尔德用"未知的未知"达到了恫吓美国民众的目的;而在"我爸是李刚"事件中,媒体和网民因"未知的已知"错误地发起语言暴力攻击。

第二种情形,巴别塔效应。"已知的已知"沦为假象,依然掉进"未知的已知"陷阱。这个事件,以前面论述中已提及的宜黄拆迁事件为典型案例。

在宜黄拆迁事件中,钟家为了达到要价目的,本意是燃烧汽油威胁拆迁人员,却不慎引火烧身。其间,政府工作人员喊话:"今天不拆,明天你死得了么。"在宜黄话里,"死得了么"是"躲得了吗"的意思,即"你们今天不拆,明天就躲得了吗?"记者却将之翻译为"你们今天不拆,明天怎么死的都不知道",两者意思完全不同。媒体的错误理解被无限放大,网络舆

---

① 富饶:《建立语篇连贯的策略》,《黑龙江社会科学》2010 年第 2 期,第 98 页。

情沸反盈天，加剧公众对政府的愤怒和对被拆迁家庭的同情。

当然，巴别塔效应并不能成为媒体卸责的依据。事实上，各国各地语言的差异总体上并未妨碍人类形成并继续形成相对准确的认知，涉外报道也未因语言差异而陷入聋子对话的无效困境。如果记者和媒体向当时在场的工作人员或者宜黄群众进行交叉核实的话，这一虚假证据就不会产生严重的舆论伤害后果。

需要说明的是，宜黄拆迁报道中涉及"未知的已知"细节非常多，而且具有普遍性。此处只讲语言问题，是该细节具有典型性。

第三种情形，替罪羊效应。"已知的已知"仅仅是局部事实，其他不确定事项被放弃。前面已谈及的"渤海2号"沉船事故的报道，就是典型例子。

"渤海2号"沉船事故被归结为官僚主义作风的人祸。然而，官僚主义只是其中的一个因素，该因素不是事故的充分条件，并不必然引发灾难。最终，在时隔多年之后打捞沉船重新调查发现，从日本进口的这艘船先天设计有严重缺陷，是事故的根本原因。工作人员为了保护财产不愿意撤离是死亡代价惨重的另一个因素。当时，辩护律师已经提出重新鉴定要求，也就是说，对事故可能的未知因素人们是已经意识到了的。

该案例的悲剧在于，媒体以及事故处理者受政治挂帅意识的影响，仅仅渲染官僚作风这一被认定是原因的"已知的未知"，而"未知的未知"（即真正的肇事方日本公司）被忽略，从而放弃了完整的事件真相。毫无疑问，当中国政府和人民陷入悲愤指控官僚主义时，涉事的日本公司正为自己躲过真相调查而弹冠相庆。

第四种情形，拟态环境。信息源宣称已知实际上仅仅是自以为已知而已，记者披露"已知的已知"也就相应地成为一种想象的已知。

按照李普曼的理论，"拟态环境"是指"传播媒介通过对象征性事件或信息进行选择和加工、重新加以结构化以后向人们提示的环境"。当然，这种结构化活动是在媒介内部进行而不为外部读者所知，人们通常意识不到其中的问题而把"拟态环境"作为客观世界的图景。大部分人一方面缺乏广泛接触了解现实世界的能力与机会，另一方面又很容易受感情习惯和刻板成见来认识世界。

大卫·兰德尔忠告记者，要确认一个问题，即信息源是否真的处在他们所声称的了解情况的位置吗？很多所谓的信息源经常声称自己是"知道"的，实际上，他们只是稍微地了解一点而已。"十月革命"后两年，西方记者被禁止进入苏联领土，记者唯一的信息来源是前沙皇的将军、官员以及被废黜的政客，这些信息源都声称了解情况，实际上他们并不了解。大名鼎鼎的李普曼曾研究，《纽约时报》1917—1919年所做相关报道都不符合实际，其中关于布尔什维克政府已经倒台或即将倒台的谣言就达到91次。①

如果我们不对已知信息加以详细的审视，尤其是对信息源真实动机加以仔细的甄别，我们就很容易陷入"未知的已知"困境。连孔子这样的圣人，也发生过因此而错怪别人的错误。《孔子家语》记载，孔子被困于陈、蔡期间，曾七天没有吃到米，一日正在诵读时闻到米饭香味。孔子寻香而去，不料却看见弟子颜回正从锅里抓米饭吃，他没有戳破。当颜回为他盛来米饭时，孔子假托自己做了梦来暗示，颜回立刻解释说，炭灰飘进锅里弄脏了米饭，扔了可惜，就抓起来自己吃了。孔子叹息："所信者目也，而目犹不可信；所恃者心也，而心犹不足恃。弟子记之，知人固不易也。"孔子亲眼所见，颜回偷吃米饭是"已知的已知"，而为何偷吃而且偷吃的是什么样的米饭则是"未知的已知"。

可见，记者真正的困境，不在于如何获取已知或未知的信息，而在于避免认知困境从而摆脱未知的枷锁。苏格拉底说："我唯一知道的就是我

① ［英］大卫·兰德尔：《全球新闻记者》，邹蔚苓译，复旦大学出版社，2013，第69页。

一无所知。"王尔德也说过一句类似的名言，即世界真正的神秘存在于可见之物，而非不可见之物。总而言之，一切已知信息除非得到检验被证实为已知，才能称之为"已知的已知"，否则，就有可能成为未知的"已知"。

盖然性法则的启示

一件双方乃至多方争议很大的新闻事件，如何尽力还原其原貌？为什么在拼图幻觉的游戏中，媒体总是上演画虎不成反类犬的悲剧抑或笑剧？很大程度上，这是在推定多个事实之间的联系时出了问题，如前面提及的归因错误等现象。

罗夏（Rorschach）测验揭示了人的认知差异，面对 10 张瑞士标准墨迹图版时，不同的人会得出不同的看法。墨迹图的形状、颜色、阴影及各部分的关系等固有特性具备了一些客观测验的性质。但罗夏测验不同于客观测验，因为图中许多部分的结构是相当模糊的，为被试者提供了赋予个人想象的可能性。

新闻要素中时间、地点、人物是最容易确定的，这就好比罗夏测验中墨迹图的固定特征，相对来说认知上不容易出现分歧或者分歧不大。然而，新闻最容易出现问题的要素是对事件及原因的解释，往往歧义丛生，甚至截然相反。这就和罗夏测验中的测试者一样，对墨迹图中部分模糊结构的解读揭示了测试者的潜意识心理活动。也就是说，如果我们把新闻事件的报道当成是一次次罗夏测验，那么，有的报道者的认知是正常的，但有的报道者的认知是非正常的。

新闻事实如何正确通过罗夏测验呢？中国司法实践中的高度盖然性规则或许能给新闻界带来有益的启发。盖然性规则是指由于受到主观和客观上的条件限制，司法上要求法官就某一案件事实的认定依据庭审活动在对证据的调查、审查、判断之后形成相当程度上的内心确信的一种证明规则。[①] 也有人将盖然性的涵义浓缩为一句话，即有可能但不是必然。

此前，中国司法以客观真实为要求。21 世纪初，在承认客观真实很难做到的认识基础上，西方的盖然性规则被引进。不同之处在于，英美法系国家主张"盖然性占优势"的标准，大陆法系在诉讼证明上主张"高度盖然性"。凡发生之盖然性高的，主张该事实发生的当事人不负举证责任，相对人应就该事实不发生负举证责任。有时双方证据显得势均力敌，在证明效果上没有任何一方达到"盖然性占优势"的程度。

高度盖然性是客观性与主观性的统一，与法官的自由心证联系密切。即法官通过对证据审查判断后形成内心信念的"心证"，当这种"心证"达到深信不疑或者排除任何合理怀疑的程度，便形成确信。和英美法系不同，大陆法系法官依据"良心"和"理性"来判断证据，不设定任何限制和框架。一方面，证据的证明力强弱及其取舍凭借法官自我理性的启迪和良心的感受，以便在无拘无束的情势下自由判断；另一方面，法官对案件事实的认定，必须建立在内心深处对自己的主观判断确认真实无疑的基础之上。

毫无疑问，证据证言的审查是决定叙事的关键因素。任何证据在采信之前必须接受各方当事人的质证，否则不能产生证据效力。但是，证据并不等于事实本身，确定了证据并不意味着我们就能直接获得正确答案，各方当事人会对现有证据、情节挑选对己有利而忽略对己不利的信息。证据仅仅是我们窥探事实斑驳的片段而已，而且，言语叙事建构出的事实命题并不一定为真。因此，要呈现完整的事实，还需要借助法律人"解读"并运用科学推理挖掘事物内在的逻辑关联，才能获悉过去"发生了什么"。

通过以上的论述，我们不难看出，高度盖然性规则对新闻报道至少包

---

① 毕玉谦：《试论民事诉讼证明上的盖然性规则》，《法学评论（双月刊）》2000 年第 4 期，第 40 页。顺便说明，此处有关盖然性的解释主要参考毕玉谦的研究。

括但不限于以下有益的启发。首先,谁主张谁举证,尤其是重大新闻事件的核心事实部分;其次,证据应当经过对方质证才有效,当记者面对争议很大的新闻事件时尤其应当如此,坚持中立平衡;再次,审查并尽力排除被报道对象有无虚假叙事的情况;最后,当记者重新建构事实的时候,要像法官一样依据良心和理性来判断。

采编人员应审视证据或材料而不是轻信乃至盲信。通常来说,面前的事实材料似乎很多,而且我们对这些事实之间的关系总是想当然地认为不需要怀疑。罗素说:"所谓材料我是指普通认识的东西,它们像普通的认识一样总是模糊的,复杂的,不精确的,然而不知道怎么的却能得到我们的同意,认为整个说来和从某种解释来看它们确定无疑是真的。"①

罗素将我们面对的材料分为软硬两种,"所谓'硬材料'是指那些不受批判反思的消解影响的材料,'软材料'则是指经过反思过程的作用对我们的心灵或多或少变得可疑的材料"②。借鉴这一划分方式,媒体对我们可以通过感官认知的硬材料会觉得相对可靠。但是,对需要经过逻辑推理等获知的软材料就难免存在疑问。

罗素对软材料的怀疑,可以再次在事实认定的自由心证中获得证实,报道者和司法人员都要谨慎地防止个人好恶因素影响事实判断。借助碎片化的证据信息,重现过去"发生了什么",是一个回溯性思维过程也是一个主观"心路历程"。一旦先入为主,我们很容易在诸多证据信息中辨识出符合自己判断倾向的那部分,而摒弃那些与自己的观点或主张不符的信息,即使后者确凿无疑。以佘祥林案为例,办案人员一致认为佘祥林有外遇与妻子感情不和是导致杀妻的主要犯罪动机,有外遇-感情不和-吵

---

① [英]伯特兰·罗素:《我们关于外间世界的知识》,陈启伟译,上海译文出版社,2006,第48页。
② [英]伯特兰·罗素:《我们关于外间世界的知识》,陈启伟译,上海译文出版社,2006,第52页。

架-杀妻这一先入为主的因果链条成为左右办案人员判断的主要因素。事实上,有村民在案发后发现佘祥林妻子行踪,相关证言及尸检报告也表明,死者与佘祥林妻子身高不符,但这些重要信息都因与有罪判断不符而被办案人员忽视。证明的主观性和证实的倾向性,致使认定的事实不一定为真。①

与此相似,媒体在报道彭宇案时陷入预设的叙事框架之中,失去中立性,也失去判断力。媒体众口一词,认为没有碰撞-做好事-被诬陷-好人没好报。这一失实的新闻事件造成严重后果,媒体对后来相当长时期群众不敢不愿扶助遇困老人的不良风气负有极大责任。对成都"唐富珍事件"的报道,众多媒体不约而同地略去了不利于被拆方的情形,包括被拆方建房没有履行手续、最初与村委会协议的 900 平方米实际上变成 1600 平方米、要价 800 多万元(远超标准)补偿的事实,同时略去了有利于拆迁方的事实。原因在于,媒体已经预设了强拆的抗争性叙事框架,也就必然根据自己的需要来取舍事实和裁定是非,尽管报道者明知这是扭曲事实和混淆是非。

当然,和司法实践不同的是,新闻不是舆论审判。媒体所追求的是尽量还原案件事实的真实性,而不必像给出法律事实那样的结论,也不像法官那样需要在判决书上明确阐述认定事实的根据和理由。但是,对新闻界如何防止争议性事件报道动辄陷入重大偏差乃至严重失实的泥潭来说,高度盖然性规则不无裨益。

需要说明的是,高度盖然性原则不是发现客观真实的最理想手段,也无法保证我们对事实的认识都是准确的。在某种程度上,盖然性原则再次印证了我们在认定事实中所面临的困境。但是,盖然性是目前所能采用的建立对案件事实确信的最好的逻辑手段,在我们对证据和案件事实

---

① 于辉:《案件事实论证:一种批判性思维的研究进路》,法律出版社,2018,第 46—47 页。

的认识还达不到逻辑必然性的条件下不得不使用这一手段。案件的客观真实、"以事实为根据"等原则包含着高度盖然性原则，要坚持案件的客观真实、"以事实为根据"等原则必然运用高度盖然性原则。①

同理，高度盖然性原则是新闻开展质疑的指南，如果媒体的确希望报道客观事实的话。可惜，媒体滥用主观想象兜售怀疑乃至制造恐惧感，往往只是借机增加发行量（点击量）以换取广告利益。因此，说到底，媒体是否报道客观事实，既是能力问题也是良知问题。

观念先行：预设框架的陷阱

如上所述，高度盖然性是以事实为依据进行推理，而不是在头脑中预设框架，更不是出于某种偏见。在偏见妨害我们认定事实的章节中，已经提到了预设框架产生偏见、传播偏见、巩固偏见的问题。预设框架和偏见的区别在于，偏见可能是有意的也可能是无意的，而预设框架是观念先行的产物也必然导致偏见；偏见通常是散发状态的自发行为，而预设框架是体系性的自觉行为。

通常来说，我们对国际报道预设框架的现象非常熟悉，资本主义媒体对社会主义国家报道总是以负面乃至妖魔化为主，即使日常报道也要夹带资本主义价值观。然而，不容忽视的是，国内媒体也经常出现这种糟糕的现象，比如劳资冲突、医患冲突、暴力强拆等叙事框架，以及渲染和扩散仇官、仇富、"叫兽"（教授）等负面社会情绪。在预设叙事框架的情况下，媒体选择性披露事实，必然导致"为什么证据如此之多而我们所知甚少"的困境。凡是和预设叙事框架目的不符的事实，哪怕是核心的关键事实，

---

① 孙再思：《试论我国法律和诉讼实践中的高度盖然性原则》，《求是学刊》1991 年第 3 期，第 46 页。

也会被视而不见置若罔闻。

　　在 2009 年邓玉娇案的报道中,媒体普遍采纳了"烈女"甚至"女英雄"的叙事框架,做出邓玉娇无罪的"媒体审判"。邓玉娇拒绝当地基层干部"特殊服务"的要求,刺死一人,刺伤一人。法院认为,邓玉娇防卫过当,故意伤害致人死亡构成故意伤害罪,因有自首情节以及被鉴定为限定刑事责任能力人而免予刑事处罚。诚然,死者确实有过错在先,如换成普通人身份就未必会引起舆论强烈关注。在当时仇官情绪高涨的网络氛围下,媒体和网民陷入了对干部实施有罪推定的叙事框架。

　　对比之下,媒体在邓玉娇案的报道中,一方面对当事女性采纳正面叙事框架,另一方面对当事基层干部采取负面叙事框架,显而易见是不公平的。正如前面所讨论的那样,新闻报道不是没有倾向性,但应该追求的是事实性倾向。对陷入困境的邓玉娇,对罪不至死的死者,媒体和公众应当抱有平等的同情,这和身份无关。某种程度上,死者遭遇"二次死亡",不仅死于物理暴力,也死于舆论暴力。好的新闻,当然应该摆脱叙事框架的陷阱,这对培育国民理性的法治精神以及健康的情感心理不无裨益。

　　预设框架当然是有倾向性的,但它是人为的,是传播倾向性,而非事实倾向性。在邓玉娇案中,预设框架的倾向性报道带来的传播后果非常严重。有研究指出,《南方都市报》陷入贪官腐败、恶有恶报的假象,对信息选择性处理,导致报道偏离真相。"《南方都市报》在编发了邓玉娇案的新闻报道后,刊登了《女工受辱自卫,关抑郁症何事》的社论,矛头直指当地办案部门。全国的其他媒体,特别是网络媒体,一拥而上,讨伐声一片。甚至有网友亲自前往巴东声援邓玉娇。可见,假象导致新闻报道的偏离,误导了普通公众,给社会稳定带来了麻烦……《南方都市报》第一篇报道邓玉娇案的新闻题目是《女服务员伤人前两次被按在沙发》,没有调查,没有采访,没有现场,信息来自《长江商报》和《楚天都市报》两家都市报。翻开《楚天都市报》当日报道,《巴东县通报招商办主任被刺身亡调查结果:

缘起向女服务员强要'特殊服务'》,讲的是全县领导干部思想政治建设及作风整顿大会,会上通报了邓玉娇案,并要求对全县娱乐场所开展专项整治。稿件为特约记者所写,报道也有些文不对题,是一则很普通的会议新闻稿件。但《南方都市报》加上了足以引起公众情绪波动的新闻标题进行转载,使新闻事实远离了真相。"①也就是说,一旦媒体陷入了既定的叙事框架之中,就必然违背报道客观事实的原则,出现剪裁事实服务于叙事框架的情况。

有研究者指出,仇官心态的形成原因非常复杂,其中一大因素是"媒体监督的猎奇关注放大了仇官心态"。从各类网络媒体对我国腐败现象的报道来看,似乎达到了社会崩溃的边缘,已成为贪污腐败最严重的国家之一,老百姓对政府已彻底失去了信心。但这不符合事实,很多国家更加腐败,在全球公众对国家满意度排名中中国远远超过很多发达国家。网民和媒体对事件来龙去脉和是非曲直关注比较少,更多的是根据当事人身份来猜测和引申。2010年3月,贵州"强悍女子打记者"事件就是一个很好的案例。面对电视镜头,一名违法女司机对女记者连扇了几个耳光,一些网络媒体以"'强悍中华女'当街暴打女记者"的标题迅速传播这一消息。有网民传言该女司机属于富人阶层,拥有豪贵跑车,网络出现一边倒谴责女司机的情况。仅隔两天,网上舆论反转,网民辱骂记者是交警走狗,该打。因为被打女记者被网络人肉搜索出是贵阳市某部长夫人侄女。"我们不难发现,事件本身的是非曲直已不再重要,评判是非的标准只是当事人的身份。"②

非常奇妙或者非常荒诞的是,仇官的叙事框架和功臣无罪的叙事框

---

① 谭泽明:《从邓玉娇案看新闻事实与真相的距离——以〈南方都市报〉报道为例》,《新闻世界》2009年第11期,第40页。

② 汪永昌:《我国社会转型时期仇官心态研究》,硕士学位论文,湖南师范大学公共管理专业,2012年,第60页。

架形成了强烈的对比。同样是南方媒体,一方面在以监督旗帜不遗余力讨伐腐败倡导法治,另一方面对被判处有罪的经济功臣却深表同情甚至不惜美化。比如,有的人物杂志公然为褚时健叫屈,声称"问题其实没有那么严重"。有的媒体对褚时健出狱后种植脐橙的热情追捧持续不断,以"励志橙"的比喻修辞手法,将其美化为退而不休的奋斗榜样。2019 年 3 月,褚时健去世,各种纪念文章也充满溢美之词。客观评价人物,当然不能忽略贡献但也不能不谈问题。褚时健贪污 174 万美元(按当时外汇牌价折合人民币 1408 万余元),另有人民币 403 万元、港币 62 万元不能说明合法来源。这笔巨款意味着什么? 20 世纪 90 年代初,很多普通人一年工资仅 2000 元左右,这笔钱相当于普通人一万年的工资。今天的媒体没有必要寄寓超限度的同情,合则,过度的同情就会走向怀疑司法正义。

市场化的媒体,经常以对抗体制的姿态出现,报道无视中立客观的规范性而呈现出严重的倾向性。这种抗争性叙事的报道框架,实际上是受西方资本主义媒体的影响,即便如此也要看到美国新闻从业者的反思。"然而,当解释'新'的新对抗主义到底是如何对抗的时候,托马斯承认这种对抗也不过是盲目的、令人不快的'搞定你'式的新闻,而不是真正的以追求实质意义和持久重要性为目的的调查报道。"①

未尽的悬念

新闻从业者总是喜欢以新闻是明天的历史自诩,问题在于,历史自身也面临难以做到真实客观的拷问。"所有的'历史记述'(仅指该词的语文学或文献学意义)就它们都采用了翔实的史料而言,都是真的;而就这些

---

① [美]W. 兰斯·班尼特:《新闻:政治的幻象》,杨晓红等译,当代中国出版社,2005,第 210 页。

材料都是被选择出来的而言,又都是假的。"①在信息或材料的取舍中,新闻叙事同样面临着真假的追问,始终面临如何跳出奥威尔问题(为什么证据如此之多而我们所知甚少)的困境。

要在有限的篇幅内解释奥威尔问题的形成因素和解决之道,显然是非常困难的任务。一个明显的常识是,新闻受政治制约很容易导致事实变形,奥威尔对此应该是"如人饮水,冷暖自知"。否则,他不会终身愤世嫉俗持续鞭挞专制政权。然而,他对苏联的失望,并没有在英美得到任何补偿,毕竟老大哥(Big-Brother 即影射 BBC)就在身边。

资本控制媒体,必然深度干预政治,反噬新闻真相,因为资本不允许新闻干预自己的利益。预设报道框架的做法,除了偏见因素之外很大程度上就是政治需要。"新闻界是一个场,但它是一个被经济场通过收视率加以控制的场。这一异质的、牢牢受制于商业的场,同时通过其结构,对所有其他场施加控制。"②

在美国这样的西方代表性国家,预设框架为"舆论的暴政"服务。值得回味的是,除了做出卓越预言的托克维尔和左翼知识分子代表乔姆斯基等人之外,连索罗斯这样的政治投机分子(当然更显赫的身份是金融投机分子)也对美国"舆论的暴政"深感失望。索罗斯为了兜售资本主义民主,通过基金操控欧美主流媒体和目标国家的媒体,以实现其发动颜色革命的目的。十分讽刺的是,他偏偏抨击美国不同立场的媒体是如何操纵舆论的。索罗斯抨击,在伊拉克战争期间,媒体受到了军事力量的控制。《纽约时报》任由自己被人牵着鼻子走,而美国民众除了该报之外没有其他消息来源。各家媒体纷纷向压力低头。除此之外,媒体的所有权通常

---

① 王坚强:《对历史知识真实性的探讨》,《上海师范大学学报:哲学社会科学版》1988 年第 2 期,第 19 页。
② [法]皮埃尔·布尔迪厄:《关于电视》,许钧译,北京大学出版社,2020,第 74 页。

集中在少数人手中；右翼宣传机器也渐渐浮出水面并且把自己伪装成普通媒体的一部分。看起来很有正义感的索罗斯，不过是为了反对共和党罢了。2023 年，美国媒体研究中心发布的数据表明，索罗斯为推行"开放社会"项目总计投入 320 多亿美元，大批记者、电视主持人、编辑和媒体所有者都收到过他的钱，其中包括很多美国知名人物。

美国资本主义媒体（无产阶级媒体早已消失）为了维护自己仅有的尊严，始终标榜客观主义（尽管它们自己以解释性报道对客观主义做出反向运动）。然而，事实上，美国新闻人士自身也深感失望。"人们已经不再把公共信息体系当作一个崇尚客观的地方。"[1]甚至，资产阶级既得利益集团有意操纵舆论，干扰媒体对事实的报道，形成"1+1＝0"的舆论对冲效应。比如，美国学者揭露，利益集团豢养专家发布歪曲事实的研究，操纵媒体发布质疑吸烟致癌和否认气候变暖的事实。令人叹为观止的是，利益集团播下怀疑的种子、抹黑有良知的专家、筛选数据、构建对抗机制、否定事实等公关策略。公平原则"仅仅被解释为给予双方同等的重视，而不是给予双方准确的衡量"[2]。

如果已经发生或者即将发生的事实符合资本主义利益集团的需要，那么，再多的无辜证据都不重要，反之再苍白再无耻的虚假证据也会出现。美国发动伊拉克战争前夕散布伊拉克拥有大规模杀伤性武器的谣言，就是最好的例子，而西方新闻媒体几乎都沦为战争帮凶。比如，默多克旗下新闻集团"完全略过正常程序，毫不考虑是否应当建立在事实的基础上，就直接把他们'心领神会'所得来的内容传达给读者"。反之，当默克多代表资本家否认气候变化时，"面对 20 多年来该领域最顶尖的头脑

---

① ［美］W. 兰斯·班尼特：《新闻：政治的幻象》，杨晓红等译，当代中国出版社，2005，第 96 页。

② ［美］内奥米·奥利斯克斯、埃里克·康韦：《贩卖怀疑的商人》，于海生译，华夏出版社，2013，第 12 页。

所积累的无数证据"对新闻集团来说"就像毫不存在一样"①。

那么,如何区别社会主义媒体和资本主义媒体在解答奥威尔问题的出路呢? 在还原客观事实方面,资本主义媒体的困境不在于方法而在于政治制度所决定的意识形态。尽管我们不否认,西方也有一些有良知的记者试图挑战操纵媒体的资本力量,但这和精卫填海一样无济于事。而社会主义媒体,坚持实事求是的世界观,坚持人民视角为叙事框架,这是目标也是挑战。

要回答这个问题,必须超越本书所讨论的文法和事实层面,这是笔者要面对的悬念。决定新闻面貌的,从来不是事实本身,而是价值观以及价值观所决定的立场,这是人类要面对的悬念。

---

① [澳]大卫·麦克奈特:《操控力:默多克如何获取权力和话语权》,陆景明、孙宏译,中国友谊出版公司,2012,第194页。

参考文献

一、中文专著

[1]边芹.被颠覆的文明:我们怎么会落到这一步[M].北京:东方出版社,2013.

[2]陈柏峰.传媒监督的法治[M].北京:法律出版社,2017.

[3]陈力丹.马列主义新闻学经典论著[M].北京:人民日报出版社,1987.

[4]陈向明.质的研究方法与社会科学研究[M].北京:教育科学出版社,2000.

[5]段业辉.新闻语言学[M].南京:江苏教育出版社,1999.

[6]段业辉,等.新闻语言文字规范化问题研究[M].北京:世界图书出版有限公司,2017.

[7]范敬宜.敬官笔记[M].北京:清华大学出版社,2011.

[8]范敬宜.总编辑手记[M].北京:清华大学出版社,2010.

[9]冯友兰.中国哲学简史[M].赵复三,译.北京:三联书店,2009.

[10]巩衍杞,等.新闻修辞[M].北京:长征出版社,1992.

[11]贵州省编辑组.苗族社会历史调查(三)[M].北京:民族出版社,2009.

[12]郭梅尼.挥笔写人生:郭梅尼人物通讯选[M].北京:人民文学出版社,2003.

[13]《胡乔木传》编写组.胡乔木谈新闻出版[M].北京:人民出版社,2015,第2版.

[14]李公凡.基础新闻学[M].北京:中国传媒大学出版社,2018.

[15]梁衡.总编手记:版面背后的故事[M].北京:中国人民大学出版社,2018.

[16]刘建明.西方媒介批评史[M].福州:福建人民出版社,2007.

[17]吕叔湘.语文修辞讲话[M].北京:中国青年出版社,1979.

[18]彭漪涟.事实论[M].上海:上海社会科学院出版社,1996.

[19]苏金智,夏中华.语言、民族与国家[M].北京:商务印书馆,2013.

[20]王君超.媒介批评:起源·标准·方法[M].北京:北京广播学院出版社,2001.

[21]魏晖.语言舆情与语言政策探索[M].北京:商务印书馆,2016.

[22]习近平.论党的宣传思想工作[M].北京:中央文献出版社,2020.

[23]谢春雷.揭开真相——《南方周末》知名记者报道手册[M].杭州:浙江人民出版社,2004.

[24]谢静.美国的新闻媒介批评[M].北京:中国人民大学出版社,2009.

[25]严介生.美中不足——评析72篇好新闻的疵点[M].北京:中国广播电视出版社,1993.

[26]杨保军.新闻事实论[M].北京:新华出版社,2001.

[27]杨保军.新闻真实论[M].北京:中国人民大学出版社,2006.

[28]杨霞林.语言应用偏误分析[M].成都:西南交通大学出版

社,2013.

[29]于辉.案件事实论证:一种批判性思维的研究进路[M].北京:法律出版社,2018.

[30]王力.王力汉语散论[M].北京:商务印书馆,2002.

[31]赵世举.语言与国家[M].北京:商务印书馆,2015.

[32]中共中央文献研究室,新华通讯社.毛泽东新闻工作文选[M].北京:新华出版社,1983.

[33]周兆呈.语言、政治与国家化[M].福州:福建教育出版社,2017.

二、外国译著

[1]谢芙琳,贝赛特.全球化视界:财经传媒报道[M].李良荣,审译.上海:复旦大学出版社,2005.

[2]博尼法斯.造假的知识分子:谎言专家们的媒体胜利[M].河清,译.北京:商务印书馆,2013.

[3]罗素.我们关于外间世界的知识[M].陈启伟,译.上海:上海译文出版社,2006.

[4]兰德尔.全球新闻记者[M].邹蔚苳,译.上海:复旦大学出版社,2013.

[5]麦克奈特.操控力:默多克如何获取权力和话语权[M].陆景明,孙宏,译.北京:中国友谊出版公司,2012.

[6]富勒.新闻的价值[M].陈莉萍,译.北京:新华出版社,1998.

[7]弗林特.报纸的良知[M].萧严,译.北京:中国人民大学出版社,2005.

[8]安克施密特.叙述逻辑——历史学家语言的语义分析[M].田平,原理,译.郑州:大象出版社,北京:北京出版社,2012.

[9]塔克曼.做新闻:现实的社会建构作者[M].李红涛,译.中国人民

大学出版社,2021.

[10]沃尔科特.田野工作的艺术[M].马近远,译.重庆:重庆大学出版社,2011.

[11]罗斯林,等.事实[M].张征,译.上海:文汇出版社,2019.

[12]甘斯.什么在决定新闻[M].石琳,李红涛,译.北京:北京大学出版社,2009.

[13]富勒.信息时代的新闻价值观[M].展江,译.北京:新华出版社,1999.

[14]科瓦齐,罗森斯蒂尔.新闻的十大基本原则:新闻从业者须知和公众的期待[M].刘海龙,连晓东,译.北京:北京大学出版社,2014,第二版.

[15]科耶夫.权威的概念[M].姜志辉,译.南京:译林出版社,2011.

[16]威廉斯.关键词:文化与社会的词汇[M].刘建基,译.北京:生活·读书·新知三联书店,2016.

[17]李普曼.舆论[M].常江,等译.北京:北京大学出版社,2018.

[18]洛克夫.语言的战争[M].刘丰海,译.北京:新华出版社,2001.

[19]帕伦蒂.美国的新闻自由[M].韩建中,刘先琴,译.郑州:河南人民出版社,1992.

[20]小唐尼,凯泽.美国人和他们的新闻[M].党生翠,等译.沈阳:辽宁教育出版社,2003.

[21]奥利斯克斯,康韦.贩卖怀疑的商人[M].于海生,译.北京:华夏出版社,2013.

[22]佩迪特.语词的创造——霍布斯论语言、心智与政治[M].于明,译.北京:北京大学出版社,2010.

[23]布尔迪厄.关于电视[M].许钧,译.北京:北京大学出版社,2020.

[24]齐泽克.事件[M].王师,译.上海:上海文艺出版社,2016.

[25]奥威尔.政治与英语[M].郭妍俪,译.南京:江苏教育出版社,2006.

[26]杉原梨江子.北欧众神[M].李子清,译.北京:中国致公出版社,2020.

[27]斯坦纳.语言与沉默:论语言、文学和非人道[M].李小均,译.上海:上海人民出版社,2013.

[28]班尼特.新闻:政治的幻象[M].杨晓红,王家全,译.北京:当代中国出版社,2005.

[29]维特根斯坦.逻辑哲学论及其他[M].陈启伟,译.北京:商务印书馆,2014.

[30]西塞罗.论神性[M].石敏敏,译.北京:商务印书馆,2012.

[31]利加乔夫.戈尔巴乔夫之谜[M]//新华社参考新闻编辑部.参考材料汇编,1992年第16辑(内部资料).

[32]赫尔顿.美国新闻道德问题种种[M].刘有源,译.北京:中国新闻出版社,1988.

[33]斯扎塞尔.隐蔽的真相:为什么你所知道的一切都是错的[M].叶晶晶,译.哈尔滨:黑龙江科学技术出版社,2009.

[34]约瑟夫.语言与政治[M].林元彪,译.北京:外语教学与研究出版社,2017.

三、中文论文

[1]艾丰.新闻语言的具体特点(上)——谈谈在报道中如何使用"具体"和"准确"的语言[J].新闻与写作,2011(3):67—70.

[2]巴晓方.新闻应远离"夸饰"[J].中国记者,2011(6):38—39.

[3]毕玉谦.试论民事诉讼证明上的盖然性规则[J].法学评论,2000

(4):40—49.

[4]博汉仕,陈波,谭程予."魔警"徐步高案中不确定事项的分析[J].犯罪研究,2015(1):100—112.

[5]陈嘉映.关于查尔默斯"语词之争"的评论[J].世界哲学,2009(3):61—72.

[6]陈力丹.再从五个 W 说起——重温《从五个 W 谈起》[J].新闻界,2017(2):13—19.

[7]陈尚忠.想起邓颖超老人审稿[J].今传媒,2006(7):37—37.

[8]陈文荣.美国的奥威尔问题:乔姆斯基论美国"民主"[J].东南学术,2019(3):155—162.

[9]陈新平.新闻用语的六类偏误[J].修辞学习,2004(1):55—57.

[10]程粉艳,郭怀亮.都市报方言专版的语言现象分析[J].新闻界,2003(2):57—59.

[11]崔梅.全球化时代的中国传媒与母语安全[J].云南师范大学学报(哲学社会科学版),2008(4):32—35.

[12]崔明海."国语"如何统一——近代国语运动中的国语和方言观[J].江淮论坛,2009(1):173—179.

[13]戴昭铭.说"雅正"——中国古代语文规范理论初探[J].复旦学报(社会科学版),1995(2):103—109+54.

[14]党德强.法治报道的表达歧义与语言规范路径[J].文化学刊,2020(11):174—177.

[15]方家喜.把握金融危机报道的主动权[J].中国记者,2009(2):22—23.

[16]方胜.编辑记者要重视外文知识——从"百事可乐中国史上最蓝的一天"说起[J].新闻与写作,2012(3):93—94.

[17]冯根良.新闻标题中的夸张[J].新疆新闻界,1987(3):12—13.

[18]冯红燕.名人笔下的新闻标题[J].新闻通讯,1998(7):24—25.

[19]冯金声.浅析新闻标题之失误[J].新闻界,1989(4):35+43.

[20]富饶.建立语篇连贯的策略[J].黑龙江社会科学,2010(2):96—98.

[21]高庆华.以开放心态对待报纸"双言现象"[J].传媒观察,2008(2):24—26.

[22]郜国毅.用方言报道本地新闻的利与弊[J].传媒观察,2014(4):67—68.

[23]葛晋荣.先秦"名实"概念的历史演变[J].江淮论坛,1990(5):68—76.

[24]郭家翔."原住民"概念在台湾的应用及其历史过程[J].满族研究,2017(2):17—21.

[25]贺敏洁.谈广东报纸中粤方言词语使用的尺度[J].佛山科学技术学院学报(社会科学版),2004(6):76—77.

[26]洪成,李西铨.赫芬顿邮报的衰落原因探究——内容生产模式分众化与专业化的矛盾[J].青年记者,2021(3):105—106.

[27]胡祥修.要素模糊与新闻失实[J].新闻前哨,2007(9):54—55.

[28]胡泳."报纸已死"还是"报纸万岁"?(下)——以《赫芬顿邮报》和《纽约时报》为例[J].传媒,2012(7):58—60.

[29]扈长举.信任,但要核实——记者与信息源互动的原则[J].青年记者,2013(23):4—5.

[30]黄旦.舆论:悬在虚空的大地?——李普曼《公众舆论》阅读札记[J].新闻记者,2005(11):68—71.

[31]黄立平.反台独军事新闻标题的"冲击效应"[J].写作,2005(5):18—21.

[32]孔倩茹.从目的论视角看贵州特色小吃的英译[J].赤峰学院学

报(汉文哲学社会科学版),2012,33(2):176—177.

[33]季小民.语言纯洁化:国外行政干预与规划实践[J].云南师范大学学报(对外汉语教学与研究版),2015,13(5):42—50.

[34]金君达.特朗普时代美国共和党"建制派"的行为模式分析[J].美国研究,2018,32(5):126—140+8.

[35]金宇.语言是桥还是墙:方言广播电视新闻节目探析[J].今传媒,2015,23(8):97—98.

[36]孔祥科.新闻语言的最高要求是准确[J].新闻爱好者,2012,418(22):51—54.

[37]李葆华.克拉玛依大火报道后的思索[J].新闻爱好者,1995(7):10—11.

[38]李彬.新时期:社会变迁与新闻变革札记[J].山西大学学报(哲学社会科学版),2015(3):1—45.

[39]李捷.警惕学术概念背后的逻辑陷阱.求是,2006(21):59.

[40]李希光.新闻事实论[J].国际新闻界,2001(3):64—69.

[41]李艳艳.传统生态文明观的认识误区与反思超越[J].中州学刊,2012(5):110—113.

[42]李珍东.学会"勾推法"[J].新闻战线,1990(12):29—30.

[43]林帆.夸张与浮夸[J].新闻业务,1961(6):37—38.

[44]林帆.再谈夸张之辞——兼答童言同志[J].新闻业务,1961(8):20—21.

[45]凌燕,李正国.新媒体时代的"民意"建构——对夏俊峰案报道的舆论传播分析[J].当代传播,2014(6):36—39.

[46]刘保全.新闻标题制作中常见的毛病[J].新闻实践,2007,No.163(06):55—56.

[47]刘鸣.甲骨文字神性化的美学诠释[J].安阳工学院学报,2005

(1):166—168.

[48]刘宪阁.被思想根源所遮蔽的新闻事实——渤海二号沉船事故报道的再审视[J].新闻界,2018(1):48—53.

[49]刘晓东.论"奥威尔问题"[J].学术界,2010(11):15—23.

[50]罗智敏.从邓玉娇案看民众"干预"司法的若干问题[J].比较法研究,2009(6):124—131.

[51]马启红."流行语"的发展演变与我国的改革开放[J].中共山西省委党校学报,2008(4):71—73.

[52]马兴宇.什么样的新闻论文能获中国新闻奖 新闻论文不可忽视写作与编校质量——第二十五届中国新闻奖新闻论文审核情况的实证分析与思考[J].中国记者,2015(12):53—55.

[53]穆欣."尊重事实才能尊重真理"——周恩来维护新闻真实性的言行[J].党史文汇,2006(3):11—15.

[54]牟成文.从"天人合一"的源处追寻其原初价值意义——兼评西汉大儒董仲舒的天人观[J].江汉论坛,2005(7):58—61.

[55]南振中.不要掩饰知识上的缺陷[J].新闻爱好者,1996(4):22—23.

[56]覃敏,周世群.方言类新闻节目应把握好"度"[J].媒体时代,2010(12):56—57.

[57]秦殿杰.劝君莫写"过头话"[J].今传媒,2005(11):15.

[58]秦志希.论新闻事实的确立与意见的生成[J].新闻大学,1997(3):15—20.

[59]屈济荣.新闻要素在故事化过程中的变形[J].新闻界,2008(2):52—53+34.

[60]单波,李加莉.奥威尔问题统摄下的媒介控制及其核心问题[J].上海大学学报(社会科学版),2008(4):74—82.

[61]邵培仁,潘祥辉.新闻媒体"方言言说"的社会成本分析.现代传播,2005(2):10—12.

[62]盛建国,胡德忠,刘晓丽.都市类报纸运用方言的现实意义[J].新闻前哨,2003(8):32—33.

[63]石征和.地方台方言播报新闻节目优劣谈[J].新闻传播,2013(11):251—252.

[64]史泽华.正确看待各种"陷阱"论[J].红旗文稿,2018(18):11—13.

[65]宋本蓉.明清惜字塔——惜字文化的建筑遗存[J].紫禁城,2008(10):176—181.

[66]孙拓.新闻五要素:初级问题的高级探讨[J].中国地市报人,2012(4):50—51.

[67]孙再思.试论我国法律和诉讼实践中的高度盖然性原则[J].求是学刊,1991(03):44—47.

[68]谭毅挺.新闻工作面临"新的技术革命"的挑战[J].新闻战线,1984(5):8.

[69]谭泽明.从邓玉娇案看新闻事实与真相的距离——以《南方都市报》报道为例[J].新闻世界,2009(11):39—40.

[70]童言.新闻不容有任何夸张——与林帆同志商榷[J].新闻业务,1961(7):28—29.

[71]王东杰."汉语是一种语言":中国现代国语运动与汉语"方言"的成立[J].学术月刊,2015(11):127—148.

[72]王东杰.官话、国语、普通话:中国近代标准语的"正名"与政治[J].学术月刊,2014(2):155—170.

[73]王嘉.基于新闻专业主义框架基础上的温和变革——国外传统媒体新闻生产引入 UGC 的现实图景[J].传媒,2011(5):68—70.

[74]王坚强.对历史知识真实性的探讨[J].上海师范大学学报(哲学社会科学版),1988(2):17—19.

[75]王骏远.毛泽东同志一次审稿的启示[J].新闻爱好者,1986(4):12—13.

[76]王向远.语言崇拜与东方传统语言观念的内在关联——中国"文字教"、印度"咒语"、日本"言灵"之比较[J].东北亚外语研究,2017,5(4):3—9.

[77]干孝伟.新闻人应揭高外语素养[J].青年记者,2015(14):82—83.

[78]王卫明."九亿农民"说法早已过时[J].中国记者,2008(11):94—94.

[79]王卫明.奥运新闻应慎言"雪耻"[J].中国记者,2008(9):94—94.

[80]王雨辰.论生态文明的本质与价值归宿[J].东岳论丛,2020,41(8):26—33.

[81]德瑞斯维茨.论政治正确:权力、阶层和新的校园宗教[J].肖地生,译.江苏高教,2019(1):111—117.

[82]韦炯隆.广西山名解读[J].广西民族研究,2000(4):56—58.

[83]韦振前.新闻标题的感情色彩[J].广西大学学报(哲学社会科学版),1982(1):80—85.

[84]文传浩,程莉,铁燕.生态文明建设中的若干理论误区与实践问题[J].西部论坛,2010,20(6):27—32.

[85]吴丹.传统媒体网络时代新闻报道观分析——以"我爸是李刚"事件为例[J].东南传播,2011(5):63—65.

[86]吴晓春,闾春飞.论记者知识结构的动态建立[J].新闻界,2005(5):62—63+57.

[87]吴晓乐.浅谈美国国内"政治正确"的偏离[J].西部学刊,2020(13):42—44.

[88]夏晓虹.作为书面语的晚清报刊白话文[J].天津社会科学,2011(6):115—124.

[89]肖玉清.方言词语在地方报刊中的使用——以《成都商报》为例[J].青年记者,2010(24):35—36.

[90]熊英.试论复杂事件新闻报道真实性的维护——以曹操墓新闻报道为例[J].新闻知识,2012(6):24—26.

[91]熊岭.指称性词语的情感语用价值[J].语文建设,2012(12):49—51.

[92]徐阳春.先秦名实观散论[J].绍兴师专学报,1992(4):47—52.

[93]徐铸成.下笔应有神——谈谈新闻标题[J].新闻战线,1980(1):33—35.

[94]许嘉璐.继续为祖国语言的纯洁健康而斗争[J].求是,1995(18):38—42.

[95]闫新红.电视新闻使用方言的是与非[J].乌鲁木齐职业大学学报,2019,28(4):40—42.

[96]闫岩,张皖疆.数字化记忆的双重书写——百度贴吧中"克拉玛依大火"的记忆结构之变迁[J].新闻与传播研究,2020,27(5):73—93＋127—128.

[97]杨小龙.显义的主体间性[J].西安建筑科技大学学报(社会科学版),2010(1):76—79.

[98]叶舒宪.国学考据学的证据法研究及展望——从一重证据法到四重证据法[J].证据科学,2009,17(4):389—404.

[99]叶向群.信息源使用与媒体公信力[J].新闻实践,2009(12):24—27.

[100]余婷婷.报纸中的湘方言词语现象[J].湖南大众传媒职业技术学院学报,2007(3):43—45.

[101]虞鑫,董玮.从内容聚合到价值再造:"后社交媒体时代"与新闻消费模式的重建——以《赫芬顿邮报》为案例[J].中国出版,2019(20):7—11.

[102]俞银先."魂"兮归来——走出先进典型宣传的困惑[J].人才开发,1997(8):16—18.

[103]詹伯慧.谈谈新闻从业人员的语文修养——在香港文汇报的讲话.暨南学报(哲学社会科学),1988(2):76—85.

[104]张保生.法学与历史学事实认定方法的比较[J].厦门大学学报(哲学社会科学版),2020(1):1—12.

[105]张金桐,曹素贞."读题时代"网络新闻标题的失范与规范[J].河北经贸大学学报(综合版),2016(4):5—9.

[106]张磊,章戈浩.政治正确:英国媒体的自省与自律[J].青年记者,2011(7):20—22.

[107]张立蓉,孟祥春.对外宣传翻译:译"名"更要译"实"——政治性误译举隅与应对策略[J].苏州科技学院学报(社会科学版),2007(3):132—136.

[108]张琦.美国社会中"政治正确"现象的发展及其最新演变[J].国际论坛,2018,20(3):69—75+78.

[109]张苏敏.从方言新闻论方言与普通话的冲突与共存[J].温州大学学报(自然科学版),2011(4):49—54.

[110]张涛甫.新闻传播理论的结构性贫困[J].新闻记者,2014(9):48 53.

[111]张晓鹏.柏拉图问题(Plato' Problem)还是奥威尔问题(Orwell' Problem)?——对第二语言习得的重新审视[J].和田师范专科学校学报,2007(5):134—135.

[112]章霁.新闻标题论述(辑录)[J].新闻研究资料,1982(2):

81—107.

[113]赵慧峰.简析民国时期的国语运动[J].民国档案,2001(4)：99—103.

[114]赵妍.电视新闻语言的规范性错误[J].记者摇篮,2012(12)：20—21.

[115]郑保卫,李玉洁.真实,一个被追求与被操纵的新闻观念：基于美国新闻史的考察[J].国际新闻界,2013,35(5)：84—93.

[116]郑若麟.从法国媒体的"政治正确"说开去[J].同舟共进,2009(10)：32—33.

[117]钟巨治.周恩来论新闻工作者的作风与文风[J].中国广播电视学刊,1998(1)：12—16.

[118]周逵.《纽约时报》防止新闻失范的一些认识和做法[J].中国记者,2011(2)：22—24.

[119]朱春阳.研究的"画术"[J].新闻大学,2020(7)：3.

四、学位论文

[1]刘萌璇.风险社会视阈下《南方周末》医患关系报道研究(2005—2014)[D].保定：河北大学,2015.

[2]卢小军：国家形象与外宣翻译策略研究[D].上海：上海外国语大学,2013.

[3]汪永昌.我国社会转型时期仇官心态研究[D].长沙：湖南师范大学,2012.

后　记

这本书缘于多年来的业务心得,当然,也包括相关的理论学习心得。从进入新闻界至今,熟悉的人都知道我在讨论业务时毫无保留发表看法的作风,有时候还很尖锐。

我的本意,纯然就业务而言业务,从来没想过针对谁。正如钱穆先生所言,对言论要分情绪、意见和观点不同层面。不过,无意间得罪人在所难免。所幸,时间长了,大家了解我的风格之后都不予计较。言者坦然,听者泰然,还算和谐。借此机会,我向同事、亲友、领导的宽容表示感谢。

我要特别致谢在香港、广东、贵州多家媒体集团任职期间历任领导的宽容和支持。这样说,不是因为官本位心理而言不由衷地说点客套话,而是实事求是。在中国人的观念里面,我们从小就被教育不要有个性,似乎社会环境尤其体制内领导不欢迎个性。然而,在20多年的新闻生涯中,我从未遇到哪个领导批评我的个性。这样说,不代表我遇到的领导都是一团和气,反过来有个性的领导大有人在。其实,每个人只要是为了工作尤其是为了共同的事业努力付出,都会得到尊重,无论个性鲜明与否。顺便说一句,我一直认为中国社会比西方宽容,这个话题容日后有机会再讨论。

当然，我有必要交代一下为什么将这本书献给我的祖父。在我尚不记事的幼年，祖母就病逝，未能留下任何印象。祖父在新中国成立前就读了师范，在那个年代算是知识分子了，一直在家乡附近乡镇不同学校之间辗转任教。他多才多艺，书法文章写得好，二胡也拉得不错；然而，十里八乡只要认识他的人，第一印象不是他的才艺，而是异口同声地称赞这是一个特别耿直公正的人。

祖父在知识和道德方面的双重秉性，一定程度上影响我选择新闻道路，很大程度上影响我的新闻风貌。

不幸的是，他是一个脾气暴躁的人，我挨了很多打骂。中国传统，父母疼幺儿，祖父疼长孙。我作为长孙，几乎没有得到过任何疼爱，遑论格外的疼爱。哪怕母亲去世后，我被迫辍学，祖父也没有提出用他的退休金资助我上学。一直到1998年，我考上研究生，祖父在他一生中唯一破例给了最大一笔钱——100元。

母亲为了保护我有时也会挨打，这是我执着地将第一本书献给母亲的原因之一。然而，我还是必须把这本书献给祖父。我相信，母亲会理解这一选择。岁月之神，没有给我调剂母亲和祖父矛盾的机会，请母亲宽恕吧。在泪眼婆娑中，我怀念亲人也虔诚祈祷，愿人间亲人彼此热爱而幸福。

客观地说，如果不是继承了祖父的才华品行的禀赋或影响，我很可能不会选择新闻这个行当。我一直想做一个为民请命的人，哪怕是写文章，也不例外。我曾经在单位演讲比赛中说做一个人民的好记者，虽然人民和读者对我的评价需要时间来证明，但我一直这样要求自己。

在参加工作以后，我回家探亲时经常给祖父带书籍和茶叶、电热毯等生活物资。我的父亲非常不理解。我对父亲说，你怎么对待自己的父亲我管不了，但是，我自己尽一个孙子的义务，因为血缘的联系无法割断。当然，年轻时我也憎恨祖父的脾性，随着阅历增加慢慢就释怀了。有一次，父亲又提到祖父的坏脾气。我仿佛瞬间开悟了，你们要体谅，他一辈子受气没地方发泄只能在你们面前发脾气。他在人间收获尊重，但是，在家庭感受不到温暖。仁慈的地母啊，请给予他温暖的救赎吧！

我把书献给祖父，是想让他知道，我努力做一个公正的记者就像他一辈子做人那样，也努力传承新闻知识就像他一辈子教书一样。这不仅是家庭的血脉联系，也是人间薪火相传的精神血脉。女儿曾问我，为什么不赚钱也要这么辛苦地写书。我想，将来，她会懂的。

当然，我还要感谢在这本书的写作过程中为之关心和付出的人。有的同事一直很喜欢我的新闻笔记，有的同事一直在茶余饭后听我的新闻絮语，期待着它变成书。在谈到杰出新闻前辈已有类似笔记著作而心有忐忑时，南昌大学新闻学院教授王卫明博士鼓励我说，不要高估别人，也不要低估自己，而且牵线介绍出版社资源。浙江师范大学报副编审吴波博士、重庆大学人文学院副教授龚泽军博士也热情地为我联系出版社。浙江大学出版社的效率非常高，第二天就在电话中明确表示，半个月内就能知道社内初审结果，最快一个月能收到局里的选题审批结果。在此，要特别感谢王晴博士对本书认真编辑审校的付出。

每一本书都把未知角落里的读者作为它的目的地。更准确地说，如诗经所云："嘤其鸣矣，求其友声。""友声"未必如沐春风，也可能是净净之言，每一种求索的声音都值得倾听。写书并不孤独，为书寻找知音才孤独。但是，每一个精神家园的守望者，此生注定不会孤独。